SJPT®
기출문제집

YBM 일본어연구소 저

SJPT®
기출문제집

발행인	권오찬
발행처	와이비엠홀딩스

저자	YBM 일본어연구소
동영상강의	나카가와 쇼타
기획	고성희
마케팅	정연철, 박천산, 고영노, 박찬경, 김동진, 김윤하
디자인	배현진, 박성희

초판 인쇄	2025년 1월 2일
초판 발행	2025년 1월 9일

신고일자	2012년 4월 12일
신고번호	제 2012-000060호
주소	서울시 종로구 종로 104
전화	(02)2000-0154
팩스	(02)2271-0172
홈페이지	www.ybmbooks.com

ISBN	978-89-6348-199-9

출제기관이 만든 공식 **실전 대비서!**

출제기관이 독점제공한 기출문제 6회분 수록
SJPT 정기시험 기출문제로 구성된 고품격 실전 대비서입니다. 100% 실제 기출문제인 만큼
실전 대비에 매우 효과적입니다.

정기시험과 동일한 성우 무료 음원 QR 제공
모든 음원을 정기시험 성우가 직접 녹음하였으므로, 실전에 완벽하게 대비할 수 있습니다.
교재 속 QR코드를 스캔하면 간편하게 재생하여 들을 수 있습니다.

핵심문제풀이 무료 동영상 6강 QR 제공
'기출문제 01' 중 핵심문제를 엄선하여 담았습니다. SJPT 전문 강사의 상세한 설명을 통해 궁금증을
해소할 수 있습니다. 교재 속 QR코드를 스캔하면 학습 동영상으로 바로 연결됩니다.

SJPT 전문 강사가 만든 모범답변 및 고득점 팁 수록
SJPT 전문 강사의 모범답변과 고득점 노하우가 수록된 해설로 단기간에 점수를 향상시킬 수 있습니다.

무료 제공 학습자료 사용 방법

1. 다양한 버전의 음원

		종류	청취 방법			종류	청취 방법
문제	1	전체	음원 다운로드	해설	1	전체	음원 다운로드
	2	파트별	1) 교재 속 QR코드 2) 음원 다운로드		2	파트별	음원 다운로드
	3	문항별	음원 다운로드		3	문항별	1) 교재 속 QR코드 2) 음원 다운로드

YBM 홈페이지(www.ybmbooks.com)에서 음원 다운로드

2. 핵심문제풀이 무료 동영상 6강
- '기출문제 01' 중 핵심문제를 엄선하여 SJPT 전문 강사가 설명해 드립니다.
- 교재 속 QR코드를 스캔하면 학습 동영상으로 바로 연결됩니다.
- YBM 홈페이지(www.ybmbooks.com) 혹은 유튜브에서 'YBM Books'나 'SJPT 기출문제집' 검색 후
  시청하세요.

1. SJPT란

SJPT(Spoken Japanese Proficiency Test)는 국내 최초의 CBT 방식의 일본어 Speaking Test로, 일본어 학습자의 말하기 능력을 직접적으로 평가할 수 있는 실용적인 시험입니다.

2. 장점

SJPT는 인터뷰 형식을 도입하여 수험자의 일본어 회화 능력을 측정하는 말하기 시험입니다. SJPT 각 파트의 문제들은 수험자의 일본어 말하기 능력을 다각도로 측정할 수 있도록 다양한 형식과 내용으로 구성되어 있습니다. 또한 SJPT는 전문적인 어학평가 교육을 이수한 원어민들이 객관적인 기준에 의거하여 개발 및 채점을 하는 일본어 말하기 능력 평가 시험입니다.

3. 시험 진행 방식

국내 최초의 CBT(Computer Based Test)와 MBT(Mobile Based Test) 방식의 평가 형태로, 컴퓨터가 설치된 자리에 앉아 마이크가 장착된 헤드셋을 끼고 진행됩니다. 수험자는 각자의 헤드셋을 통해 문제를 듣고 헤드셋 마이크를 통해 답변을 녹음하게 됩니다. 특히 MBT는 소형 Laptop 컴퓨터를 통해 컴퓨터 시설이 없는 단체나 학교 등에서 시험을 치를 때 사용합니다.

4. 시험 구성

구분	구성	문항수	답변 준비 시간(초)	답변 시간(초)
제1부	자기소개(自己紹介)	4	0	10
제2부	그림 보고 답하기(簡単な応答)	4	3	6
제3부	대화 완성(敏速な応答)	5	2	15
제4부	일상 화제에 대해 설명하기(短い応答)	5	15	25
제5부	의견 제시(長い応答)	4	30	50
제6부	상황 대응(場面設定)	3	30	40
제7부	스토리 구성(連続した絵)	1	30	90

SJPT는 모두 7개 파트, 총 26문항으로 구성되어 있으며, 평가 시간은 50분(오리엔테이션: 약 20분, 시험: 약 30분) 정도가 소요됩니다.
※ 오리엔테이션과 본시험 사이에는 휴식시간이 없습니다.

5. 평가 Level

Level	Proficiency Guidelines
Level 10	어떤 내용의 질문에도 폭넓은 어휘력과 문법 실력으로 충분히 답변 가능하며, 익숙하지 않은 질문에도 유창하게 언어적 레벨을 잃지 않고 말할 수 있습니다.
Level 9	대부분의 일반적인 화제에 적극적으로 참여할 뿐만 아니라 공식적인 고급 수준의 화제에도 논리적으로 의견을 말할 수 있습니다.
Level 8	대부분의 일반적인 상황에서 의사소통이 가능할 뿐만 아니라 익숙하지 않은 상황에서도 적절히 대응하며, 자신의 의견이나 생각을 어느 정도 말할 수 있습니다.
Level 7	일반적인 화제에 적극적인 참여가 가능하고, 자신감을 가지고 자세하게 설명할 수 있습니다.
Level 6	일반적인 질문에 적절히 답할 수 있고, 자주 접하는 익숙한 질문에는 구체적으로 답할 수 있습니다.
Level 5	자신의 관심사와 같은 일반적인 화제에 대해 구체적으로 말할 수 있고, 다양한 사회활동이 가능한 커뮤니케이션 능력이 있습니다.
Level 4	자신과 관련된 질문뿐만 아니라 특히 말하기에 익숙한 내용에 대해서는 대화가 가능하며, 제한적이지만 기본적인 사회활동에 필요한 커뮤니케이션이 가능합니다.
Level 3	자주 접하는 자신과 관련된 질문에 답할 수 있으며, 제한적이지만 일상생활에 필요한 간단한 커뮤니케이션이 가능한 정도입니다.
Level 2	스스로 간단한 문장을 만들 수 있지만 유지하기 어렵습니다. 간단하고 직접적인 질문에 답할 수 있지만 문장의 완성도는 낮습니다.
Level 1	학습을 통해 암기한 표현을 이용하여 간단한 자기소개 등 최소한의 커뮤니케이션이 가능한 정도입니다.

※ 이외 자세한 내용은 'SJPT 일본어 말하기 시험 공식 사이트'(www.ybmsjpt.co.kr)를 참조하시기 바랍니다.

第1部 | だいいちぶ
自己紹介 | じ こ しょうかい | 자기소개

1. 제1부는 간단한 자기소개 문제로, 수험자의 이름, 사는 곳, 생일, 취미를 묻습니다. 본인을 소개할 수 있는 기본적인 정보를 묻는 질문으로 항상 똑같은 문제가 출제됩니다.

2. 총 4문항으로 질문에 답하는 시간은 문제당 10초입니다. 질문이 항상 똑같아서 수험자는 시험을 보기 전에 문제에 대비하여 연습할 수 있습니다.

3. 본격적인 시험 문제라기보다는 제2부~제7부에 효과적으로 임하게 하는 준비 단계입니다.

미리 보기

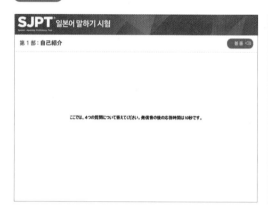

전략 포인트

○ 기본적인 질문들이지만, 생일을 묻는 문제의 경우 생일이 특수한 날짜 읽기에 해당하면 머뭇거리게 되는 경우가 있습니다. 따라서 자신의 생일을 일본어로 바로 말할 수 있도록 연습해 두어야 합니다. 나머지 문제도 기본적인 정보들을 대입시켜 자신감이 생길 때까지 반복해서 연습하세요.

第2部

簡単な応答 | 그림 보고 답하기

かんたん　おうとう

1　제2부는 그림을 보면서 시간이나 가격 등을 묻는 간단한 질문에 답하는 문제입니다.

2　질문에 맞는 시제로 대답해야 하며, 총 4문항으로 질문에 답하는 시간은 문제당 6초입니다.

미리 보기

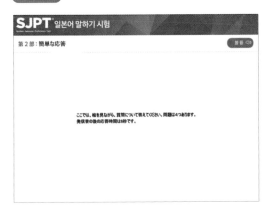
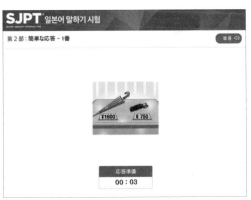

전략 포인트

◯ 간단한 동사나 형용사를 활용해서 문장을 만들 수 있어야 합니다. 나이, 가격, 시간 등 특수한 숫자 읽기도 정확히 알아 둘 필요가 있습니다.

◯ 자주 등장하는 동사나 형용사를 익히고 활용법도 숙지해 두어야 합니다.

第3部 <ruby>敏速<rt>びんそく</rt></ruby>な<ruby>応答<rt>おうとう</rt></ruby> | 대화 완성

1. 제3부는 일상생활에서 빈번하게 일어나는 상황을 나타내는 그림을 보면서 주어진 질문에 맞게 답변하는지를 측정하는 파트입니다.

2. 총 5문항으로 질문에 답하는 시간은 문제당 15초입니다.

미리 보기

전략 포인트

○ 주어진 상황에 자신이 처해 있다고 가정하여 간략하고 순발력 있게 답할 수 있어야 합니다. 상대가 있다는 전제하에 이루어지는 대화로, 상대가 누구냐에 따라 경어나 반말을 구분해서 사용해야 합니다.

○ 일상생활에서 커뮤니케이션이 가능한지 알아보는 테스트이므로, 대화가 이루어지는 상황이나 장소가 사무실, 식당, 병원, 호텔 등으로 평소 자주 접하는 곳이 대부분입니다. 따라서 출제될 만한 질문에 대한 답을 미리 연습해 두면 도움이 됩니다.

第4部 | 短い応答 | 일상 화제에 대해 설명하기

1 제4부는 개인적인 경험이나 주관적인 의견을 묻는 질문에 답하는 문제입니다. 하지만 제3부처럼 상대에게 이야기하는 대화 형식이 아니라 혼자 말하는 형식입니다.

2 수험자가 주어진 물음에 얼마나 상세히 설명할 수 있는지에 역점을 두기 때문에 문제는 의문문으로 주어지며, 그림은 없습니다.

3 총 5문항으로 질문에 답하는 시간은 문제당 25초입니다.

미리 보기

전략 포인트

○ 제4부 문제는 「あなた」(당신)가 나오는 의문문이 많습니다. 수험자의 생각, 상황, 경험, 방법, 계획 등을 묻는 질문들로 「休みには何をしますか」(휴일에는 무엇을 합니까?)와 같이 굳이 답변을 생각해 두지 않아도 대답할 수 있을 만한 질문들이 제시됩니다.

○ 질문에 단답형으로 답하기보다는 우선 요지를 말한 후에 부연설명(견해나 일반적인 상식)을 덧붙이면 더 높은 점수를 받을 수 있습니다.

第5部 長(なが)い応答(おうとう) | 의견 제시

1 제5부는 제4부의 연장선이라고 할 수 있는데 문제 길이 및 답변은 제4부보다 훨씬 길어집니다.

2 사회문제를 포함한 폭넓은 화제에 대해 자신의 생각을 논리적으로 전개할 수 있는지를 측정하는 파트입니다.

3 총 4문항으로 질문에 답하는 시간은 문제당 50초입니다.

미리 보기

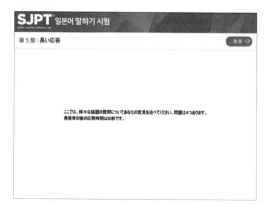

전략 포인트

◐ 주어진 시간 내에 빨리 말하는 것보다 본인 의사를 얼마나 정확히 전달하는지가 중요하므로 30초의 답변 준비 시간에 자신의 생각을 논리적으로 정리해 둡니다.

◐ 대답할 때는 먼저 결론을 간략하게 말한 뒤에 그 근거를 구체적으로 제시하고, 마지막에 정리하는 형식을 취하면 보다 쉽게 의견을 전달할 수 있습니다.

◐ 개인적인 의견이나 평소 생각에 대한 이유를 논리적으로 대답해야 하는 문제이므로 한국어로도 답하기 힘든 질문도 있습니다. 평소에 사회 전반의 다양한 문제에 관심을 갖고 자신의 생각을 정리해 보는 습관을 길러야 합니다.

第6部 場面設定 | 상황 대응

だいろくぶ

ばめんせってい

1 제6부에서는 일정 상황을 설명하는 지문이 주어지고, 그 지문의 내용과 관련하여 수험자가 해야 할 일을 지시하는 명령문 형식의 문제가 출제됩니다. 그림을 보면서 상황 설명을 듣고 주어진 상황에 맞춰 역할을 연기하는 롤플레잉 형식의 문제입니다.

2 총 3문항으로 질문에 답하는 시간은 문제당 40초입니다.

미리 보기

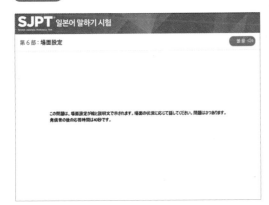 

전략 포인트

◉ 질문을 듣고 30초 동안 생각할 시간이 주어지면 해결해야 할 문제점이나 요구사항 등을 어떻게 다룰 것인지 머릿속으로 정리합니다.

◉ 제6부에서는 상대방과 상황에 따른 「待遇表現」(대우표현: 상대방 또는 이야기 속 인물의 신분이나 연령에 따라 존경어나 겸양어를 구분해서 쓰는 표현)을 구분해서 사용하는 것이 중요합니다.

たいぐうひょうげん

◉ 지문에 어떤 조건이 주어지는 경우가 있으므로 질문을 잘 듣고 조건에 맞는 대답을 할 수 있도록 합니다.

◉ 일방적으로 자신의 의견을 서술하는 것이 아니라 상대방과 대화하고 있다는 가정하에 말하는 것이므로, 정확한 억양과 자연스러운 일본어 구사력이 요구됩니다.

第7部 連続した絵(れんぞく)した絵(え) | 스토리 구성

1 제7부에서는 일련의 사건을 묘사한 연속된 네 컷의 그림이 제시됩니다. 이 그림들을 보고 어떤 내용인지 파악한 후, 그림 전체에 대한 이야기를 순서대로 설명해야 합니다.

2 30초 동안 그림을 보면서 내용을 파악해야 하며, 90초 내에 답해야 합니다.

미리 보기

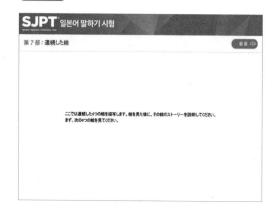
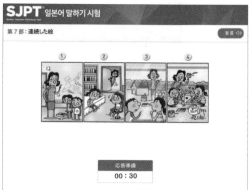

전략 포인트

◉ 제7부는 우선 그림의 내용을 빨리 파악한 다음, 장면당 20초 내외로 배분하여 자세하게 묘사합니다.

◉ 그림을 보지 않은 사람이 들어도 그림을 상상할 수 있도록 적절한 어휘를 사용하여 생생하게 묘사하는 것이 고득점 포인트입니다.

1   단어만으로 대답하지 말고 질문에 나온 주어, 동사를 활용해서 완전한 문장으로 대답합니다.

2   두서없이 긴 문장을 더듬거리며 말하는 것보다 짧더라도 질문에 적합한 대답을 끊김 없이 정확하게 말하면 더 유창하게 들립니다.

3   사용하는 단어 레벨은 채점의 대상이 되지만 어려운 단어를 구사하는 데 치중하여 부적절한 어휘 선택을 하지 않도록 주의합니다.

4   질문을 이해하지 못했을 경우에는 들은 범위 내에서 아는 만큼 성실히 대답합니다.

5   어떤 시험이든 고득점을 받는 가장 빠른 방법은 만점짜리 답안을 흉내내는 것입니다. 파트별로 제시되어 있는 모범답변을 통째로 외워서 자신의 답안으로 활용합니다.

6   답변 준비 시간이 부족할 때는 질문에서 들은 말을 활용해서 반복하면 생각할 시간을 벌 수 있습니다. 하지만 이러한 경우 답변 시간에 쫓기지 않도록 주의합니다.

7   문제와 관련 없는 내용을 이야기하는 경우가 있는데, 이때는 평가 대상이 되지 않으므로 주의합니다.

8   대답에 자신이 없으면 들리지 않을 정도로 작게 말하는 경우가 있는데, 틀리더라도 자신 있게 큰 소리로 말합니다.

9   SJPT는 말하는 내용으로 실력을 평가받는 시험이므로 가능한 한 말을 많이 하는 것이 중요합니다.

목차

기출문제 해설 **01**   - 16

기출문제 해설 **02**   - 66

기출문제 해설 **03**   - 112

기출문제 해설 **04**   - 154

기출문제 해설 **05**   - 196

기출문제 해설 **06**   - 236

기출
문제
해설

01

第1部 自己紹介 | 자기소개

問題1 お名前は何とおっしゃいますか。 답변 준비 시간 : 0秒

음원 49

応答例

A1 イ・スヒョンです。

A2 イ・スヒョンと申します。

답변 시간 : 10秒 ⋯⋯ 終わりです

Q 성함은 어떻게 되십니까?

A1 이수현입니다.

A2 이수현이라고 합니다.

☑ CHECK NOTE

본인 이름을 물었을 때 「私の名前は○○です」(제 이름은 ○○입니다)라고 말하는 경우가 많다. 문법적으로 맞는 표현이지만, 실제 회화에서는 보통 주어를 생략하고 말하기 때문에 「이름＋です」(이름＋입니다)라고 간결하게 대답하면 된다. 좀 더 공손하게 말하고 싶으면 「이름＋と申します」(이름＋라고 합니다)의 형태를 취해 답하면 된다. 이때도 「私の名前は○○と申します」(제 이름은 ○○라고 합니다)라고 말하는 경우가 많은데, 실제 회화에서는 쓰지 않는 부자연스러운 표현이므로 「이름＋と申します」(이름＋라고 합니다)만으로도 충분하다. 그리고 일본에서는 성(姓)만 말하는 것이 일반적이므로 「イです/イと申します」(이수현입니다/이수현이라고 합니다)라고 답해도 된다.

어휘 | 名前(なまえ) 이름, 성명 *「お名前(なまえ)」– 성함 何(なん)と 뭐라고 おっしゃる 말씀하시다 *「言(い)う」(말하다)의 존경어
～と申(もう)す ～라고 하다 *「～と言(い)う」의 겸양표현

16

問題2 どこに住んでいますか。 답변 준비 시간 : 0秒

음원 50

応答例

A1 ソウルです。

A2 ソウルの江南区に住んでいます。

답변 시간 : 10秒 ······ 終わりです

Q 어디에 살고 있습니까[삽니까]?

A1 서울입니다.

A2 서울 강남구에 살고 있습니다[삽니다].

☑ CHECK NOTE

사는 곳을 물었을 때 가장 간단한 대답은 「장소＋です」(장소＋입니다)라고 하면 된다. 하지만 응답예 2와 같이 「장소＋に住んでいます」(장소＋에 살고 있습니다[삽니다])라고 대답하는 것이 가장 자연스럽다. 「장소＋で住んでいます」나 「장소＋に住みます」처럼 조사나 시제를 잘못 대답하는 경우, 감점의 대상이 되므로 주의해야 한다.

어휘 | どこ 어디　住(す)む 살다, 거주하다　ソウル 서울

❗ 틀리기 쉬운 표현

ソウルの江南区①で②住みます。(X)

➡ ソウルの江南区①に②住んでいます。(O) 서울 강남구에 살고 있습니다[삽니다].

: '살다, 거주하다'라는 뜻의 동사 「住む」는 반드시 조사 「〜に」(〜에)를 수반하고 「〜ている」의 형태로 상태를 나타낸다. 따라서 '〜에 살고 있다[산다]'처럼 거주하고 있음을 나타낼 때는 「장소＋に住んでいる」의 형태를 취해야 한다. 만약 「〜ている」의 형태를 취하지 않고, 「ソウルの江南区に住みます」라고 하면 거주의 의미가 아닌 '서울 강남구에 살겠습니다'라는 미래나 의지의 의미가 되므로 주의해야 한다.

음원 51

問題3 誕生日（たんじょうび）はいつですか。　답변 준비 시간 : 0秒

応答例

A1 10月（じゅうがつ）11日（じゅういちにち）です。

A2 １９８４年（せんきゅうひゃくはちじゅうよねん）3月（さんがつ）5日（いつか）です。

답변 시간 : 10秒 …… 終わりです

Q 생일은 언제입니까?

A1 10월 11일입니다.

A2 1984년 3월 5일입니다.

☑ CHECK NOTE

생일을 말하는 가장 쉬운 방법은 「생일(~월 ~일)+です」(생일(~월 ~일)+입니다)로, 보통 월과 일만 말하면 된다. 이때 고득점의 키포인트는 일본어로 날짜를 정확하게 말하는 것이다. 날짜 읽는 법에는 예외적인 경우가 많이 있으므로 자신의 생일을 일본어로 정확히 알고 있어야 한다. '월'은 「숫자+月（がつ）」(숫자+월)의 형태로 말하면 되는데, '4월, 7월, 9월'은 읽기에 주의해야 한다. '일'의 경우 '1일'부터 '10일'까지는 특수하게 읽으므로 따로 외워야 한다. '11일'부터 '31일'까지는 '월'과 마찬가지로 「숫자+日（にち）」(숫자+일)의 형태로 말하면 되는데, '14일, 20일, 24일'은 특수하게 읽으므로 주의해야 한다. 응답예 1처럼 월과 일만 말해도 상관없지만 응답예 2처럼 생년월일을 다 말해도 좋다. 연도를 말할 때는 「８４年（はちじゅうよねん）」(84년)이 아니라, 「１９８４年（せんきゅうひゃくはちじゅうよねん）」(1984년)이라고 대답하는 것이 더 자연스러운 표현이 된다. 그 이유는 일본에서는 「昭和６３年（しょうわろくじゅうさんねん）」(쇼와 63년, 1988년), 「平成１４年（へいせいじゅうよねん）」(헤이세이 14년, 2002년)과 같이 연호로 대답하는 습관이 있어서 그런 경우와 구별하기 위한 것이다. 이때 '4년'은 「よねん」이라고 발음하는 것에 주의한다. 참고로 일본에서는 음력을 쓰는 일이 거의 없기 때문에 일본인들에게 생일을 말하면 당연히 양력으로 알아듣는다.

어휘 | 誕生日（たんじょうび）생일　いつ 언제　〜月（がつ）〜월　〜日（にち）〜일　〜年（ねん）〜년　5日（いつか）5일

어휘&표현 ◆ 날짜

| 월 |

1月	いちがつ	6月	ろくがつ	11月	じゅういちがつ
2月	にがつ	7月	しちがつ	12月	じゅうにがつ
3月	さんがつ	8月	はちがつ	何月	なんがつ
4月	しがつ	9月	くがつ		
5月	ごがつ	10月	じゅうがつ		

| 일 |

1日	ついたち	12日	じゅうににち	23日	にじゅうさんにち
2日	ふつか	13日	じゅうさんにち	24日	にじゅうよっか
3日	みっか	14日	じゅうよっか	25日	にじゅうごにち
4日	よっか	15日	じゅうごにち	26日	にじゅうろくにち
5日	いつか	16日	じゅうろくにち	27日	にじゅうしちにち
6日	むいか	17日	じゅうしちにち	28日	にじゅうはちにち
7日	なのか	18日	じゅうはちにち	29日	にじゅうくにち
8日	ようか	19日	じゅうくにち	30日	さんじゅうにち
9日	ここのか	20日	はつか	31日	さんじゅういちにち
10日	とおか	21日	にじゅういちにち	何日	なんにち
11日	じゅういちにち	22日	にじゅうににち		

問題4 趣味(しゅみ)は何(なん)ですか。 답변 준비 시간 : 0秒

応答例

A1 登山(とざん)です。

A2 登山(とざん)することです。毎週末(まいしゅうまつ)、よく近所(きんじょ)の山(やま)に登(のぼ)ります。

답변 시간 : 10秒 ⋯⋯ 終わりです

Q 취미는 무엇입니까?

A1 등산입니다.

A2 등산하는 것입니다. 매주 주말에 자주 근처 산에 오릅니다.

☑ CHECK NOTE

취미를 명사만으로 말할 수 있는 경우 응답예 1과 같이 「명사+です」(명사+입니다)라고 말하면 되는데, 응답예 2처럼 「동사의 기본형+ことです」(~하는 것입니다)의 형태로 대답해도 된다. 이때 주의할 것은 「こと」 대신 「の」를 쓰면 안 된다는 점이다. 질문에 답한 후, 취미에 대해서 간단한 부연설명을 덧붙이면 더 높은 점수를 받을 수 있다. 단, 제한시간이 짧기 때문에 시간 내에 간결하게 대답해야 한다.

어휘 | 趣味(しゅみ) 취미 登山(とざん) 등산 毎週末(まいしゅうまつ) 매주 주말 よく 자주 近所(きんじょ) 가까운 곳, 근처 山(やま) 산 登(のぼ)る 오르다, (높은 곳으로) 올라가다

❗ 틀리기 쉬운 표현

登山(とざん)するのです。(X)

➡ 登山(とざん)することです。(O) 등산하는 것입니다.

: 조사 「の」가 동사의 명사화를 나타낼 때는 바로 뒤에 「~です」(~입니다)가 올 수 없다. 따라서 「登山(とざん)することです」(등산하는 것입니다)처럼 반드시 「동사의 기본형+ことです」(~하는 것입니다)의 형태를 취해야 한다.

어휘＆표현 ◆ 취미

취미	취미 생활	
読書 독서	本を読む 책을 읽다	漫画を読む 만화를 읽다
	推理小説を読む 추리소설을 읽다	
鑑賞 감상	映画鑑賞 영화감상	映画を見る 영화를 보다
	音楽鑑賞 음악감상	音楽を聞く 음악을 듣다
	海外ドラマを見る 해외 드라마를 보다	
ゲーム 게임	オンラインゲームをする 온라인 게임을 하다	
	ボードゲームをする 보드게임을 하다	
スポーツ 스포츠	水泳をする 수영을 하다	マラソンをする 마라톤을 하다
	バスケットボールをする 농구를 하다	バレーボールをする 배구를 하다
	ボクシングをする 복싱을 하다	テニスをする 테니스를 치다
	ボーリングをする 볼링을 치다	ピンポン[卓球]をする 탁구를 치다
	ゴルフをする 골프를 치다	ジョギングをする 조깅을 하다
	サッカー[野球]を観戦する 축구[야구]를 관전하다	
アウトドアアクティビティー 야외활동	サーフィンをする 서핑을 하다	クライミングをする 클라이밍을 하다
	釣りに行く 낚시하러 가다	スキーに行く 스키 타러 가다
	キャンプに行く 캠핑하러 가다	
創作活動 창작활동	絵を描く 그림을 그리다	文章を書く 글을 쓰다
	写真を撮る 사진을 찍다	料理をする 요리를 하다
その他 그 외	歌を歌う 노래를 부르다	ピアノ[ギター]を弾く 피아노[기타]를 치다
	カフェ巡りをする 카페 탐방을 하다	グルメツアーをする 맛집 탐방을 하다
	碁を打つ 바둑을 두다	将棋をさす 장기를 두다

第2部 簡単な応答 | 그림 보고 답하기

問題 1

短い傘はいくらですか。

답변 준비 시간 : 3秒

¥1600　¥ 750

応答例

A1 750円です。

A2 短い傘は750円です。

답변 시간 : 6秒 ······ 終わりです

Q 짧은 우산은 얼마입니까?

　A1 750엔입니다.

　A2 짧은 우산은 750엔입니다.

☑ CHECK NOTE

위의 그림을 보고 질문에 답하기 위해서는 우선 기본적인 형용사를 알고 있어야 하고, 가격을 일본어로 정확하게 말해야 좋은 점수를 받을 수 있다. 가격을 말할 때는 「300」, 「600」, 「800」, 「3,000」, 「8,000」의 발음에 주의해야 한다. 또 「10,000」은 「まん」이 아니라 「いちまん」이라고 한다는 점에도 주의해야 한다.

어휘 | 短(みじか)い 짧다　傘(かさ) 우산　いくら 얼마　円(えん) 엔 *일본의 화폐 단위

어휘&표현 ① ◆ 주요 い형용사

| 묶어서 외워 두면 좋은 い형용사 |

暑い 덥다 ↔ 寒い 춥다

短い 짧다 ↔ 長い 길다

高い 높다 ↔ 低い 낮다

難しい 어렵다 ↔ 易しい 쉽다

重い 무겁다 ↔ 軽い 가볍다

強い 강하다 ↔ 弱い 약하다

おいしい 맛있다 ↔ まずい 맛없다

明るい 밝다 ↔ 暗い 어둡다

厚い 두껍다 ↔ 薄い 얇다

大きい 크다 ↔ 小さい 작다

新しい 새롭다 ↔ 古い 낡다

高い (값이) 비싸다 ↔ 安い (값이) 싸다

多い 많다 ↔ 少ない 적다

近い 가깝다 ↔ 遠い 멀다

広い 넓다 ↔ 狭い 좁다

いい・よい 좋다 ↔ 悪い 나쁘다

太い 굵다 ↔ 細い 가늘다

速い (속도가) 빠르다 ↔ 遅い (속도가) 느리다

어휘&표현 ② ◆ 숫자

0	ゼロ・れい・まる	7	なな・しち	14	じゅうよん・じゅうし
1	いち	8	はち	15	じゅうご
2	に	9	きゅう・く	16	じゅうろく
3	さん	10	じゅう	17	じゅうなな・じゅうしち
4	よん・し	11	じゅういち	18	じゅうはち
5	ご	12	じゅうに	19	じゅうきゅう・じゅうく
6	ろく	13	じゅうさん	20	にじゅう

*'0'에서 「まる」는 방 호수 등을 말할 때 주로 사용함

30	さんじゅう	100	ひゃく	1,000	せん
40	よんじゅう	200	にひゃく	2,000	にせん
50	ごじゅう	300	さんびゃく	3,000	さんぜん
60	ろくじゅう	400	よんひゃく	4,000	よんせん
70	ななじゅう・しちじゅう	500	ごひゃく	5,000	ごせん
80	はちじゅう	600	ろっぴゃく	6,000	ろくせん
90	きゅうじゅう	700	ななひゃく	7,000	ななせん
		800	はっぴゃく	8,000	はっせん
		900	きゅうひゃく	9,000	きゅうせん

10,000	いちまん	1,000,000	ひゃくまん	100,000,000	いちおく
100,000	じゅうまん	10,000,000	いっせんまん	幾ら	いくら(얼마)

<ruby>男<rt>おとこ</rt></ruby>の<ruby>人<rt>ひと</rt></ruby>はどこにいますか。

답변 준비 시간 : 3秒

음원 54

応答例

A1 <ruby>美容室<rt>びようしつ</rt></ruby>にいます。

A2 <ruby>男<rt>おとこ</rt></ruby>の<ruby>人<rt>ひと</rt></ruby>は<ruby>美容室<rt>びようしつ</rt></ruby>にいます。

답변 시간 : 6秒 ······ 終わりです

Q 남자는 어디에 있습니까?

A1 미용실에 있습니다.

A2 남자는 미용실에 있습니다.

✓ CHECK NOTE

남자가 어디에 있는지를 묻고 있으므로, 장소와 함께 동사 「いる」((사람·동물이) 있다)를 써서 「~にいます」((장소)에 (사람·동물이) 있습니다)나 「(사람·동물)は~にいます」((사람·동물)은 (장소)에 있습니다)의 형태를 써서 답하면 된다. 「ある」((사물·식물이) 있다)를 써서 답하면 감점의 대상이 되므로 주의해야 한다.

어휘 | 男(おとこ)の人(ひと) 남자 どこ 어디 美容室(びようしつ) 미용실

어휘 & 표현 ◆ 장소

| 공공장소 |

駅 역　　　　　　　　　学校 학교　　　　　　　　会社 회사

映画館 영화관　　　　図書館 도서관　　　　美術館 미술관

病院 병원　　　　　　歯医者 치과　　　　　　銀行 은행

警察署 경찰서　　　　郵便局 우체국　　　　消防署 소방서

大使館 대사관　　　　交番 지구대, 파출소　　神社 신사

空港 공항　　　　　　ホテル 호텔　　　　　　旅館 (일본의 전통) 여관

公園 공원　　　　　　駐車場 주차장　　　　　バス停 버스 정류장

タクシー乗り場 택시 승강장　　　スポーツジム 스포츠센터

| 가게 |

美容室・美容院 미용실　　本屋 서점　　　　　レストラン 레스토랑

デパート 백화점　　　　　ドラッグストア 드러그스토어　　スーパー 슈퍼

市場 시장　　　　　　　　コンビニ 편의점　　カフェ 카페

喫茶店 찻집　　　　　　　ラーメン屋 라면가게　靴屋 신발가게

花屋 꽃집　　　　　　　　薬屋・薬局 약국　　寿司屋 초밥집

眼鏡屋 안경점　　　　　　八百屋 채소가게　　肉屋 정육점

魚屋 생선가게　　　　　　文房具屋 문구점　　居酒屋 주점

クリーニング店[屋] 세탁소　　コインランドリー 셀프 빨래방

| 그 외의 장소 |

家 집　　　　　　　　　玄関 현관　　　　　　部屋 방

台所・キッチン 부엌　　リビング 거실　　　　トイレ・お手洗い 화장실

教室 교실　　　　　　　事務室 사무실　　　　会議室 회의실

問題3

トイレは汚いですか。

답변 준비 시간 : 3秒

음원 55

応答例

A1 いいえ、きれいです。

A2 いいえ、トイレは汚くありません。きれいです。

답변 시간 : 6秒 ······ 終わりです

Q 화장실은 더럽습니까?

A1 아니요, 깨끗합니다.

A2 아니요, 화장실은 더럽지 않습니다. 깨끗합니다.

☑ CHECK NOTE

제2부에서는 그림과 반대되는 내용의 문제도 자주 출제된다. 따라서 어휘를 익힐 때는 반의어도 묶어서 외워 두는 것이 좋다. 응답예 1의 「いいえ、きれいです」(아니요, 깨끗합니다)처럼 부정형을 쓰지 않고 반대 의미의 형용사로 답하는 방법과 응답예 2의 「いいえ、汚くありません」(아니요, 더럽지 않습니다)처럼 「い형용사의 어간+くありません[くないです]」(~하지 않습니다)의 형태를 써서 답하는 두 가지 방법이 있다. 응답예 1처럼 말해도 되지만, 높은 점수를 받기는 어렵다. 응답예 2처럼 「いいえ、汚くありません」(아니요, 더럽지 않습니다)이라고 한 후에 반대 의미인 「きれいです」(깨끗합니다)라고 부연설명을 하면 훨씬 더 높은 점수를 받을 수 있다. 참고로 「いい・よい」(좋다)의 경우 활용할 때는 「よい」만 쓰므로, 「よくありません[よくないです]」(좋지 않습니다)라고 해야 한다.

어휘 | トイレ 화장실 汚(きたな)い 더럽다 きれいだ 깨끗하다 い형용사의 어간+くない ~하지 않다

❗ 틀리기 쉬운 표현

汚いじゃありません。(X)

➡ 汚くありません。(O) 더럽지 않습니다.

: 부정표현이 잘못되었다. い형용사의 정중 부정형은 「汚い → 汚くありません」(더럽다 → 더럽지 않습니다)처럼 어미 「~い」(~다)를 떼고 「~くありません[くないです]」(~하지 않습니다)를 붙인다. 「~じゃありません」(~하지 않습니다)은 「きれいじゃありません」(깨끗하지 않습니다)처럼 な형용사의 정중 부정형으로 な형용사의 어간에 접속한다.

어휘&표현 ◆ 주요 な형용사

| 묶어서 외워 두면 좋은 な형용사 |

*好きだ 좋아하다 ↔ 嫌いだ 싫어하다

便利だ 편리하다 ↔ 不便だ 불편하다

親切だ 친절하다 ↔ 不親切だ 불친절하다

簡単だ 간단하다 ↔ 複雑だ 복잡하다

*大好きだ 매우 좋아하다 ↔ 大嫌いだ 매우 싫어하다

*上手だ 잘하다, 능숙하다 ↔ 下手だ 잘 못하다, 서투르다

静かだ 조용하다 ↔ 賑やかだ 번화하다, 떠들썩하다

*得意だ 잘하다, 자신 있다 ↔ 苦手だ 잘 못하다, 질색이다

Tip

항상 「が」와 함께 쓰이는 な형용사

'~을'에 해당하는 목적격 조사는 「を」인데, 「好きだ」(좋아하다), 「嫌いだ」(싫어하다), 「大好きだ」(매우 좋아하다), 「大嫌いだ」(매우 싫어하다), 「上手だ」(잘하다, 능숙하다), 「下手だ」(잘 못하다, 서투르다), 「得意だ」(잘하다, 자신 있다), 「苦手だ」(잘 못하다, 질색이다)처럼 기호나 능력을 나타내는 な형용사는 「を」가 아니라 반드시 「が」와 함께 쓴다. 이런 표현들은 무조건 통째로 외워 두어야 한다.

肉が好きだ。고기를 좋아한다. ↔ 肉が嫌いだ。고기를 싫어한다.

| 그 외 주요 な형용사 |

暇だ 한가하다

元気だ 건강하다

立派だ 훌륭하다

ハンサムだ 핸섬하다

大事だ 중요하다, 소중하다

頑固だ 완고하다

おおらかだ 서글서글하다

きれいだ 깨끗하다, 예쁘다

楽だ 편하다, 편안하다

素敵だ 멋지다

イケメンだ 잘생기다, 미남이다

大丈夫だ 괜찮다

幸せだ 행복하다

穏やかだ 온화하다

有名だ 유명하다

大変だ 큰일이다, 힘들다

心配だ 걱정스럽다

大切だ 중요하다

真面目だ 성실하다

神経質だ 신경질적이다

朗らかだ 명랑하다

女の人は何をしていますか。

답변 준비 시간 : 3秒

応答例

A1 猫と遊んでいます。

A2 女の人は室内でボールを使って、猫と遊んでいます。

답변 시간 : 6秒 ······ 終わりです

Q 여자는 무엇을 하고 있습니까?

A1 고양이와 놀고 있습니다.

A2 여자는 실내에서 공을 사용하여 고양이와 놀고 있습니다.

✅ CHECK NOTE

「何をしていますか」(무엇을 하고 있습니까?)와 같은 질문의 경우, 질문의 시제에 맞춰「~ている」(~하고 있다)라는 동작의 진행형을 써서 답해야 한다. 문제의 그림은 여자가 고양이와 놀고 있는 모습이므로, 동사「遊ぶ」(놀다)를 써서「猫と遊んでいます」(고양이와 놀고 있습니다)라고 답하면 된다.「遊びます」(놉니다)와 같이 시제를 맞추지 않은 답변은 감점의 대상이 되므로 주의해야 한다. 시간적으로 여유가 있을 때는 응답예 2와 같이 구체적으로 대답하면 보다 높은 점수를 받을 수 있는데, 제2부에서는 제한시간 내에 간결하게 대답하는 것이 관건이다. 자칫 너무 길게 이야기하다가 시간 내에 포인트가 되는 부분에 대해 답하지 못할 경우, 감점의 대상이 되므로 시간에 신경을 써야 한다.

어휘| 女(おんな)の人(ひと) 여자 する 하다 猫(ねこ) 고양이 遊(あそ)ぶ 놀다 室内(しつない) 실내 ボール 공 使(つか)う 쓰다, 사용하다

어휘&표현 ① ◆ 반려동물

犬 개   猫 고양이   ウサギ 토끼

ハリネズミ 고슴도치   ハムスター 햄스터   フェレット 페렛

金魚 금붕어   熱帯魚 열대어   亀 거북이

インコ 잉꼬   オウム 앵무새

어휘&표현 ② ◆ 「동사의 て형」 ~하고, ~해서

1그룹 동사	**어미가 「う、つ、る」로 끝나는 동사 → 「って」**
	会う 만나다　　　　　　　→　会って 만나고, 만나서
	待つ 기다리다　　　　　　→　待って 기다리고, 기다려서
	乗る (탈것에) 타다　　　　→　乗って (탈것에) 타고, 타서
	어미가 「ぬ、ぶ、む」로 끝나는 동사 → 「んで」
	死ぬ 죽다　　　　　　　　→　死んで 죽고, 죽어서
	遊ぶ 놀다　　　　　　　　→　遊んで 놀고, 놀아서
	飲む 마시다　　　　　　　→　飲んで 마시고, 마셔서
	어미가 「く、ぐ」로 끝나는 동사 → 「いて、いで」
	書く (글씨·글을) 쓰다　　→　書いて (글씨·글을) 쓰고, 써서
	泳ぐ 수영하다, 헤엄치다　→　泳いで 수영하고, 수영해서
	*예외 行く 가다　　　　　→　行って 가고, 가서
	어미가 「す」로 끝나는 동사 → 「して」
	話す 말하다, 이야기하다　→　話して 말하고, 말해서
2그룹 동사	**어미 「る」를 떼고 「て」를 붙인다**
	見る 보다　　　　　　　　→　見て 보고, 봐서
	食べる 먹다　　　　　　　→　食べて 먹고, 먹어서
3그룹 동사	**불규칙 활용하므로 무조건 외운다.**
	来る 오다　　　　　　　　→　来て 오고, 와서
	する 하다　　　　　　　　→　して 하고, 해서

問題 1

こんしゅう　どようび　　　　　　　　　　い
今週の土曜日にスケートに行きませんか。

음원 57

답변 준비 시간 : 2秒

応答例

なん じ　い
A1 いいですね。何時に行きましょうか。

こんしゅう　どようび　　　　　　　　ようじ　　　　　　　　こんどいっしょ　い
A2 すみません。今週の土曜日はちょっと用事があって…。また今度一緒に行きましょう。

답변 시간 : 15秒 ······ 終わりです

Q 이번 주 토요일에 스케이트 타러 가지 않을래요?

A1 좋죠. 몇 시에 갈까요?

A2 죄송해요. 이번 주 토요일은 좀 볼일이 있어서요…. 다음에 함께 갑시다.

☑ CHECK NOTE

질문의 「동작성 명사+に」는 '~하러'라는 뜻으로 동작의 목적을 나타내고, 「~ませんか」는 '~하지 않습니까?'라는 단순한 부정의 문의 뜻 외에 '~하지 않겠습니까?, ~하지 않을래요?'라는 뜻으로, 상대방에게 권유하거나 의뢰할 때도 쓴다. 권유나 의뢰를 받아들일 때는 「いいですね」(좋죠)로 말문을 튼 후에 「~ましょう」(~합시다)나 「~ましょうか」(~할까요?)를 써서 이야기를 마무리 지으면 된다. 거절할 때는 「いいえ」(아니요)라고 딱 잘라 말하지 말고 「すみません」(죄송합니다) 등과 같은 완곡한 표현을 쓴 후에 거절할 수밖에 없는 이유를 구체적으로 설명하는 것이 좋다.

어휘 | 今週(こんしゅう) 이번 주　土曜日(どようび) 토요일　スケート 스케이트　동작성 명사+に ~하러 *동작의 목적　ちょっと 좀
用事(ようじ) 용무, 볼일　また今度(こんど) 다음에 (또)　一緒(いっしょ)に 함께, 같이

어휘&표현 ◆ 동작의 목적을 나타내는 표현

1. 동작성 명사 + に ~하러

명사는 사물의 이름을 나타내는 말이므로 보통 동작을 포함하지 않는데, 이런 일반 명사와 달리 동작을 포함하고 있는 명사를 '동작성 명사'라고 한다. 동작성 명사에 동작의 목적을 나타내는 조사 「に」를 붙이면 '~하러'라는 뜻을 나타낸다.

동작성 명사	활용 예
散歩 산책	公園へ散歩に行きます。 공원에 산책하러 갑니다.
買い物 물건을 삼, 쇼핑, 장을 봄	友達とデパートへ買い物に行きます。 친구와 백화점에 쇼핑하러 갑니다.
登山・山登り 등산	週末登山[山登り]に行きます。 주말에 등산하러 갑니다.
食事 식사	今から食事に行きます。 지금부터 식사하러 갑니다.
勉強 공부	図書館へ勉強に行きます。 도서관에 공부하러 갑니다.
仕事 일	月曜日から金曜日まで仕事に行きます。 월요일부터 금요일까지 일하러 갑니다.
釣り 낚시	子供と海へ釣りに行きます。 아이와 바다에 낚시하러 갑니다.
花見 꽃구경	明後日彼と花見に行きます。 모레 남자친구와 꽃구경하러 갑니다.
ドライブ 드라이브	彼女と郊外へドライブに行きます。 여자친구와 교외에 드라이브하러 갑니다.
スキー 스키	同僚とスキーに行きます。 동료와 스키 타러 갑니다.
デート 데이트	明日彼とデートに行きます。 내일 남자친구와 데이트하러 갑니다.

2. 동사의 ます형 + に ~하러

동작의 목적은 「동사의 ます형+に」의 형태로도 나타낼 수 있다.

동사	동사의 ます형	활용 예
買う 사다	買います 삽니다	服を買いにデパートへ行きます。 옷을 사러 백화점에 갑니다.
飲む 마시다	飲みます 마십니다	居酒屋へお酒を飲みに行きます。 주점에 술을 마시러 갑니다.
食べる 먹다	食べます 먹습니다	カフェへケーキを食べに行きます。 카페에 케이크를 먹으러 갑니다.
見る 보다	見ます 봅니다	明日は映画を見に行きます。 내일은 영화를 보러 갑니다.

昨日携帯電話を無くしてしまったんです。

답변 준비 시간 : 2秒

応答例

A1 あら、そうなんですか。位置追跡の機能を使って、探してみましたか。

A2 えっ、それは大変。どこで無くしたのか、心当たりはありますか。もし学校で無くしたのなら、ワンストップサービスセンターに届いているかもしれませんよ。

답변 시간 : 15秒 …… 終わりです

Q 어제 휴대전화를 분실하고 말았거든요.

A1 어머, 그래요? 위치 추적 기능을 사용해서 찾아봤어요?

A2 네? 그거 큰일이네. 어디서 잃어버렸는지 짐작 가는 곳은 있나요? 만약에 학교에서 분실한 것이라면 원스톱 서비스센터에 도착해 있을지도 몰라요.

☑ CHECK NOTE

질문처럼 의문문이 아닌 평서문 형식의 문제도 자주 출제된다. 이런 유형의 경우 우선 「あら、そうなんですか」(어머, 그래요?)처럼 맞장구를 치거나 「それは大変」(그거 큰일이네), 「大丈夫ですか」(괜찮아요?)처럼 휴대전화를 잃어버린 상대방을 위로하는 말을 한 후에 찾는 방법 등을 말하는 것이 좋다. 응답예 1처럼 간단하게 대답해도 되지만, 고득점을 노리고 있다면 응답예 2처럼 구체적으로 상황을 묻거나 해결책을 제시하는 말을 덧붙이는 편이 좋다.

어휘 | 昨日(きのう) 어제 携帯電話(けいたいでんわ) 휴대전화 無(な)くす 잃다, 분실하다 ～てしまう ～해 버리다, ～하고 말다
あら 어머(나) *감동하거나 놀랐을 때 내는 소리 位置(いち) 위치 追跡(ついせき) 추적 機能(きのう) 기능 探(さが)す 찾다
～てみる ～해 보다 大変(たいへん)だ 큰일이다, 힘들다 どこ 어디 心当(こころあ)たり 짐작, 짐작 가는 곳 もし 만약, 혹시, 만일
学校(がっこう) 학교 ～なら ～라면 ワンストップサービスセンター(One Stop Service Center) 원스톱 서비스센터 *여러 과정에 걸쳐 처리
해야 할 업무를 한 번에 처리하는 서비스를 해 주는 곳 届(とど)く 도착하다, 닿다 ～かもしれない ～일지도 모른다

어휘&표현 ◆ 전자기기

スマホ/スマートフォン 스마트폰 パソコン (개인용) 컴퓨터 ノートパソコン 노트북

モニター 모니터 ゲーム機 게임기 タブレット 태블릿

テレビ 텔레비전, TV スマートテレビ 스마트 TV 冷蔵庫 냉장고

冷凍庫 냉동고 洗濯機 세탁기 エアコン 에어컨

電子レンジ 전자레인지 掃除機 청소기 空気清浄機 공기 청정기

加湿器 가습기 扇風機 선풍기 ドライヤー 드라이어

アイロン 다리미

Tip ---

스마트폰 관련 어휘

スマホケース 스마트폰 케이스 画面 화면

保護フィルム 보호 필름 充電器 충전기

バッテリー 배터리 イヤホン 이어폰

ワイヤレスイヤホン 무선 이어폰 スピーカー 스피커

モバイルバッテリー 보조 배터리 スマートウォッチ 스마트 워치

アプリ/アプリケーション 앱/애플리케이션 通信料 통신요금

データプラン 데이터 요금제 通信キャリア 통신사

あまり食べてないですね。 どこか具合でも悪いんじゃあり
ません か。

답변 준비 시간 : 2秒

음원 59

応答例

A1 今お腹が一杯で。 さっきおやつを食べすぎちゃいました。

A2 実はダイエット中なんですよ。 最近5キロも太っちゃって。 もしよかったら、 これまだ手を
付けていないので、 半分食べませんか。

답변 시간 : 15秒 …… 終わりです

Q 별로 먹지 않았네요. 어딘가 몸 상태라도 좋지 않은 거 아니에요?

A1 지금 배가 불러서. 아까 간식을 너무 많이 먹어 버렸어요.

A2 실은 다이어트 중이거든요. 최근에 5kg이나 살쪄 버려서. 만약 괜찮다면 이거 아직 손을 대지 않았으니 절반 먹지 않을래요?

☑ CHECK NOTE

왜 음식을 먹지 않는지에 대해 묻고 있으므로 「お腹が一杯だ」(배가 부르다), 「体調がよくない」(몸 상태가 좋지 않다), 「嫌いな食べ物だ」(싫어하는 음식이다) 등 다양한 이유를 들어서 대답하면 된다. 이유를 설명할 때는 동사의 て형을 사용해도 되고 「명사 수식형+んです(よ)」(~인 것입니다, ~거든요)와 같은 표현을 사용해도 좋다. 참고로 질문의 「~てない」는 「~ていない」의 축약형으로, 회화체에서는 주로 「い」를 생략한 형태로 쓴다. 그리고 일본어에서 이루어지지 않은 상태가 계속됨을 나타낼 때는 「~て(い)ない」의 형태를 쓰는데, 해석은 '~하지 않았다'로 해야 자연스럽다.

어휘 | あまり (부정어 수반) 그다지, 별로 食(た)べる 먹다 どこか 어딘가 具合(ぐあい) (몸) 상태 悪(わる)い 나쁘다, 좋지 않다
お腹(なか)が一杯(いっぱい)だ 배가 부르다 さっき 아까, 조금 전 おやつ 간식 동사의 ます형+すぎる 너무 ~하다 実(じつ)は 실은
ダイエット 다이어트 ~中(ちゅう) ~중 最近(さいきん) 최근, 요즘 キロ 킬로그램, kg *「キログラム」의 준말 太(ふと)る 살찌다
手(て)を付(つ)ける 손을 대다 半分(はんぶん) 반, 절반 ~ませんか ~하지 않겠습니까?, ~하지 않을래요? *권유·의뢰

어휘&표현 ① ◆ 축약형

'축약형'이란 발음하기 편하게 줄여서 말하는 형태로 회화체에서 주로 쓴다.

▶ **~てる = ~ている** : ~하고 있다

あ、雨が降ってる。(=あ、雨が降っている。) 아, 비가 오고 있어.

▶ **~ちゃう・~じゃう = ~てしまう・~でしまう** : ~해 버리다, ~하고 말다

ああ、また太っちゃった。(=ああ、また太ってしまった。) 아-, 또 살쪄 버렸어.

子供が飲んじゃった。(=子供が飲んでしまった。) 아이가 마셔 버렸어.

漢字を間違えちゃいました。(=漢字を間違えてしまいました。) 한자를 틀리고 말았습니다.

▶ **~なきゃ = ~なければ** : ~하지 않으면

薬を飲まなきゃいけない。(=薬を飲まなければいけない。) 약을 먹지 않으면 안 된다[먹어야 한다].

早く宿題(を)やらなきゃ。(=早く宿題(を)やらなければ(いけない)。)

빨리 숙제(를) 하지 않으면 (안 된다)[해야지].

*회화에서 조사나 「いけない」(안 된다)와 같은 문말표현은 자주 생략된다.

어휘&표현 ② ◆ 축약어 · 준말

'축약어 · 준말'이란 발음하기 편하게 줄여서 말하는 단어를 가리킨다.

| 가타카나어 |

バイト(=アルバイト) 아르바이트

プレゼン(=プレゼンテーション) 프레젠테이션

キャラ(=キャラクター) 캐릭터, (애니메이션 · 만화 등의) 등장인물

フリーター(=フリーアルバイター) 프리터, 아르바이트나 파트타임으로 생활을 유지하는 사람

コラボ(=コラボレーション) 컬래버, 협업

アプリ(=アプリケーション) 앱, 애플리케이션

インフレ(=インフレーション) 인플레이션

デフレ(=デフレーション) 디플레이션

マスコミ(=マスコミュニケーション) 매스컴

| 한자어 |

就活(=就職活動) 취업활동   入試(=入学試験) 입학시험

卒論(=卒業論文) 졸업논문   学食(=学生食堂) 학생식당

음원 60

今までに健康診断を受けたことがありますか。

답변 준비 시간 : 2秒

応答例

A1 はい、受けたことがあります。去年、会社で健康診断を受けました。

A2 はい、もちろんです。1年に1回、会社で健康診断を受けています。ただ、前回の健康診断では、血圧が少し高いと言われました。

답변 시간 : 15秒 ⋯⋯ 終わりです

Q 지금까지 건강검진을 받은 적이 있습니까?

A1 예, 받은 적이 있습니다. 작년에 회사에서 건강검진을 받았습니다.

A2 예, 물론입니다. 1년에 한 번 회사에서 건강검진을 받고 있습니다. 다만 지난번 건강검진에서는 혈압이 조금 높다고 들었습니다.

☑ CHECK NOTE

질문의 「동사의 た형+ことがありますか」(~한 적이 있습니까?)는 경험의 유무를 물을 때 쓰는 표현이다. 이때 주의할 점은 「ことがある」 앞에는 반드시 「동사의 た형」을 써야 한다는 점이다. 「仕事が終わったら時々、お酒を飲みに行くことがある」(일이 끝나면 종종 술을 마시러 가는 경우가 있다)처럼 「동사의 보통형+ことがある」라고 하면 '~하는 경우가 있다, ~할 때가 있다'라는 뜻이 되므로 주의하자. 경험이 있다면 「はい、~たことがあります」(예, ~한 적이 있습니다), 없다면 「いいえ、~たことがありません」(아니요, ~한 적이 없습니다)이라고 답하면 된다. 그런 다음 건강검진을 받았다면 최근에 언제 받았는지, 몇 년에 한 번씩 받는지, 지난번 결과는 어땠는지 등의 부연설명을 하면 더 높은 점수를 받을 수 있다.

어휘 | 今(いま)までに 지금까지 *기한 健康診断(けんこうしんだん) 건강검진 受(う)ける (어떤 행위를) 받다
동사의 た형+ことがある ~한 적이 있다 去年(きょねん) 작년 会社(かいしゃ) 회사 もちろん 물론 ~年(ねん) ~년
1回(いっかい) 1회, 한 번 *「~回(かい)」 - ~회, ~번 ただ 다만 前回(ぜんかい) 전회, 전번, 지난번 血圧(けつあつ) 혈압
少(すこ)し 조금 高(たか)い (정도가) 높다 ~と言(い)われる ~라는 말을 듣다

! 틀리기 쉬운 표현

1. ～まで・～までに

9時から6時まで働きます。 9시부터 6시까지 일합니다. (계속)

明日6時までに行きます。 내일 (늦어도) 6시까지 가겠습니다. (기한)

: 「～まで」・「～までに」는 우리말로는 둘 다 '～까지'라는 뜻이지만 쓰임새에는 차이가 있다. 「～まで」는 그 기한까지 계속한다는 뜻을 나타내고, 「～までに」는 그 기한 내에 어떤 행위를 한 번 한다는 뜻을 나타낸다. 따라서 기한을 나타 낼 때는 반드시 「に」를 붙여서 「～までに」를 써야 한다.

2. ～と言われます

私は芸能人に似ているという話を聞きます。(X)

➡ 私は芸能人に似ていると言われます。(O) 저는 연예인을 닮았다는 말을 듣습니다.

: 자신에 대한 이야기를 남에게 들은 것을 나타낼 때는 「聞く」가 아닌 「言われる」를 쓴다. 따라서 '～라는 말을 듣다' 라고 할 때는 「～と言われる」라고 해야 한다. 그대로 직역하여 「～という話を聞く」라고 하면 부자연스러운 표현이 된다.

3. 우리말과 다른 일본어

한국어	잘못된 일본어	올바른 일본어
건강검진	健康検診	健康診断
여기저기	こちらあちら	あちらこちら・あちこち
왔다 갔다	来たり行ったり	行ったり来たり
약혼	約婚	婚約
첫인상	初印象	第一印象
평생	平生	一生
장점	長点	長所・メリット
단점	短点	短所・欠点・デメリット
우회전	右回転	右折
좌회전	左回転	左折

あのう、面接の時に着るスーツを貸してくれませんか。

음원 61

답변 준비 시간 : 2秒

応答例

A1 すみません、スーツはちょっと…。

A2 あー、実は僕も今スーツがないので、ジャケットとパンツでもいいですか。上下同じ色だから違和感は全くないと思うんだけど、後で試着してみてください。

답변 시간 : 15秒 …… 終わりです

Q 저기, 면접 때에 입을 정장을 빌려주지 않을래요?

A1 죄송해요, 정장은 좀….

A2 아ー, 실은 나도 지금 정장이 없어서 재킷과 바지여도 괜찮나요? 위아래 같은 색이니까 위화감은 전혀 없다고 생각하는데 나중에 입어 보세요.

☑ CHECK NOTE

질문의 「あのう」(저어, 저기)는 머뭇거리거나 말을 걸 때 쓰고, 「~てくれませんか」는 '(남이 나에게) ~해 주지 않겠습니까?, ~해 주지 않을래요?'라는 뜻으로 상대방에게 뭔가를 부탁하거나 의뢰할 때 쓰는 표현이다. 즉, 질문은 어렵게 상대방에게 정장을 빌려달라고 부탁하고 있는 것이므로, 거절해야 하는 상황이라면 「すみません、~はちょっと…」(죄송해요, ~은 좀…)와 같이 먼저 미안함을 표시하고 말끝을 흐려서 부드럽게 거절하는 것이 좋다. 또는 응답예 2처럼 재킷이나 바지와 같은 다른 복장으로 해결책을 제시하는 등 재치 있는 답변을 하면 높은 점수를 받을 수 있을 것이다.

어휘 | 面接(めんせつ) 면접　時(とき) 때　着(き)る (옷을) 입다　スーツ 슈트, 정장　貸(か)す 빌려주다　~てくれる (남이 나에게) ~해 주다　すみません 죄송합니다　ちょっと 좀　実(じつ)は 실은　僕(ぼく) 나 *남자의 자칭　~も ~도　ない 없다　~ので ~므로, ~이기 때문에　ジャケット 재킷　パンツ 팬츠, 양복 바지　上下(じょうげ) 상하, 위아래　同(おな)じだ 같다　色(いろ) 색, 색깔　~から ~니까　違和感(いわかん) 위화감　全(まった)く (부정어 수반) 전혀　思(おも)う 생각하다　後(あと)で 나중에　試着(しちゃく) (옷이 맞는지) 입어 봄

❗ 틀리기 쉬운 표현

同じな色 (X)

➡ **同じ色 (O)** 같은 색

: 접속이 잘못되었다. 「同じだ」(같다)는 특수한 활용을 하는 な형용사로 명사를 수식할 때 활용 어미인 「な」가 붙지 않는다. 다만 형식명사 「~の」(~것)나 접속조사 「~ので」(~므로, ~이기 때문에), 「~のに」(~는데(도))에 접속할 때는 「な」가 붙어 「同じなのがいい」(같은 것이 좋다), 「同じなので」(같기 때문에), 「同じなのに」(같은데)처럼 쓴다.

어휘＆표현 ◆ 복장＆액세서리

복장＆액세서리	착용표현
상의	上着を 상의를 ブラウスを 블라우스를 Ｙシャツを 와이셔츠를 シャツを 셔츠를 セーターを 스웨터를 コートを 코트를 ワンピースを 원피스를 着る 입다 ↔ 脱ぐ 벗다
하의, 신발	ズボンを 바지를 スカートを 스커트를 ジーンズ[ジーパン]を 청바지를 ── はく 입다 ↔ 脱ぐ 벗다 靴を 구두를 サンダルを 샌들을 靴下を 양말을 ── はく 신다 ↔ 脱ぐ 벗다
소품	ネクタイを 넥타이를 ベルトを 벨트를 ── 締める[する] 매다[하다] ↔ 外す 풀다 手袋をはめる 장갑을 끼다 ↔ 外す 벗다 帽子を被る 모자를 쓰다 ↔ 取る・脱ぐ 벗다
액세서리	眼鏡をかける 안경을 끼다 ↔ 外す 벗다 時計をする[はめる] 시계를 차다 ↔ 外す 풀다 指輪[リング]をする[はめる] 반지를 끼다 ↔ 外す 빼다 イヤリングをする 귀걸이를 하다 ↔ 外す 빼다 ネックレスをする[付ける] 목걸이를 하다 ↔ 外す 빼다 ブレスレットをする[付ける] 팔찌를 차다 ↔ 外す 빼다
그 외	かばん[ハンドバッグ]をかけている。 가방[핸드백]을 메고 있다. かばんを手に提げている。 가방을 손에 들고 있다. リュックサックを背負っている。 륙색[배낭]을 메고 있다.

第4部 短い応答 | 일상 화제에 대해 설명하기

問題1 あなたは買い物をする時、一人でするのと友達とするのとどちらが好きですか。簡単に説明してください。 답변 준비 시간 : 15秒

음원 62

応答例

A1 私は買い物をする時、一人でするのが好きです。子供の頃から何でも一人でする性格でした。一人で買い物をした方が、自由に見て回ることができて、気が楽です。

A2 私は友達と買い物に行くのが好きです。なぜなら、気が合う友達と買い物に行くと、一緒に商品を選んだり、試着した時に似合うかどうか見てもらったりすることができるからです。それに、何よりも友達と一緒に楽しく過ごすことができて、ストレス発散にもなるからです。

답변 시간 : 25秒 …… 終わりです

Q 당신은 쇼핑을 할 때 혼자 하는 것과 친구와 하는 것 중 어느 쪽을 좋아합니까? 간단하게 설명하세요.

A1 저는 쇼핑을 할 때 혼자 하는 것을 좋아합니다. 어릴 때부터 무엇이든지 혼자서 하는 성격이었습니다. 혼자 쇼핑하는 편이 자유롭게 보고 돌아다닐 수 있어서 마음이 편합니다.

A2 저는 친구와 쇼핑하러 가는 것을 좋아합니다. 왜냐하면 마음이 맞는 친구와 쇼핑하러 가면 함께 상품을 고르거나 (옷을) 입어 봤을 때에 어울리는지 어떤지 봐 줄 수 있거나 하기 때문입니다. 게다가 무엇보다도 친구와 함께 즐겁게 보낼 수 있어서 스트레스 발산도 되기 때문입니다.

☑ CHECK NOTE

질문의 「AとBとどちらが好きですか」는 'A와 B 중 어느 쪽을 좋아합니까?'라는 뜻으로, A인지 B인지 선택한 후 그 이유를 말하면 된다. 이런 유형의 경우 먼저 머릿속에서 A인지 B인지 정하고 그 이유를 생각한다. 응답예 1, 2 모두 「~が好きです」(~을 좋아합니다)라고 한 후에 좋아하는 이유를 말하고 있는데, 응답예 2처럼 「なぜなら、~からです」(왜냐하면 ~이기 때문입니다)처럼 인과 관계를 나타내는 표현을 써서 구체적으로 답하면 고득점을 기대할 수 있다.

어휘 | 買(か)い物(もの) 물건을 삼, 쇼핑, 장을 봄 時(とき) 때 一人(ひとり)で 혼자서 友達(ともだち) 친구 どちら 어느 쪽 好(す)きだ 좋아하다 簡単(かんたん)だ 간단하다 説明(せつめい) 설명 子供(こども) 아이 頃(ころ) 때, 시절, 무렵 何(なん)でも 무엇이든지, 뭐든지 性格(せいかく) 성격 方(ほう) 편, 쪽 自由(じゆう)だ 자유롭다 見(み)る 보다 回(まわ)る (여기저기) 돌다, 돌아다니다 동사의 기본형+ことができる ~할 수 있다 気(き) 마음 楽(らく)だ 편안하다, 편하다 동사성 명사+に ~하러 *동작의 목적 なぜなら 왜냐하면 気(き)が合(あ)う 마음이 맞다 一緒(いっしょ)に 함께, 같이 商品(しょうひん) 상품 選(えら)ぶ 고르다, 선택하다 ~たり[だり] ~たり[だり]する ~하거나 ~하거나 하다 試着(しちゃく) (옷을) 입어 봄 似合(にあ)う 어울리다 ~かどうか ~인지 어떤지, ~일지 어떨지 ~てもらう (남에게) ~해 받다, (남이) ~해 주다 それに 게다가 何(なに)よりも 무엇보다도 楽(たの)しい 즐겁다 過(す)ごす (시간을) 보내다, 지내다 ストレス 스트레스 発散(はっさん) 발산

40

어휘&표현 ◆ 접속표현

❶ 순접

そして 그리고 それから 그리고, 그러고 나서 次に 다음에 その後 그 다음, 그런 뒤

❷ 인과

なぜなら 왜냐하면 なぜかというと 왜냐하면 それで 그래서 だから 그래서, 그러니까

❸ 역접

しかし 그러나 だが 그러나, 하지만 けれども 그렇지만, 하지만 でも 하지만, 그래도

❹ 보충

また 또, 또한 それに 게다가 その上 게다가, 또한 しかも 게다가 ちなみに 덧붙여 말하면

❺ 대비

逆に 반대로, 거꾸로 反対に 반대로 もしくは 혹은, 또는 あるいは 혹은, 또는, 아니면

❻ 요약

つまり 결국, 즉 要するに 요컨대, 결국 言い換えると 바꿔 말하면 すなわち 즉

❼ 예시

例えば 예를 들면

❽ 전환

ところで 그것은 그렇고, 그런데

問題 2 あなたが一週間のうちで一番疲れを感じる時はいつですか。簡単に説明してください。 답변 준비 시간 : 15秒

음원 63

応答例

A1 私が一週間のうちで一番疲れを感じるのは、月曜日です。週末にゆっくり休んでも、月曜日の朝に再び早起きして出勤するのは、やはり大変なことだと思います。

A2 私は金曜日に一番疲れを感じます。なぜなら、月曜日から金曜日まで毎日働いて、その分疲れが溜まっているからです。もちろん次の日が週末なので、楽しみでもありますし、精神的には楽かもしれませんが、肉体的に疲れを感じるのは、やはり平日の最終日に当たる金曜日だと思います。

답변 시간 : 25秒 …… 終わりです

Q 당신이 일주일 중에서 가장 피로를 느낄 때는 언제입니까? 간단하게 설명하세요.

A1 제가 일주일 중에서 가장 피로를 느끼는 것은 월요일입니다. 주말에 푹 쉬어도 월요일 아침에 다시 일찍 일어나서 출근하는 것은 역시 힘든 일이라고 생각합니다.

A2 저는 금요일에 가장 피로를 느낍니다. 왜냐하면 월요일부터 금요일까지 매일 일해서 그만큼 피로가 쌓여 있기 때문입니다. 물론 다음 날이 주말이기 때문에 기대가 되기도 하고, 정신적으로는 편할지도 모르지만, 육체적으로 피로를 느끼는 것은 역시 평일의 마지막날에 해당하는 금요일이라고 생각합니다.

☑ CHECK NOTE

이 문제도 먼저 무슨 요일인지 말하고, 그 요일을 선택한 이유에 대해 설명하면 된다. 응답예 1, 2는 월요일과 금요일이라는 상반되는 요일을 들어서 답변하고 있다. 응답예 1은 '주말에 푹 쉰다 하더라도 출근이라는 정신적인 부담 때문에 월요일에 가장 피로를 느낀다'라고 답했고, 응답예 2는 '금요일은 다음 날이 주말이라 정신적으로는 편할 수도 있다'라고 생각할 수도 있지만 '월요일부터 계속 일했기 때문에 육체적으로 피로를 느끼는 것은 역시 금요일이다'라는 근거를 들어 결론을 도출하고 있다. 응답예 2처럼 상반되는 내용을 들어 자신의 의견을 말하고, 그 의견에 대해 구체적인 이유를 설명하면 높은 점수를 받을 수 있다. 이때 「もちろん」(물론), 「確かに」(확실히) 등과 같은 부사와 함께 「～が」(～지만)와 같은 역접표현을 사용하면 더욱 효과적으로 어필할 수 있다.

어휘 | 一週間(いっしゅうかん) 일주일 *「～週間(しゅうかん)」 – ～주간, ～주일 명사+の+うちで ～중에서 一番(いちばん) 가장, 제일 疲(つか)れ 피로 感(かん)じる 느끼다 月曜日(げつようび) 월요일 週末(しゅうまつ) 주말 ゆっくり 느긋하게, 푹 休(やす)む 쉬다 朝(あさ) 아침 再(ふたた)び 다시 早起(はやお)き 일찍 일어남 出勤(しゅっきん) 출근 やはり 역시 大変(たいへん)だ 힘들다 思(おも)う 생각하다 金曜日(きんようび) 금요일 なぜなら 왜냐하면 ～から～まで ～부터 ～까지 毎日(まいにち) 매일 働(はたら)く 일하다 その分(ぶん) 그만큼 溜(た)まる 쌓이다 もちろん 물론 次(つぎ) 다음 日(ひ) 날 楽(たの)しみだ 기대되다 精神的(せいしんてき)だ 정신적이다 楽(らく)だ 편안하다, 편하다 ～かもしれない ～일지도 모른다 肉体的(にくたいてき)だ 육체적이다 平日(へいじつ) 평일 最終日(さいしゅうび) 최종일, 마지막날 当(あ)たる 해당하다

어휘&표현 ◆ 요일

월요일	月曜日 げつようび	목요일	木曜日 もくようび	일요일	日曜日 にちようび
화요일	火曜日 かようび	금요일	金曜日 きんようび	무슨 요일	何曜日 なんようび
수요일	水曜日 すいようび	토요일	土曜日 どようび		

어휘&표현 ◆ 때를 나타내는 말 ①

	日(날)	週(주)	月(달)	年(해)
과거	一昨日 그저께 おととい 昨日 어제 きのう	先々週 지지난 주 せんせんしゅう 先週 지난주 せんしゅう	先々月 지지난달 せんせんげつ 先月 지난달 せんげつ	一昨年[一昨年] 재작년 おととし いっさくねん 去年・昨年 작년 きょねん さくねん
현재	今日 오늘 きょう	今週 이번 주 こんしゅう	今月 이달 こんげつ	今年 올해 ことし
미래	明日 내일 あした 明後日 모레 あさって	来週 다음 주 らいしゅう 再来週 다다음 주 さらいしゅう	来月 다음 달 らいげつ 再来月 다다음 달 さらいげつ	来年 내년 らいねん 再来年 내후년 さらいねん
매~	毎日 매일 まいにち	毎週 매주 まいしゅう	毎月[毎月] 매월, 매달 まいつき まいげつ	毎年[毎年] 매년 まいとし まいねん
기타 표현	休み 쉼, 휴일, 쉬는 날 やす 休日 휴일 きゅうじつ 祝日 공휴일 しゅくじつ	週末 주말 しゅうまつ	初め 초 はじ 初旬・上旬 초순・상순 しょじゅん じょうじゅん 半ば・中旬 중순 なか ちゅうじゅん 下旬 하순 げじゅん 終わり 말 お	年始・年初 연시・연초 ねんし ねんしょ 年の暮れ・年末 연말 とし く ねんまつ

음원 64

応答例

A1 私は毎年、年末年始は家族と一緒に過ごします。その時、おいしいものを食べるようにしています。カウントダウンも毎年の楽しみの一つです。

A2 私は毎年、年末年始は大切な人たちと一緒に過ごしながら、年越しの瞬間を祝うことが多いです。また、郊外にある山に登って、初日の出を見るのも年中行事の一つです。それから、新年の抱負や計画を立てて、どのような年にしようか決めるようにしています。

답변 시간 : 25秒 …… 終わりです

Q 당신은 연말연시에 꼭 하고 있는 일이 있습니까? 간단하게 설명하세요.

A1 저는 매년 연말연시는 가족과 함께 지냅니다. 그때 맛있는 것을 먹도록 하고 있습니다. 카운트다운도 매해의 즐거움 중 하나입니다.

A2 저는 매년 연말연시는 소중한 사람들과 함께 지내면서 해넘이의 순간을 축하하는 경우가 많습니다. 또한 교외에 있는 산에 올라, 설날의 해돋이를 보는 것도 연중행사 중 하나입니다. 그리고 새해 포부나 계획을 세우고 어떤 해로 할지 결정하도록 하고 있습니다.

☑ CHECK NOTE

습관적으로 하고 있는 것을 말할 때는 응답예 1의 「食べるようにしています」(먹도록 하고 있습니다)처럼 「동사의 기본형/ない형+ようにしている」(~하도록/하지 않도록 하고 있다)를 써서 표현하면 된다. 매년 하는 습관에 대해 말할 때 응답예 2의 「年中行事」(연중행사)처럼 어려운 한자어를 써서 답하면 어휘력에서 좋은 평가를 받을 수 있다.

어휘 | 年末年始(ねんまつねんし) 연말연시 必(かなら)ず 반드시, 꼭 やる 하다 毎年(まいとし) 매년 家族(かぞく) 가족
一緒(いっしょ)に 함께, 같이 過(す)ごす (시간을) 보내다, 지내다 おいしい 맛있다 もの 것 食(た)べる 먹다 カウントダウン 카운트다운
楽(たの)しみ 즐거움 一(ひと)つ 하나 大切(たいせつ)だ 소중하다 人(ひと) 사람 ~たち (사람이나 생물을 나타내는 말에 붙어) ~들
동사의 ます형+ながら ~하면서 *동시동작 年越(としこ)し 해넘이 瞬間(しゅんかん) 순간 祝(いわ)う 축하하다 郊外(こうがい) 교외
山(やま) 산 登(のぼ)る 오르다. (높은 곳으로) 올라가다 初日(はつひ)の出(で) 설날의 해돋이 見(み)る 보다
年中行事(ねんじゅうぎょうじ) 연중행사 新年(しんねん) 새해 抱負(ほうふ) 포부 計画(けいかく) 계획
立(た)てる (계획 등을) 세우다, 정하다 決(き)める 정하다, 결정하다

어휘&표현 ◆「～ようにする/している」VS「～ようになる」

▶ **동사의 기본형/ない형+ようにする** : ～하도록/하지 않도록 하다

*본인이 의도적으로 어떤 행동을 하는 경우(노력·의지)

明日からは、朝6時に起きるようにします。 내일부터는 아침 6시에 일어나도록 하겠습니다.

なるべく夜食は食べないようにしよう。 되도록 야식은 먹지 않도록 하자.

▶ **동사의 기본형/ない형+ようにしている** : ～하도록/하지 않도록 하고 있다

*습관적으로 하고 있는 것을 말하는 경우(습관)

近所の人に会ったら、挨拶するようにしています。 이웃 사람을 만나면 인사하도록 하고 있습니다.

健康のために、お酒は飲まないようにしている。 건강을 위해서 술은 마시지 않도록 하고 있다.

▶ **동사의 기본형/ない형+ようになる** : ～하게(끔)/～하지 않게(끔) 되다

*수동적으로 습관·상황·능력 등이 변화하는 경우(변화)

年を取ってから、野菜を食べるようになりました。 나이를 먹고 나서 채소를 먹게 되었습니다.

最近は健康のために好き嫌いをしないようになった。 요즘은 건강을 위해서 (음식을) 가려먹지 않게 되었다.

問題4 あなたは服をクリーニングに出すことが多いですか。簡単に説明して ください。 답변 준비 시간 : 15秒

음원 65

応答例

A1 普段はあまり服をクリーニングに出しません。必要な時だけ、コートやスーツなどの特別な 服をクリーニングに出すようにしています。

A2 私は日々の生活の中で衣類を専門のクリーニングに出すことはあまりありません。最近は洗 濯機の性能もよくなっているので、おしゃれ着用洗剤を使って、自宅の洗濯機で洗うことも 多いです。それでも、コートやダウンジャケットなどはクリーニング店に任せるようにして います。

답변 시간 : 25秒 …… 終わりです

Q 당신은 옷을 세탁을 맡기는 경우가 많습니까? 간단하게 설명하세요.

A1 평소에는 별로 옷을 세탁을 맡기지 않습니다. 필요할 때만 코트나 정장 등의 특별한 옷을 세탁을 맡기도록 하고 있습니다.

A2 저는 일상생활 속에서 의류를 전문 세탁을 맡기는 일은 별로 없습니다. 최근에는 세탁기 성능도 좋아지고 있기 때문에 섬유 유연제를 사용하고, 자택 세탁기로 빠는 경우도 많습니다. 그래도 코트나 다운재킷 등은 세탁소에 맡기도록 하고 있습니다.

☑ CHECK NOTE

질문의 「クリーニングに出す」는 '세탁을 맡기다'라는 뜻으로, 「동사의 기본형+ことが多い」(~하는 경우가 많다. ~할 때가 많다) 문형을 써서 옷을 세탁소에 맡기는 경우가 많은지 묻고 있다. 따라서 세탁을 맡기는 경우가 많은지 아닌지를 먼저 밝힌 후에 그 이유와 부연설명을 하면 된다. 응답예 1처럼 간단하게 답해도 되지만, 응답예 2처럼 왜 세탁을 맡기지 않는 것인지 몇 가지 예를 들어 그 이유를 구체적으로 설명하면 더 높은 점수를 받을 수 있다.

어휘 | 服(ふく) 옷 普段(ふだん) 평소 あまり (부정어 수반) 그다지, 별로 必要(ひつよう)だ 필요하다 時(とき) 때 ~だけ ~만, ~뿐 コート 코트 スーツ 슈트, 정장 ~など ~등 特別(とくべつ)だ 특별하다 동사의 기본형+ようにしている ~하도록 하고 있다 日々(ひび) 매일, 나날 衣類(いるい) 의류 専門(せんもん) 전문 最近(さいきん) 최근, 요즘 洗濯機(せんたくき) 세탁기 性能(せいのう) 성능 いい·よい 좋다 い형용사의 어간+くなる ~해지다 おしゃれ着用洗剤(ぎょうせんざい) 섬유 유연제 使(つか)う 쓰다, 사용하다 自宅(じたく) 자택, 자기 집 洗(あら)う 빨다 それでも 그래도 ダウンジャケット 다운재킷 クリーニング店(てん) 세탁소 任(まか)せる 맡기다

❗ 틀리기 쉬운 표현

洗濯を任せる (X)

➡ クリーニングに出す (O) 세탁을 맡기다

: '세탁을 맡기다'라는 표현은 「クリーニングに出す」라고 하는데, 반드시 조사 「に」를 써야 한다. 동사 「任せる」(맡기다)를 써서 표현하고 싶다면 「クリーニング店[屋]に任せる」(세탁소에 맡기다)처럼 '가게'를 대상으로 해서 말하면 된다.

問題5 あなたは映画の試写会（えいが）（ししゃかい）に行った（い）ことがありますか。簡単（かんたん）に説明（せつめい）してください。　답변 준비 시간 : 15秒

음원 66

応答例

A1 いいえ、私（わたし）は映画（えいが）の試写会（ししゃかい）に行った（い）ことはありません。でも、いつか行って（い）みたいです。

A2 残念（ざんねん）ながら、私（わたし）はまだ映画（えいが）の試写会（ししゃかい）のようなイベントに参加（さんか）したことがありません。でも、映画鑑賞（えいがかんしょう）が趣味（しゅみ）なので、ぜひいつか自分（じぶん）が気（き）に入った映画（えいが）の試写会（ししゃかい）に行って（い）、映画製作（えいがせいさく）の裏側（うらがわ）についても聞かせて（き）もらいたいなと思って（おも）います。

답변 시간 : 25秒 …… 終わりです

Q 당신은 영화 시사회에 간 적이 있습니까? 간단하게 설명하세요.

A1 아니요, 저는 영화 시사회에 간 적은 없습니다. 하지만 언젠가 가 보고 싶습니다.

A2 유감스럽게도 저는 아직 영화 시사회 같은 이벤트에 참가한 적이 없습니다. 하지만 영화 감상이 취미이므로, 꼭 언젠가 제 마음에 든 영화 시사회에 가서 영화 제작의 이면에 대해서도 듣고 싶다고 생각하고 있습니다.

☑ CHECK NOTE

「동사의 た형+ことがある」(~한 적이 있다)의 형태를 써서 경험의 유무에 대해 묻고 있다. 간 적이 있다면 「はい、~たことがあります」(예, ~한 적이 있습니다)라고 한 후에 그 경험에 대해 이야기하면 되고, 가 본 적 없다면 「いいえ、~たことがありません」(아니요, ~한 적이 없습니다)이라고 한 후에 「いつか~てみたい」(언젠가 ~해 보고 싶다)와 같은 표현을 사용하여 어떤 경험을 하고 싶은지 등의 부연설명을 하면 된다. 응답예 2처럼 상대방에게 아쉬운 전개나 결과를 전달하는 표현인 「残念（ざんねん）ながら」(유감스럽게도, 아쉽게도)로 말문을 트면 시사회에 가 본 적이 없다는 사실을 간접적으로 전달하게 되므로 세련된 답변이라고 할 수 있다.

어휘 | 映画（えいが）영화　試写会（ししゃかい）시사회　でも 하지만　いつか 언젠가　~てみる ~해 보다　동사의 ます형+たい ~하고 싶다
残念（ざんねん）ながら 유감스럽게도, 아쉽게도　まだ 아직　명사+の+ような ~와 같은　イベント 이벤트　参加（さんか）참가
鑑賞（かんしょう）감상　趣味（しゅみ）취미　명사+な+ので ~므로, ~이기 때문에　ぜひ 꼭, 제발, 아무쪼록　自分（じぶん）자기, 자신, 나
気（き）に入（い）る 마음에 들다　製作（せいさく）제작　裏側（うらがわ）이면　~についても ~에 대해서도　聞（き）く 듣다
~（さ）せてもらいたい（남에게）~하게 해 받고 싶다, (내가) ~하고 싶다

LEVEL UP

어휘&표현 ◆ 장래 희망을 나타내는 표현

▶ **いつか~てみたいです** : 언젠가 ~해 보고 싶습니다

いつかヨーロッパに行って（い）みたいです。　언젠가 유럽에 가 보고 싶습니다.

いつかあの有名（ゆうめい）なホテルに泊まって（と）みたいです。　언젠가 저 유명한 호텔에 묵어 보고 싶습니다.

問題1 あなたは大学の卒業が就職に有利に働くと思いますか。あなたの考えを話してください。 답변 준비 시간 : 30秒

음원 67

応答例

A1 そうですね。やはり有利に働くと思います。大学では専門的な知識やスキルを学ぶ機会がたくさんあると思います。高校よりもさらに高度な教育を受けることができます。また、人脈を広げることができるというメリットもあります。履修している授業だけではなく、所属しているサークルやバイト先など、様々な場所で友人や知り合いが増えるでしょう。人脈が広がる分、情報量も増え、就職を準備する上で有利に働くでしょう。

A2 大学を卒業すると、就職に有利だとよく言われていますが、私は必ずしもそうだとは思いません。大学で学んだことが、必ずしも会社で業務を進める際に必要な知識やスキルに直結するとは限らないからです。業界や職種によっては、大学の学位や事前に学んでおいた知識などよりも、実際の職務経験や実践的なスキルが重視されることもあります。したがって、大学に行かずにすぐに現場で実務経験を積んだ方が有利に働く場合もあるのです。自身が就きたい職業に合わせて、大学に進学して学位を取ることが就職に有利になるかどうかを判断する必要があると思います。

답변 시간 : 50秒 …… 終わりです

Q 당신은 대학 졸업이 취업에 유리하게 작용한다고 생각합니까? 당신의 생각을 말하세요.

A1 글쎄요, 역시 유리하게 작용한다고 생각합니다. 대학에서는 전문적인 지식이나 기술을 배울 기회가 많이 있다고 생각합니다. 고등학교보다도 더욱 수준 높은 교육을 받을 수 있습니다. 또한 인맥을 넓힐 수 있다는 장점도 있습니다. (본인이) 이수하고 있는 수업뿐만 아니라 소속해 있는 동아리나 아르바이트하는 곳 등 여러 장소에서 친구나 지인이 늘어날 것입니다. 인맥이 넓어지는 만큼 정보량도 늘고 취업을 준비하는 데 있어서 유리하게 작용할 것입니다.

A2 대학을 졸업하면 취업에 유리하다고 자주 듣지만 저는 반드시 그렇다고는 생각하지 않습니다. 대학에서 배운 것이 꼭 회사에서 업무를 진행할 때 필요한 지식과 기술에 직결되는 것은 아니기 때문입니다. 업계나 직종에 따라서는 대학 학위나 사전에 배워 둔 지식 등보다도 실제 직무 경험이나 실천적인 기술이 중시될 수도 있습니다. 따라서 대학에 가지 않고 바로 현장에서 실무 경험을 쌓는 편이 유리하게 작용하는 경우도 있는 것입니다. 자신이 종사하고 싶은 직업에 맞춰 대학에 진학해 학위를 따는 것이 취직에 유리할지 어떨지를 판단할 필요가 있다고 생각합니다.

☑ CHECK NOTE

제5부는 사회문제 등을 포함한 폭넓은 화제에 대해 자신의 생각을 논리적으로 전개할 수 있는 능력과 구체적이고 체계적으로 진술할 수 있는 능력을 측정하는 파트이다. 따라서 대답할 때는 먼저 결론을 간략하게 말한 뒤에 그 근거를 구체적으로 제시하고, 마지막에 정리하는 형식을 취하면 보다 쉽게 의견을 전달할 수 있다. 그리고 추측되는 내용을 「~でしょう」(~일 것입니다, ~이겠죠)와 같은 표현을 사용해서 덧붙이는 것도 좋다.

어휘 | 大学(だいがく) 대학(교) 卒業(そつぎょう) 졸업 就職(しゅうしょく) 취직 有利(ゆうり)だ 유리하다 働(はたら)く 작용하다
~と思(おも)う ~라고 생각하다 考(かんが)え 생각 話(はな)す 말하다, 이야기하다 やはり 역시 専門的(せんもんてき)だ 전문적이다
知識(ちしき) 지식 スキル 스킬, 기능, 숙련된 기술 学(まな)ぶ 배우다, 익히다 機会(きかい) 기회 たくさん 많이
高校(こうこう) 고등학교 *「高等学校(こうとうがっこう)」의 준말 ~よりも ~보다도 さらに 더욱 高度(こうど)だ 정도가 높다
教育(きょういく) 교육 受(う)ける (어떤 행위를) 받다 동사의 기본형+ことができる ~할 수 있다 人脈(じんみゃく) 인맥
広(ひろ)げる 넓히다 メリット 장점 履修(りしゅう) 이수 授業(じゅぎょう) 수업 ~だけでなく ~뿐만 아니라 所属(しょぞく) 소속
サークル 서클, 동아리 バイト先(さき) 아르바이트하는 곳 様々(さまざま)だ 다양하다 場所(ばしょ) 장소, 곳 友人(ゆうじん) 친구
知(し)り合(あ)い 아는 사이[사람], 지인 増(ふ)える 늘다, 늘어나다 広(ひろ)がる 넓어지다 ~分(ぶん) ~분, ~만큼
情報量(じょうほうりょう) 정보량 동사의 기본형+上(うえ)で ~하는 데 있어서 よく 잘, 자주
必(かなら)ずしも (부정어 수반) 반드시, 꼭 *부분 부정을 나타낼 경우에 사용 そうだ 그렇다 業務(ぎょうむ) 업무 進(すす)める 진행하다
際(さい) 때 必要(ひつよう)だ 필요하다 直結(ちょっけつ) 직결 ~とは限(かぎ)らない (반드시) ~하다고는 할 수 없다, ~하는 것은 아니다
業界(ぎょうかい) 업계 職種(しょくしゅ) 직종 ~によっては ~에 따라서는 学位(がくい) 학위 事前(じぜん)に 사전에, 미리
~て[で]おく ~해 놓다[두다] 実際(じっさい) 실제 職務(しょくむ) 직무 経験(けいけん) 경험 実践的(じっせんてき)だ 실천적이다
重視(じゅうし) 중시 したがって 따라서 ~ずに ~하지 않고[말고] 現場(げんば) 현장 実務(じつむ) 실무 積(つ)む 쌓다 方(ほう) 편, 쪽
場合(ばあい) 경우 自身(じしん) 자신, 자기 就(つ)く 종사하다 동사의 ます형+たい ~하고 싶다 ~に合(あ)わせて ~에 맞춰서
進学(しんがく) 진학 取(と)る 얻다, 따다, 취득하다 判断(はんだん) 판단

問題2 最近外見に気を使っている男性が増えていますが、あなたはこのことに
ついてどう思いますか。あなたの考えを話してください。

음원 68

답변 준비 시간 : 30秒

応答例

A1 私は男性が外見に気を使いすぎることは、少し問題があると思います。人は見た目よりも中身が大事だと思います。また、過度に気を使うことはストレスにも繋がると思います。最近は性格や実力より外見をより重要視する社会の雰囲気がありますが、私はよくないと思います。人は見た目よりも、その人が持っている考え方や性格が大切だと思います。

A2 私は良い変化だと思います。従来は女性だけが化粧をしたり、スキンケアを行ったりしていましたが、近年は男性も自身の外見に対して意識を高め、ケアを行うことが増えているようです。それは、自己表現の一つとして肯定的な変化だと考えられるでしょう。なぜなら、見た目に気を使って、清潔感が増すことによって、自信も生まれるからです。そして、自信がつくことによって、表情にも良い変化が表れると思います。表情が明るくなると、学校や会社での生活にもきっと良い影響を及ぼすでしょう。また、男女を問わず外見に気を使って、化粧やケアをすることは、社会における多様性の受容にも繋がると思います。

답변 시간 : 50秒 …… 終わりです

Q 최근 외모에 신경을 쓰는 남성이 늘고 있는데, 당신은 이 일에 대해 어떻게 생각합니까? 당신의 생각을 말하세요.

A1 저는 남성이 외모에 너무 신경을 쓰는 것은 조금 문제가 있다고 생각합니다. 사람은 겉보기보다도 내면이 중요하다고 생각합니다. 또한 과도하게 신경을 쓰는 것은 스트레스로도 이어진다고 생각합니다. 요즘은 성격이나 실력보다 외모를 더 중요시하는 사회 분위기가 있지만 저는 좋지 않다고 생각합니다. 사람은 겉보기보다도 그 사람이 가지고 있는 사고방식이나 성격이 중요하다고 생각합니다.

A2 저는 좋은 변화라고 생각합니다. 종래에는 여성만이 화장을 하거나 스킨케어를 하거나 했었지만 근래에는 남성도 자신의 외모에 대해 의식을 높이고, 관리를 하는 경우가 늘고 있는 듯합니다. 그것은 자기 표현의 하나로서 긍정적인 변화라고 생각할 수 있을 것입니다. 왜냐하면 외모에 신경을 쓰고 청결감이 증가함에 따라 자신감도 생기기 때문입니다. 그리고 자신감이 생김에 따라 표정에도 좋은 변화가 나타날 것이라고 생각합니다. 표정이 밝아지면 학교나 회사에서의 생활에도 분명 좋은 영향을 미칠 것입니다. 또 남녀불문하고 외모에 신경을 써서 화장이나 관리를 하는 것은 사회에 있어서의 다양성의 수용으로도 이어진다고 생각합니다.

☑ CHECK NOTE

제5부에서 가장 바람직한 답변 형식은 본인의 의견을 제시한 다음에 그 근거를 구체적으로 설명한 후 다시 한번 결론을 말하며 마무리하는 것이다. 따라서 본인의 생각을 말할 때는 「~と思う」(~라고 생각한다)와 같은 표현을 사용하면 좋다. 또한 답변이 길어지면 논리적으로 잘 정리된 문장으로 전달할 수 있도록 적절히 접속사를 사용하는 것도 중요하다. 이유를 말할 때는 「なぜなら」(왜냐하면), 어떤 사항을 나열할 때는 「そして」(그리고), 「また」(또, 또한)와 같은 접속사를 사용하도록 하자.

어휘 | 最近(さいきん) 최근, 요즘　外見(がいけん) 외모　気(き)を使(つか)う 신경을 쓰다　男性(だんせい) 남성　増(ふ)える 늘다, 늘어나다

50

동사의 ます형+すぎる 너무 ~하다　少(すこ)し 조금　問題(もんだい) 문제　人(ひと) 사람　見(み)た目(め) 겉보기　~よりも ~보다도
中身(なかみ) 속, 알맹이, 내용, 내면　大事(だいじ)だ 중요하다　過度(かど)だ 과도하다　ストレス 스트레스　繋(つな)がる 이어지다, 연결되다
性格(せいかく) 성격　実力(じつりょく) 실력　重要視(じゅうようし) 중요시, 중시　雰囲気(ふんいき) 분위기　持(も)つ 가지다
考(かんが)え方(かた) 사고방식　大切(たいせつ)だ 중요하다　変化(へんか) 변화　従来(じゅうらい) 종래　女性(じょせい) 여성
化粧(けしょう) 화장　~たり~たりする ~하거나 ~하거나 하다　スキンケア 스킨케어　行(おこな)う 하다, 행하다, 실시하다
近年(きんねん) 근년, 근래　自身(じしん) 자신, 자기　~に対(たい)して ~에 대해, ~에게 *대상　意識(いしき) 의식　高(たか)める 높이다
ケア 손질, 관리, 돌봄　~ようだ ~인 것 같다　自己表現(じこひょうげん) 자기 표현　一(ひと)つ 하나　~として ~로서
肯定的(こうていてき)だ 긍정적이다　なぜなら 왜냐하면　清潔感(せいけつかん) 청결감　増(ま)す (수·양·정도가) 커지다, 많아지다, 늘다
~によって ~에 의해서　自信(じしん) 자신(감) *「自信(じしん)がつく」- 자신감이 붙다　生(う)まれる 생기다
表情(ひょうじょう) 표정　表(あらわ)れる 나타나다　明(あか)るい 밝다　学校(がっこう) 학교　会社(かいしゃ) 회사
生活(せいかつ) 생활　きっと 분명히, 틀림없이　影響(えいきょう)を及(およ)ぼす 영향을 미치다　男女(だんじょ) 남녀
~を問(と)わず ~을 불문하고　~における ~(에서)의, ~의 경우의 *동작·작용이 행해지는 곳·때를 나타냄　多様性(たようせい) 다양성
受容(じゅよう) 수용

어휘&표현 ◆ 외모

地味(じみ)だ 수수하다

派手(はで)だ 화려하다

目立(めだ)つ 눈에 띄다

スタイルがいい 스타일이 좋다 ↔ 悪(わる)い 나쁘다

太(ふと)っている 살쪘다 ↔ 痩(や)せている 말랐다

目(め)が大(おお)きい 눈이 크다 ↔ 小(ちい)さい 작다

鼻(はな)が高(たか)い 코가 높다 ↔ 低(ひく)い 낮다

背(せ)が高(たか)い 키가 크다 ↔ 低(ひく)い 작다

髪(かみ)が長(なが)い 머리가 길다 ↔ 短(みじか)い 짧다

額(ひたい)が広(ひろ)い 이마가 넓다 ↔ 狭(せま)い 좁다

口髭(くちひげ)を生(は)やしている 콧수염을 기르고 있다

お腹(なか)が出(で)ている 배가 나왔다

傷跡(きずあと)がある 흉터가 있다

ほっそりとした体付(からだつ)き 호리호리한 몸매

ぽっちゃりしている 포동포동하다

がりがりだ 깡말랐다

問題3 街で外国語で書かれた看板をよく見かけますが、あなたはこのような外国語の使われ方についてどう思いますか。あなたの考えを話してください。 답변 준비 시간 : 30秒

 음원 69

応答例

A1 そのような使われ方には、私は反対します。外国語の看板が多すぎると、地元の文化が薄れるかもしれません。みんなが自分の住んでいる国の言葉でなるべく表現するように努力すべきです。また、外国語だけに頼ると、母語の理解が浅くなる恐れもあるでしょう。私は外国語よりもその国や地域の言語を使って表記した看板をなるべく用いた方がいいと思います。

A2 私はそのような外国語の使われ方が増加することはいいことだと思います。街中に設置された多言語の看板は、グローバル化の進展を象徴し、多文化の共生を促進するものだと言えるでしょう。これらは、海外から訪れた観光客やその国に長期滞在する留学生や駐在員、移住者を歓迎するという意味を示すことにもなるはずです。言語の多様性を受け入れ、異文化間の理解を深める機会にもなり得ることでしょう。また、観光業や地域経済の活性化にも繋がるため、長期的に見ると地域全体の発展にも寄与すると考えられます。このような環境は、よりオープンで多様性に富んだ社会を実現する上で不可欠だと思います。

답변 시간 : 50秒 ······ 終わりです

Q 거리에서 외국어로 쓰여진 간판을 자주 보는데, 당신은 이러한 외국어의 쓰임새에 대해 어떻게 생각합니까? 당신의 생각을 말하세요.

A1 그런 쓰임새에는 저는 반대합니다. 외국어 간판이 너무 많으면 현지 문화가 쇠퇴할지도 모릅니다. 모두가 자신이 살고 있는 나라의 말로 되도록 표현하도록 노력해야 합니다. 또한 외국어에만 의존하면 모국어의 이해가 얕아질 우려도 있을 겁니다. 저는 외국어보다도 그 나라나 지역의 언어를 사용하여 표기한 간판을 되도록 이용하는 편이 좋다고 생각합니다.

A2 저는 그러한 외국어 쓰임새가 증가하는 것은 좋은 일이라고 생각합니다. 시내에 설치된 다국어 간판은 글로벌화의 진전을 상징하고 다문화의 공생을 촉진하는 것이라고 할 수 있을 것입니다. 이들은 해외에서 방문한 관광객이나 그 나라에 장기 체류하는 유학생이나 주재원, 이주자를 환영한다는 의미를 나타내게도 될 것입니다. 언어의 다양성을 받아들이고 이문화 간의 이해를 깊게 하는 기회도 될 수 있을 것입니다. 또한 관광업과 지역 경제의 활성화로도 이어지기 때문에 장기적으로 보면 지역 전체의 발전에도 기여한다고 생각됩니다. 이러한 환경은 보다 개방적이고 다양성이 풍부한 사회를 실현하는 데 있어서 불가결하다고 생각합니다.

☑ **CHECK NOTE**

본인의 의견에 대해 부연설명을 할 때는 「~はずだ」((당연히) ~할 것[터]이다), 「~かもしれない」(~일지도 모른다), 「~恐れがある」(~할 우려가 있다), 「동사의 ます형+得る」(~할 수 있다) 등과 같은 표현을 적절히 사용하면 보다 좋은 답변을 만들 수 있다.

어휘 | 街(まち) 거리 外国語(がいこくご) 외국어 看板(かんばん) 간판 よく 자주 見(み)かける 우연히 보다, 우연히 눈에 들어오다 このような 이러한 使(つか)う 쓰다, 사용하다 동사의 ます형+方(かた) ~하는 방법[방식] *使(つか)われ方(かた)」– 쓰임새 そのような 그러한 反対(はんたい) 반대 多(おお)い 많다 い형용사의 어간+すぎる 너무 ~하다 地元(じもと) 그 고장[지방], 현지 文化(ぶんか) 문화 薄(うす)れる 희미해져 가다, 쇠퇴하다 みんな 모두 自分(じぶん) 자기, 자신, 나 住(す)む 살다, 거주하다

国(くに) 나라　なるべく 되도록, 가능한 한　表現(ひょうげん) 표현　～ように ～하도록　努力(どりょく) 노력
동사의 기본형+べきだ (마땅히) ～해야 한다 *단, 「する」(하다)는 「するべきだ」「すべきだ」 모두 가능함　頼(たよ)る 의존하다
母語(ぼご) 모어, 모국어　理解(りかい) 이해　浅(あさ)い (생각·경험 등이) 얕다　地域(ちいき) 지역　言語(げんご) 언어　表記(ひょうき) 표기
用(もち)いる 쓰다, 사용하다, 이용하다　동사의 た형+方(ほう)がいい ～하는 편이 좋다　増加(ぞうか) 증가　街中(まちなか) 시내, 번화가
多言語(たげんご) 다국어　グローバル化(か) 글로벌화　進展(しんてん) 진전　象徴(しょうちょう) 상징　多文化(たぶんか) 다문화
共生(きょうせい) 공생　促進(そくしん) 촉진　これら 이들, 이것들　訪(おとず)れる 방문하다　観光客(かんこうきゃく) 관광객
長期滞在(ちょうきたいざい) 장기 체류　留学生(りゅうがくせい) 유학생　駐在員(ちゅうざいいん) 주재원　移住者(いじゅうしゃ) 이주자
歓迎(かんげい) 환영　～という ～라는　意味(いみ) 의미　示(しめ)す 보이다, 나타내다　多様性(たようせい) 다양성
受(う)け入(い)れる 받아들이다, 수용하다　異文化(いぶんか) 이문화　～間(かん) ～간, 사이　深(ふか)める 깊게 하다　機会(きかい) 기회
観光業(かんこうぎょう) 관광업　地域経済(ちいきけいざい) 지역 경제　活性化(かっせいか) 활성화　繋(つな)がる 이어지다, 연결되다
～ため(に) ～때문에　長期的(ちょうきてき)だ 장기적이다　見(み)る 보다　発展(はってん) 발전　寄与(きよ) 기여　より 보다
オープン 오픈, (태도 등이) 개방적임　富(と)む (「～に」의 꼴로) ～이 풍부하다, 많다　동사의 기본형+上(うえ)で ～하는 데 있어서
不可欠(ふかけつ)だ 불가결하다

어휘&표현 ◆ 알아 두면 유용한 표현

▶ ～はずだ : (당연히) ～할 것[터]이다 *근거를 바탕으로 당연하다고 판단함

동사(보통형)	彼女(かのじょ)は経験(けいけん)豊富(ほうふ)なので、仕事(しごと)をうまくやるはずだ。 그녀는 경험이 풍부하기 때문에 일을 잘 할 것이다.
い형용사(보통형)	雑誌(ざっし)にも掲載(けいさい)された店(みせ)だから、絶対(ぜったい)においしいはずだ。 잡지에도 게재된 가게니까 틀림없이 맛있을 것이다.
な형용사+な	何度(なんど)も見(み)たことがある映画(えいが)だと、きっと退屈(たいくつ)なはずだ。 몇 번이나 본 적 있는 영화라면 분명히 지루할 것이다.
명사+の	記憶(きおく)によると、彼(かれ)は僕(ぼく)より3(みっ)つ年上(としうえ)のはずだ。 기억에 의하면 그는 나보다 세 살 연상일 것이다.

▶ 동사의 ます형+得(う)る/得(え)ない : ～할 수 있다/～할 수 없다

*'어떠한 일이 가능하다, 불가능하다'라는 뜻을 나타냄. 단, 가능의 뜻인 「得る」의 경우에는 「うる·える」 둘 다 쓸
수 있는데 주로 「うる」를 많이 쓰고, 불가능을 뜻할 때는 「得ない」만 쓴다는 점에 주의할 것

そういうことも起(お)こり得(う)るでしょうね。　그런 일도 일어날 수 있겠네요.
山中(やまなか)さんに限(かぎ)って、そんなミスをするなんてあり得(え)ないと思(おも)います。
야마나카 씨에 한해서 그런 실수를 하다니 있을 수 없다고 생각합니다.

問題4 子供たちに小遣い帳を付けさせている親がいますが、小遣い帳を付けることのメリットは何だと思いますか。あなたの考えを話してください。

음원 70

답변 준비 시간 : 30秒

応答例

A1 そうですね。子供に小遣い帳を付けさせるメリットは、お金の使い方が学べることだと思います。また、貯金の大切さもわかるでしょう。このように、幼いうちから自然とお金に関する教育をすることができるという面で、メリットがたくさんあると思います。

A2 子供たちに小遣い帳を管理させることは、財務管理能力の基礎を築くための練習になると思います。支出を記録することや、予算を設定してその中で最大限活用すること、そして将来の経済的自立に向けた責任感を育成することという面でメリットになるでしょう。それから、早期からの金銭教育は、消費主義に対する批判的な視点を養うのにも役立つと思います。小遣い帳を通して子供たちは、限られたリソースの中から優先順位を決め、必要なものとそうでないものの区別を学ぶこともできるはずです。このような経験は、将来子供たちが大人になってから直面するより複雑な財務管理をする際にも役に立つでしょう。

답변 시간 : 50秒 …… 終わりです

Q 아이들에게 용돈 기입장을 쓰게 하는 부모가 있는데, 용돈 기입장을 쓰는 것의 장점은 무엇이라고 생각합니까? 당신의 생각을 말하세요.

A1 글쎄요. 아이에게 용돈 기입장을 쓰게 하는 장점은 돈 쓰는 법을 배울 수 있다는 것이라고 생각합니다. 또한 저금의 소중함도 알 수 있을 것입니다. 이렇게 어릴 때부터 자연스럽게 돈에 관한 교육을 할 수 있다는 면에서 장점이 많이 있다고 생각합니다.

A2 아이들에게 용돈 기입장을 관리하게 하는 것은 재무관리 능력의 기초를 쌓기 위한 연습이 될 것이라고 생각합니다. 지출을 기록하는 것이나 예산을 설정해 그 안에서 최대한 활용하는 것, 그리고 장래의 경제적 자립을 향한 책임감을 육성하는 것이라고 하는 면에서 장점이 될 것입니다. 그리고 이른 시기부터의 금전 교육은 소비주의에 대한 비판적인 시각을 기르는 데도 도움이 된다고 생각합니다. 용돈 기입장을 통해 아이들은 한정된 자산 중에서 우선순위를 정하고 필요한 것과 그렇지 않은 것의 구별을 배울 수도 있을 것입니다. 이러한 경험은 미래에 아이들이 어른이 된 후에 직면하는 보다 복잡한 재무관리를 할 때에도 도움이 될 것입니다.

☑ CHECK NOTE

용돈 기입장을 쓰는 것의 장점에 대해 묻고 있으므로, 이에 대한 자신의 의견을 말하면 된다. 이때 장점을 하나만 말하지 말고, 여러 가지 예를 들고 나서 「~という面で、メリットがたくさんあると思う」(~라는 면에서 장점이 많이 있다고 생각한다)와 같은 표현으로 마무리 지으면 좋다. 또한 「~に役立つ」(~에 도움이 된다)라는 표현을 써서 용돈 기입장을 쓴 아이들이 어른이 되었을 때 어떤 이점이 있는지 언급하면 보다 설득력 있는 답변이 되어 좋은 점수를 기대할 수 있다.

어휘 | 子供(こども) 아이 小遣(こづか)い帳(ちょう) 용돈 기입장 付(つ)ける 기입하다, 적다, 쓰다 親(おや) 부모 メリット 장점 お金(かね) 돈 使(つか)う 쓰다, 사용하다 동사의 ます형+方(かた) ~하는 방법[방식] 学(まな)ぶ 배우다, 익히다
貯金(ちょきん) 저금 大切(たいせつ)さ 소중함 わかる 알다, 이해하다 このように 이처럼 幼(おさな)い 어리다 うち 동안
自然(しぜん)と 자연스럽게 ~に関(かん)する ~에 관한 教育(きょういく) 교육 ~という ~라는 面(めん) 면 たくさん 많이

~たち (사람이나 생물을 나타내는 말에 붙어) ~들 財務(ざいむ) 재무 管理(かんり) 관리 能力(のうりょく) 능력 基礎(きそ) 기초
築(きず)く 쌓다, 구축하다 동사의 보통형+ため ~하기 위함 練習(れんしゅう) 연습 支出(ししゅつ) 지출 記録(きろく) 기록
予算(よさん) 예산 設定(せってい) 설정 その中(なか)で 그 중에서 最大限(さいだいげん) 최대한 活用(かつよう) 활용 そして 그리고
将来(しょうらい) 장래 経済的(けいざいてき) 경제적 自立(じりつ) 자립 向(む)ける 향하다 責任感(せきにんかん) 책임감
育成(いくせい) 육성 それから 그리고, 그러고 나서 早期(そうき) 조기 金銭(きんせん) 금전 消費主義(しょうひしゅぎ) 소비주의
~に対(たい)する ~에 대한 *대상 批判的(ひはんてき)だ 비판적이다 視点(してん) 시점, (사물을) 보는 입장
養(やしな)う (실력 등을) 기르다, 배양하다 役立(やくだ)つ 도움이 되다, 유익하다 ~を通(とお)して ~을 통해서
限(かぎ)る 제한하다, 한정하다 リソース 리소스, 자산, 자원 優先順位(ゆうせんじゅんい) 우선순위 決(き)める 정하다, 결정하다
区別(くべつ) 구별 동사의 보통형+はずだ (당연히) ~일 것[터]이다 大人(おとな) 어른 ~てから ~하고 나서, ~한 후에
直面(ちょくめん) 직면 複雑(ふくざつ)だ 복잡하다 際(さい) 때 役(やく)に立(た)つ 도움이 되다

第6部 場面設定 | 상황 대응

問題 1

음원 71

あなたは友達にスキーに行こうと誘われましたが、風邪を引いてしまい具合がよくありません。友達に電話をかけ状況を説明しうまく断ってください。　답변 준비 시간 : 30초

応答例

A1 もしもし、今電話いい? 前にスキーに行こうって誘ってくれてたけど、風邪を引いちゃって。今回行くのはちょっと無理そう。本当にごめん。また今度私の風邪が治ったら、一緒に行こう。

A2 もしもし、今電話しても大丈夫かな。この前誘ってくれてたスキーのことなんだけどさ。行きたいのは山々なんだけど、実はすっかり風邪を引いちゃって、今体調があまりよくないの。だから、行けなそう。本当にごめんね。今度、また誘ってくれると嬉しいな。体調がよくなったらまた私から連絡するね。次に会って遊ぶ日にちを決めよう。

답변 시간 : 40초 ······ 終わりです

Q 당신은 친구에게 스키 타러 가자고 권유를 받았지만, 감기에 걸려 몸 상태가 좋지 않습니다. 친구에게 전화를 걸어 상황을 설명하고 잘 거절하세요.

A1 여보세요, 지금 전화 괜찮아? 전에 스키 타러 가자고 권유를 해 줬었는데 감기에 걸려 버려서. 이번에 가는 건 조금 무리일 것 같아. 정말 미안해. 다음에 내 감기가 나으면 같이 가자.

A2 여보세요, 지금 전화해도 괜찮아? 요전에 권유해 줬던 스키 말인데. 가고 싶은 마음은 굴뚝 같은데 실은 완전히 감기에 걸려 버려서 지금 몸 상태가 그다지 좋지 않거든. 그래서 갈 수 없을 것 같아. 정말 미안해. 다음에 또 권유해 주면 좋겠어. 몸 상태가 좋아지면 내가 다시 연락할게. 다음에 만나서 놀 날짜를 정하자.

☑ CHECK NOTE

제6부는 일반적으로 자신의 의견을 서술하는 것이 아니라 상대방과 대화하고 있다는 가정하에 말하는 파트이다. 따라서 상대방과 상황에 따라 보통체와 정중체, 겸양어와 존경어를 잘 구분해서 사용하는 것이 중요하다. 이 문제는 「友達に電話をかけ状況を説明しうまく断ってください」(친구에게 전화를 걸어 상황을 설명하고 잘 거절하세요)라는 지시문이 있으므로, 우선 「もしもし」(여보세요)로 시작하고 반말로 이야기해야 한다. 상대방의 감정이 상하지 않도록 잘 거절해야 하므로, 「ごめん」(미안해)과 같은 사과 표현이나 완곡히 거절하는 표현인 「無理そう」(무리일 것 같아), 「行けなそう」(못 갈 것 같아) 등을 적절히 써서 답변하면 된다.

어휘 | 友達(ともだち) 친구 スキー 스키 동작성 명사+に ~하러 *동작의 목적 誘(さそ)う 권하다, 권유하다, 부르다
風邪(かぜ) 감기 *「風邪(かぜ)を引(ひ)く」- 감기에 걸리다 ~てしまう ~해 버리다, ~하고 말다 具合(ぐあい) (몸) 상태
電話(でんわ)をかける 전화를 걸다 状況(じょうきょう) 상황 説明(せつめい) 설명 うまく 잘, 목적한 대로 断(ことわ)る 거절하다
もしもし 여보세요 *전화할 때 쓰임 今(いま) 지금 いい 좋다 前(まえ)に 전에 行(い)く 가다 ~って ~라고
~てくれる (남이 나에게) ~해 주다 ~ちゃう ~해 버리다, ~하고 말다 *「~てしまう」의 축약형 今回(こんかい) 이번 ちょっと 좀
無理(むり)だ 무리다 な형용사의 어간+そうだ ~일 것 같다 *추측・양태 本当(ほんとう)に 정말로 ごめん 미안
また今度(こんど) 다음에 (또) 治(なお)る 낫다 ~たら ~하면 一緒(いっしょ)に 함께, 같이 大丈夫(だいじょうぶ)だ 괜찮다
この前(まえ) 요전, 일전 동사의 ます형+たいのは山々(やまやま)だ ~하고 싶은 마음은 굴뚝 같다 実(じつ)は 실은 すっかり 완전히
体調(たいちょう) 몸 상태, 컨디션 あまり (부정어 수반) 그다지, 별로 だから 그래서, 그러니까 동사의 ない형+なそうだ ~하지 않을 것 같다
嬉(うれ)しい 기쁘다 い형용사의 어간+くなる ~해지다 連絡(れんらく) 연락 次(つぎ) 다음 会(あ)う 만나다 日(ひ)にち 날, 날짜
決(き)める 정하다, 결정하다

❗ 틀리기 쉬운 표현

風邪(かぜ)に引(ひ)いちゃって。(X)

➡ 風邪(かぜ)を引(ひ)いちゃって。(O) 감기에 걸려 버려서.

: 조사가 잘못되었다. '감기에 걸리다'라고 할 때는 조사 「に」가 아닌 「を」를 써서 「風邪(かぜ)を引(ひ)く」라고 해야 한다.

LEVEL UP

어휘＆표현 ◆ 「동사의 의지형」 ~해야지, ~하자 *말하는 사람의 의지나 권유를 나타냄

	어미 「-u」를 「-o」로 바꾸고 「う」를 붙인다.		
1그룹 동사	会(あ)う 만나다	→	会(あ)おう 만나야지, 만나자
	待(ま)つ 기다리다	→	待(ま)とう 기다려야지, 기다리자
	乗(の)る (탈것에) 타다	→	乗(の)ろう (탈것에) 타야지, 타자
	行(い)く 가다	→	行(い)こう 가야지, 가자
	泳(およ)ぐ 수영하다, 헤엄치다	→	泳(およ)ごう 수영해야지, 수영하자
	死(し)ぬ 죽다	→	死(し)のう 죽어야지, 죽자
	呼(よ)ぶ 부르다	→	呼(よ)ぼう 불러야지, 부르자
	読(よ)む 읽다	→	読(よ)もう 읽어야지, 읽자
	話(はな)す 말하다, 이야기하다	→	話(はな)そう 말해야지, 말하자
	어미 「る」를 떼고 「よう」를 붙인다.		
2그룹 동사	見(み)る 보다	→	見(み)よう 봐야지, 보자
	食(た)べる 먹다	→	食(た)べよう 먹어야지, 먹자
	불규칙 활용하므로 무조건 외운다.		
3그룹 동사	来(く)る 오다	→	来(こ)よう 와야지, 오자
	する 하다	→	しよう 해야지, 하자

問題2

あなたは飲食店で食事を済ませて靴を履こうとしましたが、靴がありませんでした。店の人に状況を説明し問題を解決してください。 답변 준비 시간 : 30초

応答例

A1 あの、すみません。ここに靴を置いていたのに、見当たらないのですが、もしかしてご存じではありませんか。他の人が間違えて履いて行ったり、別の場所に移動されたりしたかもしれません。一緒に探してもらえませんか。

A2 あの、すみません。ここで靴を脱いで置いていたのに、どうも見当たらないんですよ。もしかしてご存じではないでしょうか。一応、私もこの近くにある靴は全部見てみたんですが、なかなか見つけられなくて。私の靴は、黒っぽい色のスニーカーで、靴紐は白色なので、結構ありふれたデザインだから、他の人が間違えて履いて行ってしまった可能性もあるかもしれないです。お忙しいところお手数をおかけして、大変申し訳ないですが、一緒に探していただけませんでしょうか。

답변 시간 : 40초 …… 終わりです

Q 당신은 음식점에서 식사를 끝내고 신발을 신으려고 했지만, 신발이 없었습니다. 가게 사람에게 상황을 설명하고 문제를 해결하세요.

A1 저기, 실례합니다. 여기에 신발을 뒀었는데 보이지 않는데요, 혹시 알고 계시지 않나요? 다른 사람이 잘못 신고 갔거나 다른 곳으로 옮겨졌을지도 모릅니다. 같이 찾아 주지 않겠어요?

A2 저기, 실례합니다. 여기서 신발을 벗어 뒀었는데 어쩐지 보이지 않거든요. 혹시 알고 계시지 않나요? 일단 저도 이 근처에 있는 신발은 다 봐 봤는데 좀처럼 찾을 수 없어서요. 제 신발은 거무스름한 색의 스니커고 신발 끈은 흰색이어서 꽤 흔한 디자인이기 때문에 다른 사람이 잘못 신고 가 버렸을 가능성도 있을지도 모릅니다. 바쁘신 와중에 수고를 끼쳐서 대단히 죄송합니다만 함께 찾아 주시지 않을래요?

☑ CHECK NOTE

이 문제는 가게 점원에게 본인의 신발을 못 찾고 있다고 이야기하고 문제를 해결해야 하는 상황이다. 따라서 가게 점원에게 먼저 상황을 정중히 설명한 후 부탁해야 한다. 부탁할 때는 「探してください」(찾아 주세요)와 같이 직설적으로 말하지 말고, 「~てもらえませんか」((남에게) ~해 받을 수 없습니까?, (남이) ~해 주지 않겠습니까?), 「~ていただけませんでしょうか」((남에게) ~해 받을 수 없을까요?, (남이) ~해 주시지 않을래요?) 등과 같이 정중한 의뢰표현을 써서 말해야 더 높은 점수를 받을 수 있다. 또한 다른 업무 중인 점원에게 부탁하는 것이므로, 응답예 2처럼 「お忙しいところ~大変申し訳ないですが」(바쁘신 와중에 ~ 대단히 죄송합니다만)와 같은 표현도 같이 사용하면 보다 정중한 의뢰표현이 된다.

어휘 | 飲食店(いんしょくてん) 음식점 食事(しょくじ) 식사 済(す)ませる 끝내다, 마치다 靴(くつ) 신, 신발, 구두
履(は)く (신발 등을) 신다 동사의 의지형+とする ～하려고 하다 店(みせ) 가게 人(ひと) 사람 状況(じょうきょう) 상황
説明(せつめい) 설명 解決(かいけつ) 해결 あの 저, 저어 *생각이나 말이 막혔을 때 내는 소리 すみません 실례합니다, 죄송합니다
置(お)く 놓다, 두다 見当(みあ)たる (찾고 있던 것이) 발견되다, 눈에 띄다, 보이다 *주로 부정형으로 쓰임 もしかして 혹시
ご存(ぞん)じだ 아시다 *知(し)る』(알다)의 존경어 他(ほか) 다른 (것) 間違(まちが)える 잘못 알다, 착각하다
～たり～たりする ～하거나 ～하거나 하다 別(べつ) 다름, 별도 場所(ばしょ) 장소, 곳 移動(いどう) 이동
～かもしれない ～일지도 모른다 一緒(いっしょ)に 함께, 같이 探(さが)す 찾다 脱(ぬ)ぐ 벗다 ～のに ～는데(도)
どうも 아무래도, 어쩐지 一応(いちおう) 일단, 우선 近(ちか)く 근처 全部(ぜんぶ) 전부 見(み)る보다 ～てみる ～해 보다
なかなか (부정어 수반) 좀처럼 見(み)つける 찾(아내)다, 발견하다 黒(くろ)っぽい 거무스름하다 色(いろ) 색, 색깔
スニーカー 스니커 靴紐(くつひも) 신발 끈 白色(しろいろ) 흰색 結構(けっこう) 꽤, 상당히 ありふれる 흔하다 デザイン 디자인
可能性(かのうせい) 가능성 忙(いそが)しい 바쁘다 ところ 때, 처지, 형편 手数(てすう)をかける 수고를 끼치다, 번거롭게 하다
お+동사의 ます형+する ～하다, ～해 드리다 *겸양표현 大変(たいへん) 대단히, 매우 申(もう)し訳(わけ)ない 죄송하다, 면목 없다

LEVEL UP

어휘&표현 ◆ 부탁이나 의뢰를 나타내는 표현 ①

▶ **반말로 말할 때** : 「～てくれない(?)」((남이 나에게) ～해 주지 않을래?), 「～てもらえない(?)」((남에게) ～해 받
을 수 없어?, (남이) ～해 주지 않을래?)

ちょっとこれコピーしてくれない(?)。 이것 좀 복사해 주지 않을래?
悪(わる)いんだけど、これ手伝(てつだ)ってもらえない(?)。 미안한데, 이거 도와주지 않을래?

▶ **정중하게 말할 때** : 「～てくれませんか」((남이 나에게) ～해 주지 않겠습니까?), 「～てもらえませんか」((남에
게) ～해 받을 수 없습니까?, (남이) ～해 주지 않겠습니까?)

ちょっとボールペンを貸(か)してくれませんか。 잠시 볼펜을 빌려주지 않겠습니까?
すみませんが、次(つぎ)の打(う)ち合(あ)わせの日程(にってい)を変(か)えてもらえませんか。
죄송합니다만, 다음 회의 일정을 바꿔 주지 않겠습니까?

▶ **더 공손하게 말할 때** : 「～てくださいませんか」((남이 나에게) ～해 주시지 않겠습니까?), 「～ていただけませ
んか」((남에게) ～해 받을 수 없습니까?, (남이) ～해 주시지 않겠습니까?)

この件(けん)なんですが、前向(まえむ)きに検討(けんとう)してくださいませんか。
이 건 말인데요, 긍정적으로 검토해 주시지 않겠습니까?
大変申(たいへんもう)し訳(わけ)ございませんが、こちらを修正(しゅうせい)していただけませんか。
대단히 죄송합니다만, 이것을 수정해 주시지 않겠습니까?

問題3

あなたは学校の美術部の部員ですが、来月の初旬に作品の展示会を控えています。卒業した先輩に展示会の日程について説明し招待してください。

音源 73

답변 준비 시간 : 30초

応答例

A1 先輩、お久しぶりです。お元気でしたか。実は来月3日から5日の日程で、美術部で展示会を開催するんですよ。日程が合えば、ぜひ来てほしいと思いまして。学校の学生会館1階のギャラリーを借りて行う予定なので、もしよかったらいかがですか。

A2 先輩、ご無沙汰しておりました。お変わりなくお過ごしですか。実は来月3日から5日に学校の学生会館1階のギャラリーを貸し切って、美術部で展示会を開催することになったんですよ。今回は水彩画をメインに準備していて、水彩画専攻だった先輩は楽しめること間違いなしです。他の先輩方にも声をかけているところなんですが、先輩にも絶対来てほしいなと思っています。目玉の展示はこちらのパンフレットを参考にしてください。気が向いたら来てくださいね。

답변 시간 : 40초 …… 終わりです

Q 당신은 학교 미술부의 부원인데, 다음 달 초순에 작품 전시회를 앞두고 있습니다. 졸업한 선배에게 전시회 일정에 대해 설명하고 초대하세요.

A1 선배님, 오랜만이에요. 잘 지내셨어요? 실은 다음 달 3일부터 5일의 일정으로 미술부에서 전시회를 개최하거든요. 일정이 맞으면 꼭 와 줬으면 해서요. 학교 학생회관 1층의 갤러리를 빌려서 열 예정이니까 혹시 괜찮다면 어때요?

A2 선배님, 격조했어요. 별일 없이 잘 지내셨어요? 실은 다음 달 3일부터 5일에 학교 학생회관 1층 갤러리를 전세 내서 미술부에서 전시회를 개최하게 됐거든요. 이번에는 수채화를 메인으로 준비하고 있어서 수채화 전공이었던 선배는 즐길 수 있을 것이 틀림없어요. 다른 선배님한테도 권유하고 있는 중인데 선배님도 꼭 와 줬으면 좋겠다고 생각하고 있습니다. 주요 전시는 여기 팸플릿을 참고해 주세요. 마음이 내키면 와 주세요.

☑ CHECK NOTE

제6부에서는 상대방에게 무언가를 권하는 문제도 자주 출제된다. 이런 유형의 경우 상대방이 관심을 가지고 있는 분야에 대해 다양한 정보를 함께 제공하면 더 높은 점수를 받을 수 있다. 응답예 1은 전시회에 대한 정보를 전달하는 데만 그치고 있어 고득점을 기대하기는 어렵다. 응답예 2는 정보 전달뿐 아니라, 전시회 내용과 상대방의 전공을 연관시켜 이야기함으로써 흥미를 끌고 있다. 즉, 전시회 내용을 상대방의 관심 분야에 초점을 맞춰 소개하고 있으므로 고득점을 기대할 수 있다.

어휘 | 美術部(びじゅつぶ) 미술부 部員(ぶいん) 부원 来月(らいげつ) 다음 달 初旬(しょじゅん) 초순 作品(さくひん) 작품 展示会(てんじかい) 전시회 控(ひか)える 앞두다 卒業(そつぎょう) 졸업 先輩(せんぱい) 선배 日程(にってい) 일정 招待(しょうたい) 초대 久(ひさ)しぶりだ 오랜만이다 元気(げんき)だ 잘 지내다, 건강하다 実(じつ)は 실은 3日(みっか) 3일 5日(いつか) 5일 開催(かいさい) 개최 合(あ)う 맞다 ぜひ 꼭, 제발, 아무쪼록 〜てほしい 〜해 주었으면 하다, 〜하길 바라다

60

学生会館(がくせいかいかん) 학생회관 1階(いっかい) 1층 *「〜階(かい)」 – 〜층 ギャラリー 갤러리 借(か)りる 빌리다
行(おこな)う 하다, 행하다, 실시하다 もし 만약, 혹시, 만일 よかったら 괜찮으면
いかがですか 어떠십니까? *「どうですか」(어떻습니까?)의 공손한 표현
ご無沙汰(ぶさた)しておりました 격조했습니다, 오랫동안 소식 못 전했습니다
お変(か)わりなくお過(す)ごしですか 별일 없이 잘 지내셨습니까? 貸(か)し切(き)る 전세 내다
동사의 보통형+ことになる 〜하게 되다 今回(こんかい) 이번 水彩画(すいさいが) 수채화 メイン 메인 準備(じゅんび) 준비
専攻(せんこう) 전공 楽(たの)しむ 즐기다 間違(まちが)いなし 틀림없음 声(こえ)をかける (같이 하도록) 권유하다
〜ているところだ 〜하고 있는 중이다 絶対(ぜったい) 절대로, 반드시 目玉(めだま) 사람들의 관심을 끄는 것 こちら 이쪽
パンフレット 팸플릿 参考(さんこう)にする 참고하다 気(き)が向(む)く 할 마음이 들다, 기분이 내키다

！ 틀리기 쉬운 표현

参考(さんこう)してください。(X)

➡ 参考(さんこう)にしてください。(O) 참고해 주세요.

: '참고하다'라는 표현은 조사 「に」를 넣어서 「参考(さんこう)にする」(참고하다)라고 표현한다. 따라서 '참고해 주세요'는 「参考(さんこう)にしてください」라고 해야 한다. 조사 「に」가 빠지면 문법적인 오류가 되므로 주의하자.

LEVEL UP

어휘&표현 ◆ 조수사 ①

| 〜階(층) |

1階	いっかい	5階	ごかい	9階	きゅうかい
2階	にかい	6階	ろっかい	10階	じ(ゅ)っかい
3階	さんがい	7階	ななかい	11階	じゅういっかい
4階	よんかい	8階	はちかい・はっかい	何階	なんがい・なんかい

| 〜回(회・번) |

1回	いっかい	5回	ごかい	9回	きゅうかい
2回	にかい	6回	ろっかい	10回	じ(ゅ)っかい
3回	さんかい	7回	ななかい	11回	じゅういっかい
4回	よんかい	8回	はちかい・はっかい	何回	なんかい

음원 74

답변 준비 시간 : 30秒

応答例

A1

① お母さんと子供2人が家の中にいます。子供は男の子と女の子です。リビングの壁に子供たちが落書きをしたようです。お母さんは子供たちを叱っています。子供たちは叱られて落ち込んでいます。

② 子供たちは自分の部屋に入った後も、まだ落ち込んでいます。お母さんはそれを見て、すまなそうにしながら、何か思い付きました。

③ お母さんは庭に出て犬の家の横に立っています。その隣には犬も一緒にいます。お母さんは子供たちを呼んでいます。子供たちはその姿を興味深く見ています。

④ 子供たちも庭に出て、お母さんと犬と一緒にいます。お母さんは犬の家に色を塗っています。子供たちはクレヨンを使って、楽しく犬の家に絵を描いています。犬もそれを見て喜んでいるようです。

A2

リビングの壁に子供たちがクレヨンで落書きをしたのを見て、お母さんが子供たち2人を叱っています。子供たちは小学生ぐらいの男の子と女の子です。子供たちはお母さんに叱られてかなり落ち込んでいるようです。それから、子供たちが自分たちの部屋に入った後も、暗い顔をしてずっと落ち込んでいました。お母さんはそれを見て、すまなそうな表情を浮かべています。その時、何か思い付いた様子です。お母さんが庭に行って、犬の家の横に立って子供たちを呼んでいます。子供たちはその姿を見て一体何事なのかと不思議そうに眺めています。お母さんはもともと赤色だった犬の家の屋根に、青色のペンキを使って、色を塗り始めました。子供たちも庭に出

て、お母<ruby>母<rt>かあ</rt></ruby>さんと一緒<ruby>一緒<rt>いっしょ</rt></ruby>にクレヨンで楽<ruby>楽<rt>たの</rt></ruby>しそうに犬<ruby>犬<rt>いぬ</rt></ruby>の家<ruby>家<rt>いえ</rt></ruby>の屋根<ruby>屋根<rt>やね</rt></ruby>や壁<ruby>壁<rt>かべ</rt></ruby>に絵<ruby>絵<rt>え</rt></ruby>を描<ruby>描<rt>か</rt></ruby>いています。ハートや花<ruby>花<rt>はな</rt></ruby>などを色<ruby>色<rt>いろ</rt></ruby>んな色<ruby>色<rt>いろ</rt></ruby>を使<ruby>使<rt>つか</rt></ruby>って色<ruby>色<rt>いろ</rt></ruby>とりどりに描<ruby>描<rt>か</rt></ruby>きました。それを隣<ruby>隣<rt>となり</rt></ruby>で見<ruby>見<rt>み</rt></ruby>ている犬<ruby>犬<rt>いぬ</rt></ruby>も、尻尾<ruby>尻尾<rt>しっぽ</rt></ruby>を振<ruby>振<rt>ふ</rt></ruby>りながら喜<ruby>喜<rt>よろこ</rt></ruby>んでいるように見<ruby>見<rt>み</rt></ruby>えます。

답변 시간 : 90秒 …… 終わりです

A1

① 어머니와 아이 2명이 집 안에 있습니다. 아이는 남자아이와 여자아이입니다. 거실 벽에 아이들이 낙서를 한 것 같습니다. 어머니는 아이들을 혼내고 있습니다. 아이들은 혼나서 낙담하고 있습니다.

② 아이들은 자신의 방에 들어간 후에도 아직 낙담하고 있습니다. 어머니는 그것을 보고 미안한 듯하면서 뭔가 생각이 났습니다.

③ 어머니는 마당에 나가서 개집 옆에 서 있습니다. 그 옆에는 개도 함께 있습니다. 어머니는 아이들을 부르고 있습니다. 아이들은 그 모습을 흥미롭게 보고 있습니다.

④ 아이들도 마당에 나와 어머니와 개와 함께 있습니다. 어머니는 개집에 색칠하고 있습니다. 아이들은 크레용을 써서 즐겁게 개집에 그림을 그리고 있습니다. 개도 그것을 보고 기뻐하고 있는 것 같습니다.

A2

거실 벽에 아이들이 크레용으로 낙서를 한 것을 보고 어머니가 아이들 둘을 혼내고 있습니다. 아이들은 초등학생 정도의 남자아이와 여자아이입니다. 아이들은 어머니에게 혼나서 상당히 낙담한 것 같습니다. 그리고 아이들이 자기들 방에 들어간 후에도 어두운 표정을 하고 계속 낙담하고 있었습니다. 어머니는 그것을 보고 미안한 듯한 표정을 짓고 있습니다. 그때 뭔가 생각난 모양입니다. 어머니가 마당에 가서 개집 옆에 서서 아이들을 부르고 있습니다. 아이들은 그 모습을 보고 도대체 무슨 일인 걸까 하며 신기한 듯이 바라보고 있습니다. 어머니는 원래 빨간색이었던 개집 지붕에 파란색 페인트를 사용하여 색을 칠하기 시작했습니다. 아이들도 마당에 나가서 어머니와 함께 크레용으로 즐거운 듯이 개집 지붕과 벽에 그림을 그리고 있습니다. 하트나 꽃 등을 여러 색을 사용해 형형색색으로 그렸습니다. 그것을 옆에서 보는 개도 꼬리를 흔들며 기뻐하고 있는 듯이 보입니다.

☑ CHECK NOTE

응답예 1처럼 그림을 하나하나 따로 설명해도 되고, 응답예 2처럼 연속된 이야기로 말해도 된다. 제7부에서 중요한 것은 그림을 보지 않는 사람에게도 내용이 제대로 전달되도록 설명하는 것이다. 그림을 보고 정보를 최대한 상세히 설명할 수 있도록 유의하자.

어휘 | お母(かあ)さん 어머니 子供(こども) 아이 〜たち (사람이나 생물을 나타내는 말에 붙어) 〜들 2人(ふたり) 두 사람 家(いえ) 집
中(なか) 안, 속 男(おとこ)の子(こ) 남자아이 女(おんな)の子(こ) 여자아이 リビング 거실 壁(かべ) 벽 落書(らくが)き 낙서
〜ようだ 〜인 것 같다 叱(しか)る 꾸짖다, 혼내다 落(お)ち込(こ)む (기분이) 침울해지다, 낙담하다 部屋(へや) 방
동사의 た형+後(あと) 〜한 후 まだ 아직 見(み)る 보다 すまない 미안하다
い형용사/な형용사의 어간+そうにする 〜인 것 같다, 〜인 듯한 상태로 보이다
동사의 ます형+ながら 〜하면서 *동시동작 何(なに)か 무엇인가, 뭔가 思(おも)い付(つ)く (문득) 생각이 떠오르다 庭(にわ) 정원, 마당
出(で)る 나가(오)다 犬(いぬ) 개 横(よこ) 옆 立(た)つ 서다 隣(となり) 옆 一緒(いっしょ)に 함께, 같이 呼(よ)ぶ 부르다
いる (사람·동물이) 있다 興味深(きょうみぶか)い 매우 흥미롭다 色(いろ) 색, 색깔 塗(ぬ)る 칠하다 *「色(いろ)を塗(ぬ)る」– 색칠하다
クレヨン 크레용 使(つか)う 쓰다, 사용하다 描(か)く (그림을) 그리다 喜(よろこ)ぶ 기뻐하다 小学生(しょうがくせい) 초등학생
〜ぐらい 〜정도 かなり 꽤, 상당히 それから 그 다음에, 그리고 (또) 自分(じぶん) 자기, 자신, 나 入(はい)る 들어가다
暗(くら)い 어둡다, 우울하다 顔(かお) 얼굴 ずっと 쭉, 계속 表情(ひょうじょう) 표정 浮(う)かべる (감정 등을) 띠다, 짓다
様子(ようす) 모습, 모양 一体(いったい) 도대체 何事(なにごと) 무슨 일 不思議(ふしぎ)だ 희한하다, 신기하다 眺(なが)める 바라보다
もともと 원래 赤色(あかいろ) 빨강, 빨간색 屋根(やね) 지붕 青色(あおいろ) 파랑, 파란색 ペンキ 페인트
동사의 ます형+始(はじ)める 〜하기 시작하다 ハート 하트 色(いろ)んな 여러 가지, 갖가지 色(いろ)とりどり 형형색색
尻尾(しっぽ) 꼬리 振(ふ)る 흔들다 見(み)える 보이다

기출
문제
해설

02

問題1 お名前は何とおっしゃいますか。 답변 준비 시간 : 0秒
　　　 なまえ　　なん

음원 75

応答例

A1 キム・テヒョンです。

A2 キム・テヒョンと申します。
　　　　　　　　　　　もう

답변 시간 : 10秒 …… 終わりです

Q 성함은 어떻게 되십니까?

　A1 김태형입니다.

　A2 김태형이라고 합니다.

☑ CHECK NOTE

본인 이름을 물었을 때 「私の名前は○○です」(제 이름은 ○○입니다)라고 말하는 경우가 많다. 문법적으로 맞는 표현이지만, 실제 회화에서는 보통 주어를 생략하고 말하기 때문에 「이름＋です」(이름＋입니다)라고 간결하게 대답하면 된다. 좀 더 공손하게 말하고 싶으면 「이름＋と申します」(이름＋라고 합니다)의 형태를 취해 답하면 된다. 이때도 「私の名前は○○と申します」(제 이름은 ○○ 라고 합니다)라고 말하는 경우가 많은데, 실제 회화에서는 쓰지 않는 부자연스러운 표현이므로 「이름＋と申します」(이름＋라고 합니다)만으로도 충분하다. 그리고 일본에서는 성(姓)만 말하는 것이 일반적이므로 「キムです/キムと申します」(김태형입니다/김태 형이라고 합니다)라고 답해도 된다.

어휘 | 名前(なまえ) 이름, 성명 *「お名前(なまえ)」– 성함　何(なん)と 뭐라고　おっしゃる 말씀하시다 *「言(い)う」(말하다)의 존경어
～と申(もう)す ～라고 하다 *「～と言(い)う」의 겸양표현

問題2 どこに住んでいますか。 답변 준비 시간 : 0秒

음원 76

応答例

A1 大田(テジョン)に住(す)んでいます。

A2 平日(へいじつ)はソウル、週末(しゅうまつ)は大田(テジョン)に住(す)んでいます。

답변 시간 : 10秒 …… 終わりです

Q 어디에 살고 있습니까[삽니까]?

   A1 대전에 살고 있습니다[삽니다].

   A2 평일에는 서울, 주말에는 대전에 살고 있습니다[삽니다].

☑ CHECK NOTE

사는 곳을 물었을 때는 이름과 마찬가지로 「장소＋です」(장소＋입니다)라고 하는 것이 가장 쉽고 무난하다. 또는 「장소＋に住(す)んでいます」(장소＋에 살고 있습니다[삽니다])라고 대답해도 된다. 이때 조사는 반드시 「～に」(～에)를, 서술어로는 상태를 나타내는 「～ている」의 형태로 쓴다는 점에 주의하자. 평일과 주말에 사는 곳이 다르다면 응답예 2와 같이 각각 구분해서 말할 수도 있다.

어휘 | どこ 어디 住(す)む 살다, 거주하다 平日(へいじつ) 평일 週末(しゅうまつ) 주말

問題3 誕生日はいつですか。 답변 준비 시간 : 0秒

応答例

A1 9月30日です。

A2 1999年4月8日です。

답변 시간 : 10秒 …… 終わりです

Q 생일은 언제입니까?

A1 9월 30일입니다.

A2 1999년 4월 8일입니다.

☑ CHECK NOTE

생일을 말하는 가장 쉬운 방법 또한 「생일(~월 ~일)＋です」(생일(~월 ~일)＋입니다)이다. 이때 주의해야 할 점은 일본어로 날짜를 정확하게 말해야 한다는 것이다. '월'은 「숫자+月」(숫자+월)의 형태로 말하면 되는데, 「4月」(4월), 「7月」(7월), 「9月」(9월)는 읽기에 주의해야 한다. '일' 중에서는 '1일~10일, 14일, 20일, 24일'은 「숫자+日」(숫자+일)의 형태가 아니라 특수한 방법으로 읽으므로 사전에 확인해 두어야 한다. 또한 월일만 말해도 상관없지만 응답예 2처럼 생년월일을 다 말해도 좋다. 참고로 연도를 말할 때 '9년'은 「きゅうねん」과 「くねん」의 어느 쪽으로 발음해도 된다. (날짜 읽기는 P.19 참조)

어휘 | 誕生日(たんじょうび) 생일 いつ 언제 ～月(がつ) ~월 ～日(にち) ~일 ～年(ねん) ~년 8日(ようか) 8일

問題4 趣味(しゅみ)は何(なん)ですか。 답변 준비 시간 : 0秒

応答例

A1 おいしい店(みせ)を探(さが)すことです。

A2 スポーツ、特(とく)にサッカーをすることが好(す)きです。

답변 시간 : 10秒 …… 終わりです

Q 취미는 무엇입니까?

A1 맛있는 가게를 찾는 것입니다.

A2 스포츠, 특히 축구를 하는 것을 좋아합니다.

☑ **CHECK NOTE**

취미가 무엇인지 물었을 때 가장 쉬운 방법은 「명사+です」(명사+입니다)인데, 응답예 1과 같이 「동사의 기본형+ことです」(~하는 것입니다)라고 말해도 된다. 응답예 2처럼 '스포츠'라고 말하고, 「特(とく)に」(특히)와 같은 부사를 써서 특정 종목을 말하는 것도 좋다. (취미 표현은 P.21 참조)

어휘 | 趣味(しゅみ) 취미 おいしい 맛있다 店(みせ) 가게 探(さが)す 찾다 スポーツ 스포츠 特(とく)に 특히 サッカー 축구 する 하다 好(す)きだ 좋아하다

問題 1

みせ でんわ ばんごう なんばん
店の電話番号は何番ですか。

답변 준비 시간 : 3秒

음원 79

応答例

ななさんいちのゼロごはちに
A1 731-0582です。

みせ でんわ ばんごう ななさんいちのゼロごはちにばん
A2 店の電話番号は731-0582番です。

답변 시간 : 6秒 ······ 終わりです

Q 가게 전화번호는 몇 번입니까?

A1 731−0582입니다.

A2 가게 전화번호는 731−0582번입니다.

☑ **CHECK NOTE**

숫자를 정확하게 말할 수 있는지를 묻는 문제이다. 일본어의 숫자는 상황에 따라 읽는 방법이 두 가지 이상 있는 경우도 있으니 잘 연습해 두자. 전화번호의 경우 '0'은 「ゼロ」, '4'는 「よん」, '7'은 「なな」, '9'는 「きゅう」라고 읽는다. 이렇게 읽는 것은 발음을 확실히 해서 다른 숫자로 잘못 듣게 되는 경우가 없도록 하기 위함이다. '0'은 「れい」라고 읽어도 틀린 것은 아니지만, '4', '7', '9'는 다르게 읽으면 어색한 표현이 된다. 특히 '1'과 '8'은 「いち」와 「はち」로, 발음이 비슷하므로 주의해서 발음할 필요가 있다. 「−」(하이픈)은 「の」라고 읽으며, 번호 끝에 「番」(번)을 붙여도 된다. (숫자 읽기는 P.23 참조)

어휘 | 店(みせ) 가게 電話番号(でんわばんごう) 전화번호 何番(なんばん) 몇 번

問題 2

どちらの方が少ないですか。

<small>ほう すく</small>

음원 80

답변 준비 시간 : 3秒

応答例

A1　サッカーボールです。

A2　バスケットボールよりサッカーボールの方が少ないです。

<small>ほう すく</small>

답변 시간 : 6秒 ······ 終わりです

Q　어느 쪽이 적습니까?

A1　축구공입니다.

A2　농구공보다 축구공 쪽이 적습니다.

☑ CHECK NOTE

「どちらの方が〜ですか」(어느 쪽이 (더) 〜입니까?)는 비교를 묻는 질문이다. 가장 간단한 답변은 「명사+です」(명사+입니다)인데, 이 답변으로는 최소한의 점수만 받을 수 있다. 고득점을 받기 위해서는 「〜の方が〜です」(〜의 쪽이 (더) 〜입니다)의 형태로 답하는 것이 좋다. 이때 「〜の方がもっと〜です」처럼 「もっと」를 사용하면 '훨씬 더'라는 의미가 추가되어 부적절하다. 만약 비교 대상을 나타내고 싶다면 응답예 2처럼 「〜より」(〜보다)라는 조사를 쓰는 것이 적절하다. 또한 질문에서 어느 쪽이 적은지를 물었으므로, 「バスケットボールの方が多いです」(농구공 쪽이 많습니다)라고 답해서는 안 된다. 둘 중 하나를 선택해야 하는 경우 질문자가 요구하는 답이 무엇인지 정확히 파악하는 것이 중요하다. (묶어서 외워 두면 좋은 い형용사는 P. 23 참조)

어휘 | どちら 어느 쪽　方(ほう) 편. 쪽　少(すく)ない 적다　サッカーボール 축구공　バスケットボール 농구. 농구공

LEVEL UP

어휘&표현 ◆ 스포츠

野球 야구 <small>やきゅう</small>	バレーボール 배구	テニス 테니스	ピンポン・卓球 탁구 <small>たっきゅう</small>
ゴルフ 골프	スキー 스키	スケート 스케이트	陸上 육상 <small>りくじょう</small>
水泳 수영 <small>すいえい</small>	柔道 유도 <small>じゅうどう</small>	ボクシング 복싱	ラグビー 럭비
アーチェリー 양궁	ボーリング 볼링	サーフィン 서핑	バドミントン 배드민턴

問題3

パソコンはどこにありますか。

답변 준비 시간 : 3秒

음원 81

応答例

A1 机の上です。

A2 パソコンは机の上にあります。

답변 시간 : 6秒 …… 終わりです

Q 컴퓨터는 어디에 있습니까?

　A1 책상 위입니다.

　A2 컴퓨터는 책상 위에 있습니다.

☑ CHECK NOTE

사물의 위치를 묻는 질문에는 「〜の〜です」((장소)의 (위치)입니다)라고 답하는 것이 가장 간단한 방법이다. 그러기 위해서는 먼저 위치를 나타내는 어휘에 대한 학습이 필요하다. 장소와 위치 사이에는 반드시 조사 「の」를 써야 한다는 점도 기억해 두자. 고득점을 받기 위해서는 응답예 2와 같이 「〜は〜にあります」((사물)은 (장소＋위치)에 있습니다)의 형태로 답하는 것이 좋다. 이때 주어가 사물인지 사람인지에 따라 다른 동사를 써야 하는데, 주어가 사물이나 식물일 경우에는 「あります」((사물·식물이) 있습니다), 주어가 사람이나 동물일 경우에는 「います」((사람·동물이) 있습니다)를 써서 답해야 한다.

어휘 | パソコン (개인용) 컴퓨터 *「パーソナルコンピューター」의 준말 どこ 어디 ある (사물·식물이) 있다 机(つくえ) 책상 上(うえ) 위

어휘&표현 ◆ 가구

ソファ 소파 　　テーブル 테이블 　　机・デスク^{つくえ} 책상 　　椅子^{いす} 의자

ベッド 침대 　　押し入れ^{おい} 벽장, 붙박이장 　　引き出し^{ひだ} 서랍 　　本棚^{ほんだな} 책장

어휘&표현 ◆ 위치

앞	뒤	위	아래
前^{まえ}	後^{うし}ろ	上^{うえ}	下^{した}
안	밖	오른쪽	왼쪽
中^{なか}	外^{そと}	右^{みぎ}	左^{ひだり}
옆, 이웃	옆	사이	곁, 근처
隣^{となり}	横^{よこ}	間^{あいだ}	そば・辺^{あた}り・近^{ちか}く

> **Tip**
> --
>
> 「隣^{となり}」VS「横^{よこ}」
>
> 「隣^{となり}」와 「横^{よこ}」는 둘 다 우리말로 '옆'이라고 해석되지만 쓰임에는 차이가 있다. 「隣^{となり}」는 거리·방향에 상관없이 같은 종류 중에서 가장 가까이 있는 것을 가리키고, 「横^{よこ}」라고 하면 종류나 거리에 상관없이 좌우에 있는 것을 가리킨다.
>
> 銀行^{ぎんこう}はデパートの隣^{となり}にあります。　은행은 백화점 옆에 있습니다.
>
> 山本^{やまもと}さんの隣^{となり}にいる人^{ひと}は誰^{だれ}ですか。　야마모토 씨의 옆에 있는 사람은 누구입니까?
>
> 私^{わたし}のデスクの横^{よこ}には、大^{おお}きな観葉植物^{かんようしょくぶつ}があります。　제 책상 옆에는 큰 관엽식물이 있습니다.
>
> --

問題4

男<small>おとこ</small>の人<small>ひと</small>は午後<small>ごご</small>3時<small>さんじ</small>に何<small>なに</small>をしましたか。

답변 준비 시간 : 3秒

応答例

A1 写真<small>しゃしん</small>を撮<small>と</small>りました。

A2 男<small>おとこ</small>の人<small>ひと</small>は午後<small>ごごさんじ</small>3時に女<small>おんな</small>の人<small>ひと</small>の写真<small>しゃしん</small>を撮<small>と</small>りました。

답변 시간 : 6秒 …… 終わりです

Q 남자는 오후 3시에 무엇을 했습니까?

A1 사진을 찍었습니다.

A2 남자는 오후 3시에 여자의 사진을 찍었습니다.

☑ **CHECK NOTE**

남자가 오후 3시에 무엇을 했는지 묻고 있다. 그림을 통해 남자는 오전 11시에는 달리기를, 오후 3시에는 사진을 찍었다는 것을 알수 있으므로, '(사진을) 찍다'라는 뜻의 동사 「撮<small>と</small>る」를 써서 답변해야 한다. 또한 질문에서 「しましたか」(했습니까?)라고 정중 과거형을 쓰고 있으므로, 답변 역시 질문의 시제와 형태에 맞춰서 「撮<small>と</small>りました」(찍었습니다)라고 해야 한다. 고득점을 노린다면 응답예 2처럼 좀 더 구체적인 내용을 넣어 답변하는 것이 좋다.

어휘 | 男(おとこ)の人(ひと) 남자 午後(ごご) 오후 写真(しゃしん) 사진 女(おんな)の人(ひと) 여자

어휘&표현 ◆ 시간

| 시 |

1時	いちじ	6時	ろくじ	11時	じゅういちじ
2時	にじ	7時	しちじ	12時	じゅうにじ
3時	さんじ	8時	はちじ	何時	なんじ
4時	よじ	9時	くじ		
5時	ごじ	10時	じゅうじ		

*일본어로 시간을 표현할 때는 '오전', '오후'를 붙여 12시간제로 말할 수도 있고 24시간제로 말해도 된다. 예를 들어 '오후 1시'는 「午後1時」「1 3時」처럼 표현할 수 있다.

| 분 |

1分	いっぷん	7分	ななふん・しちふん	40分	よんじ(ゅ)っぷん
2分	にふん	8分	はっぷん・はちふん	50分	ごじ(ゅ)っぷん
3分	さんぷん	9分	きゅうふん	60分	ろくじ(ゅ)っぷん
4分	よんぷん	10分	じ(ゅ)っぷん	何分	なんぷん
5分	ごふん	20分	にじ(ゅ)っぷん		
6分	ろっぷん	30分	さんじ(ゅ)っぷん・半		

*10분 단위의 '분'은 「じゅっぷん」 또는 「じっぷん」으로 표현한다.

어휘&표현 ◆ 때를 나타내는 말 ②

오전	오후	아침	낮
午前	午後	朝	昼
저녁	밤	심야	~경, ~쯤
夕方	夜	深夜	~頃

だい さん ぶ　びん そく　おう とう

問題 1

田中さんが約束の時間に少し遅れるそうですが、どうし
ましょうか。

た なか　　　　やくそく　　じ かん　　すこ　　おく

답변 준비 시간 : 2秒

応答例

A1 そうなんですか。少しだけ待ちましょうか。
　　　　　　　　　すこ　　　ま

A2 少し遅れるぐらいなら問題ないと思いますよ。ちょっとだけ待ちましょうか。田中さんにあ
　　すこ おく　　　　　もんだい　　　　おも　　　　　　　　　　　　　　ま　　　　　　た なか
　　と何分ぐらいで着くか聞いてもらえますか。
　　なんぷん　　　つ　　き

답변 시간 : 15秒 ……… 끝입니다

Q 다나카 씨가 약속 시간에 조금 늦는다고 하는데 어떻게 할까요?

　A1 그래요? 조금만 기다릴까요?

　A2 조금 늦는 정도라면 문제없다고 생각해요. 조금만 기다릴까요? 다나카 씨에게 앞으로 몇 분 정도면 도착할지 물어봐 줄 수
　　　있어요?

☑ CHECK NOTE

약속 시간에 조금 늦는다는 소식을 듣고 어떻게 할 것인지 상대방의 의사를 묻고 있다. 이렇게 뭔가를 제안하거나 권유할 때는 「〜
ましょうか」(〜할까요?)와 「〜ましょう」(〜합시다)라는 두 가지 표현을 모두 쓸 수 있다. 응답예 1과 2는 모두 조금 늦더라도 기
다리겠다는 의미에서 한 대답으로, 응답예 2처럼 구체적으로 본인의 생각을 말하거나 상대방에게 반문하는 내용을 추가하면 좀 더
높은 점수를 받을 수 있다. 또한 상황에 맞게 보통체[반말]와 정중체 중 어떤 형태로 답변할 것인지도 미리 선택해야 한다.

어휘 | 約束(やくそく) 약속　時間(じかん) 시간　少(すこ)し 조금　遅(おく)れる 늦다　동사의 보통형+そうだ 〜라고 한다 *전문
待(ま)つ 기다리다　〜ぐらい 〜정도, 〜쯤　問題(もんだい)ない 문제없다　あと 앞으로　着(つ)く 도착하다　聞(き)く 묻다
〜てもらえますか (남에게) 〜해 받을 수 있습니까?, (남이) 〜해 줄 수 있습니까?

어휘&표현 ◆ 접속 형태에 따라 뜻이 달라지는 「そうだ」

「そうだ」에는 '~인[할] 것 같다, ~해 보이다'라는 추측·양태의 뜻과 '~라고 한다'라는 전문의 두 가지 뜻이 있다. 구분하는 방법은 접속 형태를 보고 판단해야 한다. 의미별 접속 형태는 다음과 같다.

1. 추측·양태

동사	동사의 ます형+そうだ	午後には雨が止みそうです。 오후에는 비가 그칠 것 같습니다.
い형용사	い형용사의 어간+そうだ	このパフェ、とてもおいしそうですね。 이 파르페 아주 맛있어 보이네요.
な형용사	な형용사의 어간+そうだ	友達は新婚なので、幸せそうです。 친구는 신혼이라서 행복해 보입니다.
명사	없음	없음

2. 전문

동사	동사의 보통형+そうだ	田中さんは来月昇進するそうだ。 다나카 씨는 다음 달에 승진한다고 한다.
い형용사	い형용사의 보통형+そうだ	天気予報によると、今日も寒いそうです。 일기예보에 의하면 오늘도 춥다고 합니다.
な형용사	な형용사의 보통형+そうだ	隣の部署では最近残業続きで、大変だそうです。 옆 부서에서는 최근에 잔업이 계속되어서 힘들다고 합니다. 大地震直後は電気が止まって、大変だったそうです。 대지진 직후에는 전기가 끊어져서 힘들었다고 합니다.
명사	명사+だ+そうだ	父は定年退職したら、世界一周することが夢だそうだ。 아버지는 정년 퇴직하면 세계 일주하는 것이 꿈이라고 한다.

今月からダンス教室に通おうと思うんですが、一緒に通いませんか。

음원 84

답변 준비 시간 : 2秒

応答例

A1 ダンス教室ですか。いいですね。私も一緒に通いたいです。

A2 ダンス教室、いいですね。どんなダンスを習う予定ですか。私も興味があるので、その教室の詳細を教えてもらえると嬉しいです。

답변 시간 : 15秒 …… 終わりです

Q 이달부터 댄스 교실에 다니려고 생각하는데요, 같이 다니지 않을래요?

A1 댄스 교실이요? 좋죠. 저도 함께 다니고 싶어요.

A2 댄스 교실, 좋죠. 어떤 춤을 배울 예정이에요? 저도 흥미가 있기 때문에 그 교실의 상세한 것을 알려 주면 좋겠어요.

☑ CHECK NOTE

질문의 「～ませんか」는 '～하지 않겠습니까?, ～하지 않을래요?'라는 뜻으로, 상대방에게 댄스 교실에 함께 다니지 않겠느냐며 권유하고 있다. 이런 질문을 받았을 때는 「～ですか」(～이요?), 「いいですね」(좋죠)처럼 맞장구를 치고 나서 대답을 시작하면 더 자연스러운 답변이 될 수 있다. 응답예 1처럼 질문을 그대로 응용해서 「私も一緒に通いたい」(나도 같이 다니고 싶다)라고 대답할 수도 있지만, 보다 높은 점수를 받으려면 응답예 2와 같이 구체적으로 알고 싶은 정보에 대해 질문을 던지는 것도 좋다. 참고로, 희망을 나타내는 가장 간단한 표현은 응답예 1의 「동사의 ます형+たい」(～하고 싶다)처럼 본인이 하고 싶은 내용을 말하는 것이다. 응답예 2처럼 상대방이 나에게 해 주기를 바라는 경우에는 「～てほしい」(～해 주었으면 한다, ～하길 바란다)나 「～てもらえると嬉しい」(～해 주면 좋겠다)처럼 완곡한 희망 표현을 쓰면 된다.

어휘 | 今月(こんげつ) 이달 ～から ～부터 ダンス 댄스 教室(きょうしつ) (기술 등을 가르치는) 교실 通(かよ)う (자주) 다니다
一緒(いっしょ)に 함께, 같이 どんな 어떤 習(なら)う 배우다, 익히다 予定(よてい) 예정 興味(きょうみ) 흥미
詳細(しょうさい) 상세, 자세하고 세세한 것 教(おし)える 가르치다, 알려 주다

어휘＆표현 ◆ 희망을 나타내는 표현

▶ **동사의 ます형+たい** : ～하고 싶다

あのホテルのマンゴーかき氷が食べたいです。 그 호텔의 망고 빙수를 먹고 싶어요. (*조사는 보통 「が」를 씀)

今度の連休はゆっくり休みたいです。 이번 연휴는 푹 쉬고 싶어요.

▶ **～てほしい** : ～해 주었으면 하다, ～하길 바라다

このプロジェクトを手伝ってほしいです。 이 프로젝트를 도와줬으면 해요.

読書室では静かにしてほしいです。 독서실에서는 조용히 해 줬으면 해요.

▶ **～てもらえると嬉しい** : ～해 주면 좋겠다 *「～てほしい」보다 공손한 표현

結婚式に来てもらえると嬉しいです。 결혼식에 와 주면 좋겠습니다.

私の話にも少しは共感してもらえると嬉しいです。 제 이야기에도 조금은 공감해 주면 좋겠습니다.

午後から雪が降るそうですが、傘は持って来ましたか。

답변 준비 시간 : 2秒

応答例

A1 本当ですか。昨日の天気予報では雪だと言っていなかったので、傘は持って来ませんでした。

A2 いえ、傘は持って来ませんでした。さっきまで晴れてたのになあ。本格的に降り出してきたら、1階にあるコンビニで折り畳み傘を買おうと思います。

답변 시간 : 15秒 ⋯⋯ 終わりです

Q 오후부터 눈이 내린다고 하는데 우산은 가져왔어요?

A1 정말요? 어제 일기예보에서는 눈이 온다고 하지 않았기 때문에 우산은 가져오지 않았어요.

A2 아뇨, 우산은 가져오지 않았어요. 조금 전까지 맑았는데. 본격적으로 내리기 시작하면 1층에 있는 편의점에서 접이식 우산을 사려고 해요.

☑ CHECK NOTE

일기예보의 눈 소식을 전하면서 우산을 가져왔는지 묻고 있으므로, 일단 우산의 소지 여부에 대해 답해야 한다. 가져왔다면 「持って来ました」(가져왔습니다), 안 가져왔다면 「持って来ませんでした」(안 가져왔습니다)라고 답하면 된다. 응답예 1과 2는 모두 우산을 가져오지 않았다고 답하고 있는데, 응답예 1에서는 우산을 가져오지 않은 이유에 대해, 응답예 2에서는 눈이 올 경우 취하려는 행동에 대해 이야기하고 있다. 만약 눈이 온다면 편의점에서 접이식 우산을 사겠다고 말하고 있는데, 이런 경우 자신의 의지를 나타내는 「동사의 의지형+と思う」(~하려고 생각한다, ~하려고 한다)와 같은 표현을 사용하면 된다.

어휘 | 午後(ごご) 오후 雪(ゆき) 눈 降(ふ)る (비·눈 등이) 내리다, 오다 동사의 보통형+そうだ ~라고 한다 *전문 傘(かさ) 우산
持(も)つ 가지다 本当(ほんとう)だ 정말이다 昨日(きのう) 어제 天気予報(てんきよほう) 일기예보 言(い)う 말하다
いえ 아뇨 *부정을 나타내는 말 さっき 아까, 조금 전 ~まで ~까지 晴(は)れる 맑다 ~のに ~는데(도)
~なあ ~하네 *자기 기분을 나타낼 때 사용 本格的(ほんかくてき)だ 본격적이다 동사의 ます형+出(だ)す ~하기 시작하다
~たら ~하면 1階(いっかい) 1층 *「~階(かい)」- ~층 コンビニ 편의점 *「コンビニエンスストア」의 준말
折(お)り畳(たた)み傘(がさ) 접이식 우산 買(か)う 사다

어휘＆표현 ◆ 날씨

天気がいい 날씨가 좋다 ↔ 悪い 나쁘다

晴れだ/晴れる 맑다

曇りだ/曇る 흐리다

雨だ/雨が降る 비가 내리다[오다] ↔ 止む 그치다

雪だ/雪が降る 눈이 내리다[오다] ↔ 止む 그치다

風が吹く 바람이 불다 ↔ 止む 멎다

霧がかかる 안개가 끼다 ↔ 晴れる 걷히다

梅雨に入る/梅雨入りする 장마가 시작되다 ↔ 梅雨が明ける 장마가 끝나다

雷が鳴る 천둥이 치다

稲妻が光る 번개가 치다

肌寒い 쌀쌀하다

蒸し暑い 무덥다

じめじめしている 눅눅하다

変わりやすい天気 변덕스러운 날씨

晴れのち曇り 맑은 후 흐림

曇り時々雨 흐리고 때때로 비

台風/熱帯夜 태풍/열대야

어휘＆표현 ◆ 본인의 의지를 나타내는 표현

▶ 동사의 의지형＋と思う : ～하려고 생각하다, ～하려고 하다

もう要らないから他の人に売ろうと思っています。 이제 필요 없으니까 다른 사람에게 팔려고 생각하고 있습니다.

この後ジムで運動しようと思います。 이따가 체육관에서 운동하려고 합니다. (*동사의 의지형은 P.57 참조)

어휘＆표현 ◆「～たら」

① ～하면 *가정

何かあったら気軽に電話してください。 무슨 일이 있으면 부담 없이 전화해 주세요.

② ～했더니 *발견

窓を開けたら、雪が降っていた。 창문을 열었더니 눈이 내리고 있었다.

問題 4

お探しの携帯電話は今売り切れなので予約が必要ですが。 음원 86

답변 준비 시간 : 2秒

応答例

A1 そうですか。残念ですね。すぐ買いたいので、他の店に行ってみます。

A2 そうですか。やっぱり人気なんですね。じゃあ、予約の手続きをお願いできますか。入荷する時期がいつ頃になるのかも教えていただけますか。

답변 시간 : 15秒 ······ 終わりです

Q 찾으시는 휴대전화는 지금 품절이라서 예약이 필요한데요.

A1 그래요? 아쉽네요. 바로 사고 싶기 때문에 다른 가게에 가 볼게요.

A2 그래요? 역시 인기가 있군요. 그럼, 예약 수속을 부탁드릴 수 있어요? 입하하는 시기가 언제쯤이 될지도 알려 주실 수 있어요?

☑ CHECK NOTE

휴대전화 매장에서 이루어지는 대화로, 찾고 있는 휴대전화는 품절이라서 예약 구매만 가능하다고 말하고 있다. 이 경우 응답예 1처럼 아예 예약을 포기하거나 응답예 2처럼 예약을 부탁하는 두 가지 대답이 가능하다. 응답예 1에서는 '바로 사고 싶기 때문에' 예약을 할 수 없다고 그 이유를 밝히면서 다른 가게로 가 보겠다고 말하고 있는데, 이때는 「~てみる」(~해 보다)라는 표현을 사용하면 된다. 한편, 응답예 2처럼 예약을 부탁할 때 가장 쉬운 방법은 「~をお願いします」(~을 부탁드립니다)라는 표현을 사용하는 것이다. 좀 더 공손하게 표현하려면 「~をお願いできますか」(~을 부탁드릴 수 있어요?)처럼 가능형을 써서 물어보는 것도 좋다. 동사를 사용할 경우에는 동사의 て형과 접속해서 「~てください」(~해 주세요)라는 표현을 쓰거나, 좀 더 공손하게 부탁하는 상황이라면 「~ていただけますか」((남에게) ~해 받을 수 있습니까?, (남이) ~해 주실 수 있습니까?)라고 하면 된다.

어휘 | お (체언·용언에 붙어서) 존경·공손·친밀의 뜻을 나타냄 探(さが)し 찾음 携帯電話(けいたいでんわ) 휴대전화
売(う)り切(き)れ 품절 予約(よやく) 예약 残念(ざんねん)だ 아쉽다, 유감스럽다 他(ほか) 다른 (것) やっぱり 역시 人気(にんき) 인기
手続(てつづ)き 수속 入荷(にゅうか) 입하 時期(じき) 시기

問題 5

妹の就職が決まったのでプレゼントをしたいんですが、何がいいと思いますか。

答변 준비 시간 : 2秒

음원 87

応答例

A1 おめでとうございます。そうですね。就職祝いとして、仕事で使えるカバンはどうですか。

A2 おお、それはいいニュースですね。おめでとうございます。少し大人っぽい名刺入れや腕時計はいかがでしょうか。仕事でも役立つだろうし、いい記念にもなると思いますよ。

답변 시간 : 15秒 ······ 終わりです

Q 여동생의 취직이 결정되어서 선물을 하고 싶은데, 무엇이 좋다고 생각해요?

A1 축하합니다. 글쎄요. 취직 축하 선물로 업무에서 사용할 수 있는 가방은 어때요?

A2 오-, 그건 좋은 소식이네요. 축하합니다. 조금 어른스러운 명함지갑이나 손목시계는 어떠실까요? 일에서도 도움이 될 것이고 좋은 기념도 될 거라고 생각해요.

☑ CHECK NOTE

여동생의 취업 선물로 무엇이 좋을지 조언을 구하고 있다. 이런 대화에서는 우선 「おめでとうございます」(축하합니다)와 같은 인사말로 대화를 시작하는 것이 자연스럽다. 축하 선물을 제시할 때는 단정적으로 말하기보다 「~はどうですか」(~는 어때요?), 「~はいかがでしょうか」(~는 어떠실까요?)처럼 의견을 제시하는 정도로 말하는 것이 좋다. 또한 응답예 2처럼 그 선물을 권하는 구체적인 이유와 용도 등을 덧붙여 말한다면 좋은 평가를 받을 수 있다. 이렇게 여러 가지 이유나 근거를 나열할 때는 문장의 보통체에 「~し」(~고)를 연결해서 말하면 된다. 문장 끝에 조사 「よ」를 붙이면 상대방에게 본인이 알고 있는 정보를 제공하거나 주관적인 의견을 말한다는 뉘앙스가 추가된다.

어휘 | 妹(いもうと) (자신의) 여동생 就職(しゅうしょく) 취직 決(き)まる 정해지다, 결정되다 プレゼント 선물
동사의 ます형+たい ~하고 싶다 何(なに) 무엇 いい 좋다 おめでとうございます 축하합니다 祝(いわ)い 축하 (선물)
仕事(しごと) 일, 업무 使(つか)う 쓰다, 사용하다 カバン 가방 ニュース 뉴스 少(すこ)し 조금
大人(おとな)っぽい 어른스럽다 名刺入(めいしい)れ 명함지갑 腕時計(うでどけい) 손목시계
いかがでしょうか 어떠실까요? *「どうでしょうか」(어떨까요?)의 공손한 표현 役立(やくだ)つ 도움이 되다 ~し ~고
記念(きねん) 기념

第4部 短い応答 | 일상 화제에 대해 설명하기

問題1 あなたは美容院によく行きますか。簡単に説明してください。

답변 준비 시간 : 15秒

음원 88

応答例

A1 いいえ、美容院にはあまり行きません。大切なイベントがある前や髪が長くなりすぎたと感じた時には行きます。大体2、3か月に一度のペースです。

A2 はい、私は美容院によく行く方だと思います。何か大切な行事の前はもちろんですが、少し気分転換したい時にも美容院に行って、カットやブローをしてもらうことが多いです。家の近くにお気に入りの美容院があって、少なくとも月に1回はお世話になっています。

답변 시간 : 25秒 …… 終わりです

Q 당신은 미용실에 자주 갑니까? 간단하게 설명하세요.

A1 아니요, 미용실에는 그다지 가지 않습니다. 중요한 이벤트가 있기 전이나 머리가 너무 길어졌다고 느꼈을 때는 갑니다. 대략 2, 3개월에 한 번의 페이스입니다.

A2 예, 저는 미용실에 자주 가는 편이라고 생각합니다. 뭔가 중요한 행사 전은 물론입니다만, 조금 기분 전환을 하고 싶을 때에도 미용실에 가서 커트나 드라이를 받는 경우가 많습니다. 집 근처에 마음에 드는 미용실이 있어서 적어도 한 달에 한 번은 신세를 지고 있습니다.

☑ CHECK NOTE

미용실에 자주 가는지를 묻는 질문이므로, 일단 자주 가는지 아닌지에 대해 답해야 한다. 응답예 1처럼 「いいえ」(아니요)라고 하면 뒤에는 '가지 않는다', 응답예 2처럼 「はい」(예)라고 하면 뒤에는 '자주 간다'라는 식으로 반드시 긍정과 부정에 각각 호응하는 답변을 해야 한다. 응답예 1의 경우 뒤에는 자주 가지 않는 이유를, 응답예 2는 자주 가는 이유와 어떤 서비스를 주로 받는지 등에 대해서 구체적으로 말하면 된다. 이때 서비스 등을 받는다는 의미로 「~てもらう」((남에게) ~해 받다, (남이) ~해 주다), 「お世話になる」(신세를 지다)와 같은 표현을 쓰면 더 높은 점수를 받을 수 있다.

어휘 | 美容院(びよういん) 미용실　よく 자주　行(い)く 가다　あまり (부정어 수반) 그다지, 별로　大切(たいせつ)だ 중요하다
イベント 이벤트　동사의 기본형+前(まえ) ~하기 전　髪(かみ) 머리카락　長(なが)い 길다　동사의 ます형+すぎる 너무 ~하다
感(かん)じる 느끼다　大体(だいたい) 대개, 대략　~か月(げつ) ~개월　ペース 페이스　何(なに)か 무엇인가, 뭔가　行事(ぎょうじ) 행사
もちろん 물론　少(すこ)し 조금　気分転換(きぶんてんかん) 기분 전환　동사의 ます형+たい ~하고 싶다　カット 커트
ブロー 부는 것, 내뿜는 것, 특히 드라이어로 바람을 뿜어내어 헤어스타일을 정돈하는 것　家(いえ) 집　近(ちか)く 근처
お気(き)に入(い)り 마음에 둠　少(すく)なくとも 적어도　月(つき) (책력 상의) 한 달, 월　世話(せわ)になる 신세를 지다

어휘&표현 ◆ 미용실

美容室·美容院 미용실

美容師 미용사

パーマ 펌, 파마

カラーリング 염색

シャンプー 샴푸

ブロー 드라이

ヘアスプレー 헤어스프레이

髪の毛 머리카락

横髪 옆머리

ストレート·直毛 직모

ヘアスタイル·髪型 헤어스타일

短髪·ミディアム 단발

切る 자르다

揃える 다듬다

ヘアサロン 헤어살롱, 미용실

カット 커트

セット 세팅

トリートメント 트리트먼트

リンス 린스

ヘアアイロン 헤어아이론, 고데기

ワックス 왁스

前髪 앞머리

後ろ髪 뒷머리

癖毛 곱슬머리

ショートヘア 숏헤어

ロングヘア 롱헤어

すく 숱을 치다

問題2 あなたが最近旅行に行ったのはいつですか。簡単に説明してください。

답변 준비 시간 : 15秒

음원 89

応答例

A1 最近の旅行は去年秋に行った箱根旅行です。行きたいと思っていた温泉にも入って、リラックスすることができました。それから、おいしい地元の食事を楽しむことができました。今年もまた温泉旅行に行きたいです。

A2 私が最近旅行に行ったのは、先月です。ずっと行きたかった香港に行ってきました。遊覧船に乗ったのですが、夜景が本当にきれいでした。現地の料理も私の口に合って、特に火鍋が最高でした。今回はマカオに行けなかったので、次回は、マカオも一緒に行ってみたいです。

답변 시간 : 25秒 …… 終わりです

Q 당신이 최근에 여행을 간 것은 언제입니까? 간단하게 설명하세요.

A1 최근의 여행은 작년 가을에 갔던 하코네 여행입니다. 가고 싶다고 생각했던 온천에도 들어가 릴랙스할 수 있었습니다. 그리고 맛있는 현지 식사를 즐길 수 있었습니다. 올해도 또 온천여행을 가고 싶습니다.

A2 제가 최근 여행을 간 것은 지난달입니다. 줄곧 가고 싶었던 홍콩에 갔다 왔습니다. 유람선을 탔는데 야경이 정말 예뻤습니다. 현지의 음식도 제 입맛에 맞았고 특히 훠궈가 최고였습니다. 이번에는 마카오에 못 가서 다음번에는 마카오도 같이 가 보고 싶습니다.

☑ CHECK NOTE

최근에 언제 여행을 갔는지를 묻고 있으므로 먼저 언제, 어디를 다녀왔는지에 대해 답해야 한다. 이어서 그 장소에 대한 구체적인 설명을 곁들이면 더욱 좋다. 그 여행지에서 무엇을 했는지, 어떤 곳에 갔는지, 마음에 들었던 점과 맛있는 음식 등 표현할 수만 있다면 소재는 무궁무진하다. 응답예 1처럼 여행 중에 했던 것들 위주로 답할 수도 있고, 응답예 2처럼 미처 하지 못했던 점을 아쉬워하며 다음에는 꼭 해 보고 싶다는 희망 사항을 말할 수도 있다. 이때 이번 여행은 「今回」(이번), 다음에 갈 여행은 「次回」(다음번)라고 구분하면 되고, 나중에 해 보고 싶은 것은 「～てみたい」(~해 보고 싶다)와 같은 표현을 사용하면 자연스러운 답변을 만들 수 있다.

어휘 | 最近(さいきん) 최근, 요즘 旅行(りょこう)に行(い)く 여행을 가다 いつ 언제 去年(きょねん) 작년 秋(あき) 가을
箱根(はこね) 하코네 *가나가와현 남서부, 하코네산 일대 화산 지대의 통칭(관광지·온천장으로 유명함) 温泉(おんせん) 온천
入(はい)る 들어가다 リラックス 릴랙스 동사의 기본형+ことができる ~할 수 있다 それから 그리고, 그러고 나서 おいしい 맛있다
地元(じもと) 그 고장[지방], 현지 食事(しょくじ) 식사 楽(たの)しむ 즐기다 今年(ことし) 올해 동사의 ます형+たい ~하고 싶다
先月(せんげつ) 지난달 ずっと 쭉, 계속 香港(ホンコン) 홍콩 遊覧船(ゆうらんせん) 유람선 乗(の)る (탈것에) 타다 夜景(やけい) 야경
本当(ほんとう)に 정말로 きれいだ 예쁘다, 아름답다 現地(げんち) 현지 料理(りょうり) 요리 口(くち)に合(あ)う 입(맛)에 맞다
特(とく)に 특히 火鍋(ひなべ) 훠궈 最高(さいこう) 최고 次回(じかい) 다음번 マカオ 마카오 *중국 남부 광동만 입구에 있는 마카오 반도와
두 개의 섬으로 이루어진 특별행정구 ～てみる ~해 보다

어휘&표현 ◆ 「동사의 가능형」 ~할 수 있다, ~할 줄 알다 *가능·능력

1그룹 동사	어미 「-u」를 「-e」로 바꾸고 「る」를 붙인다.		
	会^あう 만나다	→	会^あえる 만날 수 있다
	待^まつ 기다리다	→	待^まてる 기다릴 수 있다
	乗^のる (탈것에) 타다	→	乗^のれる (탈것에) 탈 수 있다
	行^いく 가다	→	行^いける 갈 수 있다
	泳^{およ}ぐ 수영하다, 헤엄치다	→	泳^{およ}げる 수영할 수 있다
	遊^{あそ}ぶ 놀다	→	遊^{あそ}べる 놀 수 있다
	読^よむ 읽다	→	読^よめる 읽을 수 있다
	話^{はな}す 말하다, 이야기하다	→	話^{はな}せる 말할 수 있다

2그룹 동사	어미 「る」를 떼고 「られる」를 붙인다.		
	見^みる 보다	→	見^みられる 볼 수 있다
	食^たべる 먹다	→	食^たべられる 먹을 수 있다

3그룹 동사	불규칙 활용하므로 무조건 외운다.		
	来^くる 오다	→	来^こられる 올 수 있다
	する 하다	→	できる 할 수 있다

問題3 あなたは休日に家で休むことと出かけることのうち、どちらの方が好きですか。簡単に説明してください。 답변 준비 시간 : 15秒 음원 90

応答例

A1 私は休日に家でゆっくり過ごす方が好きです。読書をしたり、映画を見たりしてリラックスするのが一番の癒しです。

A2 私は出かけることの方が好きです。休日には外出して新しい場所に行ってみることが多いです。特に、自然が豊かな場所へハイキングやキャンプに行くのが好きで、美しい景色を楽しんだり、開放的な空間でおいしい食べ物を食べたりするのが楽しみの一つです。

답변 시간 : 25秒 ······ 終わりです

Q 당신은 휴일에 집에서 쉬는 것과 외출하는 것 중 어느 쪽을 좋아합니까? 간단하게 설명하세요.

A1 저는 휴일에 집에서 느긋하게 지내는 쪽을 좋아합니다. 독서를 하거나 영화를 보거나 하며 릴랙스하는 것이 제일의 힐링입니다.

A2 저는 외출하는 것 쪽을 좋아합니다. 휴일에는 외출해서 새로운 장소에 가 보는 경우가 많습니다. 특히 자연이 풍요로운 장소로 하이킹이나 캠핑하러 가는 것을 좋아하고, 아름다운 경치를 즐기거나 개방적인 공간에서 맛있는 음식을 먹거나 하는 것이 즐거움 중 하나입니다.

☑ CHECK NOTE

「AとBのうちどちらの方が好きですか」는 'A와 B 중 어느 쪽을 (더) 좋아합니까?'라는 뜻으로, 둘 중 어느 쪽을 선호하는지 묻는 질문이다. 여기서는 '휴일에 집에서 쉬는 것'과 '휴일에 외출하는 것' 중에서 하나를 고르면 되는데, 어느 쪽이든 '~하는 쪽을 (더) 좋아한다'라는 형식으로 답하면 된다. 응답예 1에서는 「동사의 기본형+方が好きだ」(~하는 쪽을 (더) 좋아한다), 응답예 2에서는 「동사의 기본형+ことの方が好きだ」(~하는 것 쪽을 (더) 좋아한다)라는 표현을 사용했다. 이어서 구체적인 내용을 추가하여 응답을 완성해야 하는데, 집에서 쉴 때 어떤 것을 하는지, 혹은 외출한다면 어디에 가고 무엇을 하는 경우가 많은지를 생각해서 답하도록 한다. 이렇게 구체적인 행동을 나열해서 말할 때는 「~たり~たりする」(~하거나 ~하거나 하다)와 같은 표현을 쓰면 효과적이다.

어휘 | 休日(きゅうじつ) 휴일 家(いえ) 집 休(やす)む 쉬다 出(で)かける 나가다, 외출하다 うち 중 どちら 어느 쪽 方(ほう) 편, 쪽 好(す)きだ 좋아하다 ゆっくり 느긋하게 過(す)ごす (시간을) 보내다, 지내다 読書(どくしょ) 독서 映画(えいが) 영화 見(み)る 보다 リラックス 릴랙스 一番(いちばん) 가장, 제일 癒(いや)し 치유, 힐링, (지친 몸과 마음을) 달래는 것 外出(がいしゅつ) 외출 新(あたら)しい 새롭다 場所(ばしょ) 장소, 곳 多(おお)い 많다 特(とく)に 특히 自然(しぜん) 자연 豊(ゆた)かだ 풍부하다 ハイキング 하이킹 キャンプ 캠프(=キャンピング) 동작성 명사+に ~하러 *동작의 목적 美(うつく)しい 아름답다 景色(けしき) 경치 楽(たの)しむ 즐기다 開放的(かいほうてき)だ 개방적이다 空間(くうかん) 공간 おいしい 맛있다 食(た)べ物(もの) 음식 楽(たの)しみ 즐거움

어휘&표현 ◆ 야외활동

キャンプ/キャンピング 캠핑	ハイキング 하이킹
ピクニック 피크닉	バーベキュー 바비큐
サイクリング 사이클링	釣り 낚시
ラフティング 래프팅	海水浴 해수욕
サーフィン 서핑	シュノーケリング 스노클링
バードウォッチング 버드워칭, 탐조	花見 꽃구경
紅葉狩り 단풍 구경	森林浴 삼림욕
クライミング 클라이밍	パラグライディング 패러글라이딩
スカイダイビング 스카이다이빙	

問題4 あなたは良いことがあったら一番に誰に知らせたいですか。簡単に説明してください。 답변 준비 시간 : 15秒

음원 91

応答例

A1 良いことがあったら、真っ先に家族に知らせたいですね。特に母はいつも私のことを応援してくれるので、一番に知らせたいです。

A2 良いことがあったら、最初に共有したいのは私の妻です。妻とは、お互いの良いことや悪いことを全て共有していて、いつもお互いの支えになっているので、良いことがあった際には感謝の気持ちを込めて一番に報告したいです。

답변 시간 : 25秒 …… 終わりです

Q 당신은 좋은 일이 있으면 제일 먼저 누구에게 알리고 싶습니까? 간단하게 설명하세요.

A1 좋은 일이 있으면 맨 먼저 가족에게 알리고 싶네요. 특히 어머니는 항상 저를 응원해 주니까 제일 먼저 알리고 싶습니다.

A2 좋은 일이 있으면 맨 처음에 공유하고 싶은 것은 제 아내입니다. 아내와는 서로의 좋은 일이나 나쁜 일을 모두 공유하고 있고, 항상 서로의 버팀목이 되고 있기 때문에 좋은 일이 있을 때는 감사의 마음을 담아 제일 먼저 보고하고 싶습니다.

☑ **CHECK NOTE**

좋은 일이 있으면 가장 먼저 누구에게 알리고 싶은지 묻고 있으므로, 이에 대한 응답으로는 나와 가까운 사람이나 가족 등을 언급하는 경우가 많을 것이다. 일본어에서는 나의 가족과 남의 가족을 부르는 호칭이 다르므로 주의가 필요하다. 응답예 1의 「母」((자신의) 어머니), 응답예 2의 「妻」((자신의) 아내)는 모두 자신의 가족을 가리키는 표현으로, 이 경우 다른 사람의 가족을 지칭하는 「お母さん」((남의) 어머니), 「奥さん」((남의) 아내)을 쓰게 되면 감점 요인이 된다. 평소에 가족 호칭에 관한 표현을 명확하게 정리해 두도록 하자.

어휘 | 一番(いちばん) (순번의) 첫번째 誰(だれ) 누구 知(し)らせる 알리다 동사의 ます형+たい ~하고 싶다 真(ま)っ先(さき) 맨 먼저 家族(かぞく) 가족 特(とく)に 특히 応援(おうえん) 응원 ~てくれる (남이 나에게) ~해 주다 最初(さいしょ) 최초, 맨 처음 共有(きょうゆう) 공유 お互(たが)い 서로 悪(わる)い 나쁘다 全(すべ)て 모두, 전부 支(ささ)え 버팀목 際(さい) 때 感謝(かんしゃ) 감사 気持(きも)ち 마음, 기분 込(こ)める 담다 報告(ほうこく) 보고

❗ **틀리기 쉬운 표현**

最初に共有したいのは私の奥さんです。(X)

➡ 最初に共有したいのは私の妻です。(O) 맨 먼저 공유하고 싶은 것은 제 아내입니다.

: 가족 호칭이 잘못되었다. 「奥さん」은 남의 부인을 지칭할 때 쓰는 말로, 남에게 자신의 아내를 지칭할 때는 「妻」라고 해야 한다. 일본에서는 상대방에게 나의 가족에 대해서 말할 때는 낮춰서 표현하고 상대방 가족에 대해서 말할 때는 높여서 표현하기 때문이다. 이처럼 일본어에서는 가족 호칭이 나의 가족을 가리키는 경우와 남의 가족을 가리키는 경우에 따라 달라지므로 잘 정리해 두자.

어휘＆표현 ◆ 가족 호칭

	나의 가족	남의 가족
(외)할아버지	祖父 (そふ)	おじいさん
(외)할머니	祖母 (そぼ)	おばあさん
아버지	父 (ちち)	お父さん (とう)
어머니	母 (はは)	お母さん (かあ)
형, 오빠	兄 (あに)	お兄さん (にい)
누나, 언니	姉 (あね)	お姉さん (ねえ)
남동생	弟 (おとうと)	弟さん (おとうと)
여동생	妹 (いもうと)	妹さん (いもうと)
아내	妻 (つま)	奥さん (おく)
남편	夫 (おっと)	ご主人 (しゅじん)
아들	息子 (むすこ)	息子さん (むすこ)
딸	娘 (むすめ)	娘さん (むすめ)
형제, 남매	兄弟 (きょうだい)	ご兄弟 (きょうだい)
자식	子供 (こども)	子供さん・お子さん (こども)(こ)
손자, 손녀	孫 (まご)	お孫さん (まご)
사촌	従兄弟 (いとこ)	従兄弟さん (いとこ)
남자 조카	甥 (おい)	甥御さん (おいご)
여자 조카	姪 (めい)	姪御さん (めいご)

問題5 あなたは中古の本を買ったことがありますか。簡単に説明してください。 답변 준비 시간 : 15秒

応答例

A1 いいえ、私は中古の本を買ったことがありません。他の人が使ったものを買うことよりも、少し値段が高くても、新品の本を買う方がいいからです。

A2 はい、私は中古の本をよく購入します。特に歴史や哲学に関する書籍を探す際には、古本屋に足を運びます。これらの本は新品で買うと高価ですが、中古であれば手頃な価格で購入できますし、前の持ち主のメモや線引きが、また別の視点を提供してくれるため、読む楽しみが増えるんです。

답변 시간 : 25秒 …… 終わりです

Q 당신은 중고책을 산 적이 있습니까? 간단하게 설명하세요.

A1 아니요, 저는 중고책을 산 적이 없습니다. 다른 사람이 사용한 것을 사는 것보다 조금 가격이 비싸더라도 새 책을 사는 편이 좋기 때문입니다.

A2 예, 저는 중고책을 자주 구입합니다. 특히 역사나 철학에 관한 서적을 찾을 때는 헌책방에 찾아갑니다. 이 책들은 새 책으로 사면 고가이지만 중고라면 적당한 가격에 구입할 수 있고, 전 주인의 메모나 선긋기가 또 다른 시각을 제공해 주기 때문에 읽는 재미가 늘어납니다.

☑ CHECK NOTE

「동사의 た형+ことがありますか」(~한 적이 있습니까?)는 경험의 유무를 묻는 표현이다. 따라서 답변은 「はい、~たことがあります/いいえ、~たことがありません」(예, ~한 적이 있습니다/아니요, ~한 적 없습니다)의 형태로 답한 후, 구체적으로 이용했을 때의 경험이나 어째서 이용하지 않는지에 대해 설명하면 된다. 고득점을 위해서는 응답예 1처럼 한 가지 이유만 언급하는 것보다 응답예 2처럼 자신의 실제 경험담을 곁들이면 보다 좋은 평가를 받을 수 있다. 또한 중고책 구입의 장단점을 언급하고 「新品」(신품, 새것)과 특징을 비교하며 이야기를 전개하는 것도 좋다.

어휘 | 中古(ちゅうこ) 중고 本(ほん) 책 買(か)う 사다 他(ほか) 다른 (사람) 人(ひと) 사람 使(つか)う 쓰다, 사용하다 ~よりも ~보다도 少(すこ)し 조금 値段(ねだん) 가격 高(たか)い (값이) 비싸다 新品(しんぴん) 신품, 새것 よく 자주 購入(こうにゅう) 구입 特(とく)に 특히 歴史(れきし) 역사 哲学(てつがく) 철학 ~に関(かん)する ~에 관한 書籍(しょせき) 서적 探(さが)す 찾다 際(さい) 때 古本屋(ふるほんや) 헌책방 足(あし)を運(はこ)ぶ 발걸음을 옮기다, 실지로 그곳에 가다, 찾아가보다 これら 이들, 이것들 高価(こうか) 고가 手頃(てごろ)だ 알맞다, 적당하다 価格(かかく) 가격 ~し ~고 前(まえ) 전, 이전, 예전 持(も)ち主(ぬし) 주인 メモ 메모 線引(せんび)き 선을 그음 別(べつ) 다름 視点(してん) 시점, (사물을) 보는 입장 提供(ていきょう) 제공 ~てくれる (남이 나에게) ~해 주다 ~ため(に) ~때문(에) 読(よ)む 읽다 楽(たの)しみ 즐거움 増(ふ)える 늘다, 늘어나다

어휘&표현 ◆ 도서 분류

趣味・実用 취미 · 실용

コンピューター・IT 컴퓨터 · IT

ノンフィクション 논픽션

文学・評論 문학 · 평론

コミック 코믹, 만화

歴史・哲学・地理 역사 · 철학 · 지리

雑誌 잡지

科学・テクノロジー 과학 · 테크놀로지

ビジネス・経済 비즈니스 · 경제

社会・政治・法律 사회 · 정치 · 법률

スポーツ・アウトドア 스포츠 · 아웃도어

人文・思想 인문 · 사상

エンターテインメント 엔터테인먼트, 오락

投資・金融・会社経営 투자 · 금융 · 회사 경영

アート・建築・デザイン 아트 · 건축 · 디자인

医学・薬学・看護学・歯科学 의학 · 약학 · 간호학 · 치의학

語学 어학

暮らし・健康・子育て 생활 · 건강 · 육아

資格・検定・就職 자격 · 검정 · 취직

問題1 あなたは結婚をする時、親から経済的に支援を受けることについてどう思いますか。あなたの考えを話してください。 답변 준비 시간 : 30秒

음원 93

応答例

A1 そうですね。親からの経済的な支援は、特に若いカップルにとって非常に助かるものだと思います。しかし、個人的には自立して結婚の準備をすることが理想的だと思います。親が喜んで支援してくれる場合には感謝して受け入れますが、最初からその支援に頼ることなく自分たちで準備できるよう努力することが大切だと思います。また、親の経済的な支援があると、それに依存してしまう可能性もあると思います。

A2 私は親からの経済的な支援は受けられるだけ受ければいいと思います。特に若い世代は持っている財産がそれほど多くない場合がほとんどだと考えられるため、結婚式や新婚旅行、新居の準備など結婚する際に必要となる費用の全てを自分たちのお金で賄うことはなかなか難しいことではないでしょうか。そのため、両家の親から経済的に支援してもらえるならば、その支援を積極的に受けて、結婚後、キャリアを重ねて経済的な余裕が生まれた時に、少しずつ親孝行をしていくのが理想的だと思います。

답변 시간 : 50秒 …… 終わりです

Q 당신은 결혼을 할 때 부모로부터 경제적으로 지원을 받는 것에 대해 어떻게 생각합니까? 당신의 생각을 말하세요.

A1 글쎄요. 부모로부터의 경제적인 지원은 특히 젊은 커플에게 있어서 매우 도움이 되는 것이라고 생각합니다. 그러나 개인적으로는 자립해서 결혼 준비를 하는 것이 이상적이라고 생각합니다. 부모가 기꺼이 지원해 주는 경우에는 감사하게 받아들이겠지만, 맨 처음부터 그 지원에 의지하지 않고 자신들끼리 준비할 수 있도록 노력하는 것이 중요하다고 생각합니다. 또한 부모의 경제적인 지원이 있으면 그것에 의존해 버릴 가능성도 있다고 생각합니다.

A2 저는 부모로부터의 경제적인 지원은 받을 수 있는 만큼 받으면 좋다고 생각합니다. 특히 젊은 세대는 가지고 있는 재산이 그다지 많지 않은 경우가 대부분이라고 생각되기 때문에 결혼식이나 신혼여행, 새집 준비 등 결혼할 때 필요한 비용의 전부를 자신들의 돈으로 충당하는 것은 꽤 어려운 일이 아닐까요? 그 때문에 양가 부모로부터 경제적으로 지원해 받을 수 있다면 그 지원을 적극적으로 받고 결혼 후 커리어를 쌓아서 경제적인 여유가 생겼을 때 조금씩 효도를 해 나가는 것이 이상적이라고 생각합니다.

☑ CHECK NOTE

결혼 시 부모의 원조에 대한 찬반 의견을 묻고 있다. 「どう思いますか」(어떻게 생각합니까?)와 같이 생각을 묻고 있으므로 이에 대한 응답도 「～と思います」(～라고 생각합니다)의 형태로 하면 된다. 우선 본인의 의견이 찬성에 가까운지 반대에 가까운지를 결정한 다음, 각각 그렇게 생각하는 이유에 대해 설명을 이어 나가야 한다. 응답예 1의 「そうですね」(글쎄요)는 생각을 정리하면서 말을 고를 때 하기 좋은 표현으로, 뒤에는 찬성과 반대 중 어느 쪽의 의견을 말해도 된다. 응답예 2처럼 처음부터 찬성 의견을 밝힌 경우에는 그 이유와 결혼 후의 계획까지 덧붙여서 보다 구체적인 답변을 만들 수도 있다. 이때 「また」(또한), 「さらに」(게다가), 「それから」(그리고) 등과 같은 접속사를 적절히 사용하면 좀 더 매끄러운 답변이 된다.

어휘 | 結婚(けっこん) 결혼 親(おや) 부모 経済的(けいざいてき)だ 경제적이다 支援(しえん) 지원 受(う)ける 받다 特(とく)に 특히
若(わか)い 젊다 カップル 커플 ～にとって ～에(게) 있어서 非常(ひじょう)に 대단히, 매우 助(たす)かる 도움이 되다
個人的(こじんてき)だ 개인적이다 自立(じりつ) 자립 準備(じゅんび) 준비 理想的(りそうてき)だ 이상적이다 喜(よろこ)んで 기꺼이
場合(ばあい) 경우 感謝(かんしゃ) 감사 受(う)け入(い)れる 받아들이다 最初(さいしょ) 최초, 맨 처음 頼(たよ)る 의지하다
～ことなく ～하지 않고[말고] 自分(じぶん) 자기, 자신, 나 ～たち (사람이나 생물을 나타내는 말에 붙어) ～들 努力(どりょく) 노력
大切(たいせつ)だ 중요하다 依存(いぞん) 의존 ～てしまう ～해 버리다, ～하고 말다 可能性(かのうせい) 가능성
～だけ ～만 ～ばいい ～만큼 ～하면 된다 世代(せだい) 세대 持(も)つ 가지다, 소유하다 財産(ざいさん) 재산 それほど (부정어 수반) 그다지
多(おお)い 많다 ほとんど 대부분 考(かんが)える 생각하다 ～ため(に) ～때문(에) 結婚式(けっこんしき) 결혼식
新婚旅行(しんこんりょこう) 신혼여행 新居(しんきょ) 새집, 새살림 費用(ひよう) 비용 全(すべ)て 모두, 전부 賄(まか)う 충당하다
なかなか 상당히, 꽤 難(むずか)しい 어렵다 そのため 그 때문에 両家(りょうけ) 양가 積極的(せっきょくてき)だ 적극적이다
キャリア 캐리어 重(かさ)ねる (세월·연령을) 쌓다 余裕(よゆう) 여유 生(う)まれる 생기다 ～ずつ ～씩 親孝行(おやこうこう) 효도

ある国では10代の青少年が車の運転をすることが認められていますが、あなたはこのことについて賛成ですか、反対ですか。あなたの考えを話してください。 답변 준비 시간 : 30초

음원 94

応答例

A1 10代の青少年が車を運転することについては、一定のリスクが伴うため、反対です。運転技術があるかどうかだけではなく、判断力や責任能力が十分に育っているかどうかが重要です。大人と同様に運転することができる技術があるとしても、事故が起こった時に必要な判断ができるかどうか、事故に対する責任が取れるかどうかは別問題だと考えられるからです。したがって、私は10代の青少年の運転には、慎重な検討が必要だと思います。

A2 私は賛成します。10代のうちから運転することが可能になることで、早い段階で的確な判断の仕方や交通マナーを身に付けることができ、若いドライバーたちの交通事故も減らすことができると思います。もちろん最初から1人で完璧に運転し、不測の事態にも対応することは難しいでしょうから、保護者や免許保有者が同乗することでサポートしてあげることは必要でしょう。また、近年はバスやトラックなどの運転手が不足するという社会問題も起きていますが、若いうちに大型車の免許も取れるようになれば、このようなドライバー不足の問題にも対処できると考えられます。

답변 시간 : 50초 …… 終わりです

Q 어떤 나라에서는 10대 청소년이 자동차 운전을 하는 것이 인정되고 있는데, 당신은 이 일에 대해 찬성입니까, 반대입니까? 당신의 생각을 말하세요.

A1 10대 청소년이 자동차를 운전하는 것에 대해서는 일정한 위험이 따르기 때문에 반대입니다. 운전 기술이 있는지 어떤지 뿐만 아니라, 판단력과 책임 능력이 충분히 성장해 있는지 어떤지가 중요합니다. 어른과 마찬가지로 운전할 수 있는 기술이 있다고 해도 사고가 났을 때 필요한 판단을 할 수 있는지 어떤지, 사고에 대한 책임을 질 수 있는지 어떤지는 별개의 문제라고 생각되기 때문입니다. 따라서 저는 10대 청소년의 운전에는 신중한 검토가 필요하다고 생각합니다.

A2 저는 찬성합니다. 10대 때부터 운전이 가능해짐으로써 이른 단계에서 정확한 판단 방법과 교통 매너를 익힐 수 있어서 젊은 운전자들의 교통사고도 줄일 수 있다고 생각합니다. 물론 처음부터 혼자서 완벽하게 운전하고, 예측 불허의 사태에도 대응하는 것은 어려울 것이기 때문에, 보호자나 면허 보유자가 동승함으로써 서포트해 주는 것은 필요할 것입니다. 또한 근래에는 버스나 트럭 등의 운전 기사가 부족하다는 사회 문제도 일어나고 있는데, 젊을 때에 대형차 면허도 딸 수 있게 되면 이러한 운전자 부족 문제에도 대처할 수 있을 것으로 생각됩니다.

☑ CHECK NOTE

「賛成ですか、反対ですか」(찬성입니까, 반대입니까?)라고 묻고 있으므로, 「賛成する」(찬성한다), 「反対する」(반대한다)나 「賛成だ」(찬성이다), 「反対だ」(반대이다)처럼 처음부터 확실한 의사 표시를 하고 나서 그렇게 생각하는 구체적인 판단 근거나 이유에 대해 답해야 한다. 이 경우 「~と考えられるからです」(~라고 생각되기 때문입니다), 「동사의 기본형+ことで~できると思います」(~함으로써 ~할 수 있다고 생각합니다)와 같은 표현을 응용하면 좋다. 구체적인 설명을 하고 난 후에는 결론을 말해야 하는데

「したがって」(따라서)와 같은 접속사를 사용하거나 「このような」(이러한), 「このように」(이렇게)와 같은 지시어를 쓰면 자연스럽게 문장을 마무리 지을 수 있다.

어휘 | ある 어떤, 어느 国(くに) 나라 ～代(だい) ～대 青少年(せいしょうねん) 청소년 運転(うんてん) 운전 認(みと)める 인정하다
～について ～에 대해서 賛成(さんせい) 찬성 反対(はんたい) 반대 一定(いってい) 일정 リスク 위험 伴(ともな)う 따르다, 수반하다
～ため(に) ～때문(에) 技術(ぎじゅつ) 기술 ～かどうか ～인지 어떤지, ～일지 어떨지 ～だけではなく ～뿐만 아니라
判断力(はんだんりょく) 판단력 責任(せきにん) 책임 能力(のうりょく) 능력 十分(じゅうぶん)に 충분히
育(そだ)つ 성장하다, 자라다 大人(おとな) 어른 ～と同様(どうよう)に ～와 마찬가지로 동사의 기본형+ことができる ～할 수 있다
～としても ～라고 해도 事故(じこ) 사고 起(お)こる 일어나다, 발생하다 必要(ひつよう)だ 필요하다 判断(はんだん) 판단
取(と)る (책임 등을) 지다, 맡다 別問題(べつもんだい) 별문제, 별개의 문제 考(かんが)える 생각하다 したがって 따라서
慎重(しんちょう)だ 신중하다 検討(けんとう) 검토 うち 동안 可能(かのう)だ 가능하다 早(はや)い 이르다, 빠르다
段階(だんかい) 단계 的確(てきかく)だ 적확[정확]하다 仕方(しかた) 방법 交通(こうつう)マナー 교통 매너
身(み)に付(つ)ける 몸에 익히다, (지식 등을) 익히다, 습득하다 ドライバー 드라이버, (자동차 등의) 운전자 交通事故(こうつうじこ) 교통사고
減(へ)らす 줄이다 もちろん 물론 最初(さいしょ) 최초, 맨 처음 1人(ひとり)で 혼자서 完璧(かんぺき)だ 완벽하다
不測(ふそく) 불측, 예측할 수 없는 것 事態(じたい) 사태 対応(たいおう) 대응 難(むずか)しい 어렵다 保護者(ほごしゃ) 보호자
免許(めんきょ) 면허 保有者(ほゆうしゃ) 보유자 同乗(どうじょう) 동승 ～ことで ～함으로써 サポート 서포트, 지원
～てあげる (내가 남에게, 남이 남에게) ～해 주다 近年(きんねん) 근년, 근래 バス 버스 トラック 트럭 運転手(うんてんしゅ) 운전 기사
不足(ふそく) 부족 社会問題(しゃかいもんだい) 사회 문제 起(お)きる 일어나다, 발생하다 大型車(おおがたしゃ) 대형차
～ようになる ～하게(끔) 되다 *변화 このような 이와 같은 対処(たいしょ) 대처

問題3 オリンピックのような国際イベントを開催することのメリットは何だと思いますか。あなたの考えを話してください。 答변 준비 시간 : 30秒

음원 95

応答例

A1 オリンピックのような国際イベントには、様々なメリットがあると思います。まず、各国の文化交流の促進に大きく寄与します。また、開催国にとっては、その国を訪れる人々が増えることで、観光産業を含む経済的な効果が期待できるでしょう。さらに、スポーツを通じて国際的な友好と理解を深めることができ、世界中の人々に希望や感動を提供する役割を果たします。国際イベントの開催にあたっては、そのような効果を最大化するための計画が必要だと思います。

A2 国際イベントの開催、特にオリンピックのような大規模なスポーツイベントの開催には、多くのメリットがあると言えます。まず、開催国の国際的な認知度が向上し、世界中から注目を集めることができます。これにより、観光業が大きく促進され、経済活動が活発になることが期待されます。また、オリンピックはスポーツを通じて国際的な平和と友好を推進する重要な役割を果たします。競技を通じて異なる国の人々が交流を深めることは、相互理解と尊重の精神を育む絶好の機会になることでしょう。

답변 시간 : 50秒 ‥‥‥ 終わりです

Q 올림픽과 같은 국제 이벤트를 개최하는 것의 장점은 무엇이라고 생각합니까? 당신의 생각을 말하세요.

A1 올림픽과 같은 국제 행사에는 여러 가지 장점이 있다고 생각합니다. 먼저 각국의 문화 교류 촉진에 크게 기여합니다. 또, 개최국에 있어서는 그 나라를 방문하는 사람들이 증가함으로써, 관광 산업을 포함한 경제적인 효과를 기대할 수 있을 것입니다. 나아가 스포츠를 통해서 국제적인 우호와 이해를 깊게 할 수 있어, 전 세계 사람들에게 희망과 감동을 제공하는 역할을 다합니다. 국제 이벤트 개최에 있어서는 그러한 효과를 극대화하기 위한 계획이 필요하다고 생각합니다.

A2 국제 이벤트의 개최, 특히 올림픽과 같은 대규모인 스포츠 이벤트의 개최에는 많은 장점이 있다고 할 수 있습니다. 우선 개최국의 국제적인 인지도가 향상되어 전 세계로부터 주목을 끌 수 있습니다. 이로 인해 관광업이 크게 촉진되고 경제 활동이 활발해질 것으로 기대됩니다. 또한 올림픽은 스포츠를 통해 국제적인 평화와 우호를 추진하는 중요한 역할을 다합니다. 경기를 통해 다른 나라 사람들이 교류를 깊게 하는 것은 상호 이해와 존중의 정신을 키우는 절호의 기회가 될 것입니다.

☑ CHECK NOTE

올림픽 같은 국제 이벤트 개최의 장점에 대해 묻고 있는데, 이런 경우 문제문의 주요 표현인 「オリンピックのような国際イベントを開催する/メリット」(올림픽 같은 국제 이벤트를 개최한다/장점) 등을 활용하고 뒤에 「~があると思います/言えます」(~이 있다고 생각합니다/(말)할 수 있습니다) 같은 표현을 붙이면 자연스럽게 답변을 시작할 수 있다. 이후 구체적으로 장점을 설명할 때는 「~に寄与する」(~에 기여한다), 「명사 수식형+効果が期待できる」(~한 효과를 기대할 수 있다), 「명사 수식형+役割を果たす」(~한 역할을 다한다)와 같은 표현을 적절히 사용하면 좋다. 또한 바로 실현 가능한 장점뿐만 아니라 장기적으로 예상되는 장점에 대해서 말할 때는 「~になることでしょう」(~이 될 것입니다)와 같은 표현을 사용하면 된다.

어휘 | オリンピック 올림픽 명사+の+ような ~와 같은 国際(こくさい) 국제 イベント 이벤트 開催(かいさい) 개최 メリット 장점 様々(さまざま)だ 다양하다, 여러 가지다 まず 우선, 먼저 各国(かっこく) 각국 文化交流(ぶんかこうりゅう) 문화 교류

促進(そくしん) 촉진　大(おお)きく 크게　寄与(きよ) 기여　〜にとっては 〜에 있어서는　国(くに) 나라　訪(おとず)れる 방문하다
人々(ひとびと) 사람들　増(ふ)える 늘다, 늘어나다　〜ことで 〜함으로써　観光産業(かんこうさんぎょう) 관광 산업
含(ふく)む 포함하다　経済的(けいざいてき)だ 경제적이다　効果(こうか) 효과　期待(きたい) 기대　さらに 그 위에　スポーツ 스포츠
〜を通(つう)じて 〜을 통해서　友好(ゆうこう) 우호　理解(りかい) 이해　深(ふか)める 깊게 하다
動詞の기본형+ことができる 〜할 수 있다　世界中(せかいじゅう) 전 세계 *「〜中(じゅう)」- 온〜, 전〜　希望(きぼう) 희망
感動(かんどう) 감동　提供(ていきょう) 제공　役割(やくわり) 역할　果(は)たす 완수하다, 다하다　〜にあたっては 〜함에 있어서는
そのような 그러한　最大化(さいだいか) 최대화, 극대화　計画(けいかく) 계획　大規模(だいきぼ)だ 대규모이다　多(おお)く 많음
認知度(にんちど) 인지도　向上(こうじょう) 향상　注目(ちゅうもく) 주목　集(あつ)める 모으다, (흥미·관심 등을) 집중시키다
観光業(かんこうぎょう) 관광업　経済活動(けいざいかつどう) 경제 활동　活発(かっぱつ)だ 활발하다　平和(へいわ) 평화
推進(すいしん) 추진　重要(じゅうよう)だ 중요하다　競技(きょうぎ) 경기　異(こと)なる 다르다, 같지 않다
交流(こうりゅう) 교류　相互(そうご) 상호　尊重(そんちょう) 존중　精神(せいしん) 정신　育(はぐく)む 키우다, 보호 육성하다
絶好(ぜっこう) 절호　機会(きかい) 기회

LEVEL UP

어휘&표현 ◆「〜にとって」VS「〜において」

「〜にとって」와「〜において」는 둘 다 우리말로 '〜에(게) 있어서'라고 해석되지만 쓰임에는 차이가 있다. 「〜にとって」는 주로 사람이나 단체 등의 입장, 신분 등을 가리키고, 「〜において」는 장소, 상황, 문제 등 객관적인 내용을 가리키는 데 쓰인다.

私(わたし)にとって一番大切(いちばんたいせつ)な存在(そんざい)は家族(かぞく)です。　나에게 있어서 가장 중요한 존재는 가족입니다.
鈴木課長(すずきかちょう)は会社(かいしゃ)にとって欠(か)かせない人材(じんざい)です。　스즈키 과장은 회사에 있어서 없어서는 안 될 인재입니다.
最近(さいきん)は海外(かいがい)においても和食(わしょく)を扱(あつか)う食堂(しょくどう)が増(ふ)えている。
최근에는 해외에 있어서도 일식을 취급하는 식당이 늘고 있다.
今後(こんご)の日本経済(にほんけいざい)において、若者(わかもの)は必要不可欠(ひつようふかけつ)だ。　향후 일본 경제에 있어서 젊은이는 필요 불가결이다.

問題4 大学に入学する時と卒業する時、どちらの条件を難しくする方が、大学での教育において学習成果が見込まれると思いますか。あなたの考えを話してください。 答変 준비 시간 : 30秒

음원 96

応答例

A1 大学の入学基準を厳しくすることは、学生の質を担保する一方で、多様な学生の受け入れが制限される可能性があります。一方、卒業基準を厳しくすることは、学生に対してより高い学習成果を求めることになり、教育の質の向上に寄与すると考えます。そのため、大学における教育の質を高めるためには、卒業する時の条件を難しくする方が効果的だと思います。ただし、学生たちの学習成果を最大化するためには、入学後の教育支援や学習機会の充実といったサポートも必須だと思います。

A2 私は大学の入学基準を厳しくすることが、大学における教育の質を保ち、学習成果を高めるためには有効だと思います。学習に対する意欲と能力が高い学生を選抜することができ、教育効果がより一層高まると考えられます。確かに、卒業する際の基準を厳しくすることによって、入学後に学生たちが一生懸命勉強に励むようになるのだという意見もあるでしょう。しかし、大学での学習に対する意欲や能力がそもそも高い学生たちであれば、卒業する際の基準がどうであるかにかかわらず、入学後、自発的に勉強に打ち込むはずだと思います。

답변 시간 : 50秒 …… 終わりです

Q 대학에 입학할 때와 졸업할 때, 어느 조건을 어렵게 하는 편이 대학에서의 교육에 있어서 학습 성과가 기대된다고 생각합니까? 당신의 생각을 말하세요.

A1 대학 입학 기준을 엄격하게 하는 것은 학생의 질을 담보하는 한편으로, 다양한 학생 수용이 제한될 가능성이 있습니다. 한편, 졸업 기준을 엄격하게 하는 것은 학생에 대해 보다 높은 학습 성과를 요구하는 것이 되어, 교육의 질 향상에 기여한다고 생각합니다. 그 때문에 대학에서 교육의 질을 높이기 위해서는 졸업할 때의 조건을 어렵게 하는 편이 효과적이라고 생각합니다. 다만, 학생들의 학습 성과를 극대화하기 위해서는 입학 후의 교육 지원이나 학습 기회의 충실함과 같은 지원도 필수라고 생각합니다.

A2 저는 대학의 입학 기준을 엄격하게 하는 것이 대학 교육의 질을 유지하고 학습 성과를 높이기 위해서는 효과가 있다고 생각합니다. 학습에 대한 의욕과 능력이 높은 학생을 선발할 수 있고, 교육 효과가 한층 더 높아질 것으로 생각됩니다. 확실히 졸업할 때의 기준을 엄격하게 하는 것에 의해 입학 후에 학생들이 열심히 공부에 힘쓰게 된다는 의견도 있을 것입니다. 하지만 대학에서의 학습에 대한 의욕이나 능력이 애초에 높은 학생들이라면 졸업할 때의 기준이 어떠한지에 관계없이 입학 후, 자발적으로 공부에 몰두할 것이라고 생각합니다.

☑ CHECK NOTE

대학 입학과 졸업에 있어서 어느 쪽의 조건을 더 엄격하게 적용해야 하는지에 대한 의견을 묻고 있다. 이런 문제의 경우 정답이 정해진 것이 아니기 때문에, 얼마나 설득력 있는 내용을 제시하는지에 따라서 평가가 좌우된다. 응답예 1의 경우 입학 기준이 학생의 질을 담보한다는 점은 인정하면서도 결론적으로는 졸업 기준을 엄격하게 해야 한다고 주장하고 있는데, 그 근거로는 학생들의 학습

100

성과를 극대화할 수 있기 때문이라고 말하고 있다. 이때 「一方」(한편), 「そのため」(그 때문에), 「ただし」(다만, 단) 등과 같은 접속사를 적절하게 활용하면 보다 풍성한 답변을 만들 수 있다. 응답예 2의 경우 입학 기준을 엄격하게 해야 한다고 주장하면서도 반대 의견에 대한 견해도 일부 인정하는 태도를 보이고 있다. 이렇게 반론을 함께 다루는 것도 자신의 의견을 보다 논리적으로 주장할 수 있는 방법 가운데 하나다.

어휘 | 大学(だいがく) 대학(교) 入学(にゅうがく) 입학 卒業(そつぎょう) 졸업 どちら 어느 쪽 条件(じょうけん) 조건
難(むずか)しい 어렵다 い형용사의 어간+くする ~하게 하다 教育(きょういく) 교육 ~において ~에 있어서, ~에서
学習(がくしゅう) 학습 成果(せいか) 성과 見込(みこ)む 기대하다, 전망하다, 예상하다 基準(きじゅん) 기준 厳(きび)しい 엄격하다
学生(がくせい) 학생, (특히) 대학생 質(しつ) 질 担保(たんぽ)する 담보하다 ~一方(いっぽう)で ~하는 한편으로
多様(たよう)だ 다양하다 受(う)け入(い)れ 받아들임, 수용 制限(せいげん) 제한 可能性(かのうせい) 가능성 一方(いっぽう) 한편
~に対(たい)して ~에 대해, ~에게 *대상 より 보다 高(たか)い (정도가) 높다 求(もと)める 요구하다
동사의 보통형+ことになる ~하게 되다 向上(こうじょう) 향상 寄与(きよ) 기여 ~における ~(에서)의, ~의 경우의
高(たか)める (정도와 수준을) 높이다 동사의 보통형+ためには ~하기 위해서는 効果的(こうかてき)だ 효과적이다 ただし 다만, 단
最大化(さいだいか) 최대화, 극대화 支援(しえん) 지원 機会(きかい) 기회 充実(じゅうじつ) 충실(함) ~といった ~와 같은
サポート 서포트, 지원 必須(ひっす) 필수 保(たも)つ 유지하다 有効(ゆうこう)だ 유효하다, 효과가 있다 意欲(いよく) 의욕
能力(のうりょく) 능력 選抜(せんばつ) 선발 より一層(いっそう) 한층 더, 보다 더 高(たか)まる (정도와 수준이) 높아지다, 고조되다
確(たし)かに 확실히 ~によって ~에 의해서 際(さい) 때 一生懸命(いっしょうけんめい) 열심히 勉強(べんきょう) 공부
励(はげ)む 힘쓰다 ~ようになる ~하게(끔) 되다 *변화 意見(いけん) 의견 しかし 그러나 ~に対(たい)する ~에 대한
そもそも 애초에 ~にかかわらず ~에 관계없이 自発的(じはつてき)だ 자발적이다 打(う)ち込(こ)む 열중하다, 몰두하다
~はずだ (당연히) ~할 것[터]이다

問題1

あなたは道に迷った子犬を見つけましたが、見ると首輪に飼い主の電話番号が書いてありました。飼い主に電話をかけ状況を説明し待ち合わせの場所と時間を決めてください。 답변 준비 시간 : 30秒

음원 97

応答例

A1 もしもし、こんにちは。迷子の子犬を見つけました。首輪に書いてある番号に電話しています。どこでお会いすれば良いでしょうか。ここは商店街の近くの交差点です。また、来るのにどれくらい時間がかかるか教えていただけますか。

A2 もしもし、いきなりのお電話で失礼いたします。迷子になっていた子犬を保護して、首輪に書いてある番号に電話しております。飼い主の方でお間違いないでしょうか。今、この子は江南駅11番出口前のベンチの辺りに私と一緒にいます。お迎えに来ていただけませんか。それから、こちらまでいらっしゃるのにどれくらい時間がかかりそうかも、お教えいただけますでしょうか。怪我しているところもありませんし、元気そうなので、どうぞご安心ください。

답변 시간 : 40秒 …… 終わりです

Q 당신은 길을 잃은 강아지를 발견했는데, 보니까 목걸이에 주인의 전화번호가 적혀 있었습니다. 주인에게 전화를 걸어 상황을 설명하고 약속 장소와 시간을 정하세요.

A1 여보세요, 안녕하세요. 길을 잃은 강아지를 발견했습니다. 목걸이에 적혀 있는 번호로 전화하고 있습니다. 어디서 만나 뵈면 좋을까요? 이곳은 상점가 근처의 교차로입니다. 또 오는 데 얼마나 시간이 걸릴지 알려 주실 수 있나요?

A2 여보세요, 갑작스러운 전화로 실례합니다. 길을 잃고 있던 강아지를 보호하고 목걸이에 적힌 번호로 전화하고 있습니다. 주인 분임이 틀림없으시죠? 지금 이 아이는 강남역 11번 출구 앞 벤치 근처에 저와 함께 있습니다. 데리러 와 주시지 않겠습니까? 그리고 여기까지 오시는 데 얼마나 시간이 걸릴 것 같을지도 알려 주실 수 있으실까요? 다친 곳도 없고 건강해 보이니까 부디 안심하세요.

☑ CHECK NOTE

제6부에서는 주어진 상황을 정확히 파악하는 것이 중요하다. 이 문제에서는 길 잃은 강아지를 발견하고 그 주인에게 전화를 걸어 현재 상황을 설명하고 있다. 따라서 통화 상대가 일면식도 없는 사람이라는 점에 주의해야 한다. 먼저 「もしもし」(여보세요)로 말문을 튼 후, 왜 전화를 한 것인지 그 이유를 명확하고 간결하게 전달할 필요가 있다. 이때 「いきなりのお電話で失礼いたします」(갑작스러운 전화로 실례합니다)와 같은 표현을 덧붙이면 더욱 공손한 답변이 된다. 또한 모르는 사람과 대화하는 상황이므로 경어를 적절히 사용하는 것이 좋은데, 응답예 2처럼 겸양표현을 써서 부탁하면 더 높은 점수를 얻을 수 있다.

어휘 | 道(みち)に迷(まよ)う 길을 잃다 子犬(こいぬ) 강아지 見(み)つける 찾(아내)다, 발견하다 見(み)る 보다 ～と ～하자, ～하니
首輪(くびわ) (개・고양이의) 목걸이 飼(か)い主(ぬし) 사육주, 주인 電話番号(でんわばんごう) 전화번호 書(か)く (글씨・글을) 쓰다
타동사+てある ～해져 있다 *상태표현 電話(でんわ)をかける 전화를 걸다 状況(じょうきょう) 상황
待(ま)ち合(あ)わせ (때와 장소를 미리 정하고) 약속하여 만나기로 함 時間(じかん) 시간 決(き)める 정하다, 결정하다
もしもし 여보세요 *전화할 때 씀 こんにちは 안녕하세요 *점심 인사 迷子(まいご) 미아
お+동사의 ます형+する ～하다, ～해 드리다 *겸양표현 会(あ)う 만나다 商店街(しょうてんがい) 상점가 近(ちか)く 근처
交差点(こうさてん) 교차로 来(く)る 오다 どれくらい 얼마나 かかる (시간이) 걸리다 教(おし)える 가르치다, 알려 주다
～ていただけますか (남에게) ～해 받을 수 있습니까?, (남이) ～해 주실 수 있습니까? いきなり 갑작스러움 失礼(しつれい) 실례
保護(ほご) 보호 ～ておる ～하고 있다 *「～ている」의 겸양표현 方(かた) 분 間違(まちが)いない 틀림없다 今(いま) 지금
出口(でぐち) 출구 ベンチ 벤치 辺(あた)り 근처, 부근, 주변 一緒(いっしょ) 함께, 같이 迎(むか)える (사람 등을) 맞다, 맞이하다
동사의 ます형+に ～하러 *동작의 목적 それから 그리고 いらっしゃる 오시다 *来(く)る (오다)의 존경어
동사의 ます형/な형용사의 어간+そうだ ～일[할] 것 같다 *추측・양태 怪我(けが) 상처, 부상, 다침 ところ 부분, 데 ～し ～고
元気(げんき)だ 건강하다, 활기차다 どうぞ 부디 ご+한자 명사+ください ～하십시오 *존경표현 安心(あんしん) 안심

LEVEL UP

어휘&표현 ◆ 부탁이나 의뢰를 나타내는 표현 ②

▶ **～ていただけますか** : (남에게) ～해 받을 수 있습니까?, (남이) ～해 주실 수 있습니까?

  *더 공손한 표현으로는 「～ていただけませんか」((남에게) ～해 받을 수 없습니까?, (남이) ～해 주시지 않겠습니까?)가 있음

  もう一度説明していただけますか。 한 번 더 설명해 주실 수 있습니까?

  ソウル駅までの道を教えていただけますか。 서울역까지의 길을 알려 주실 수 있습니까?

  すみませんが、写真を撮っていただけませんか。 실례합니다만, 사진을 찍어 주시지 않겠습니까?

▶ **お+동사의 ます형+いただけますでしょうか/ご+한자 명사+いただけますでしょうか**

  : (남에게) ～해 받을 수 있을까요?, (남이) ～해 주실 수 있을까요?

  身分証明書をお見せいただけますでしょうか。 신분증을 보여 주실 수 있을까요?

  こちらの書類をご準備いただけますでしょうか。 이 서류를 준비해 주실 수 있을까요?

問題2

あなたは友達に今夜一緒に映画を見に行こうと誘われましたが、すでに見た映画です。友達に状況を説明し他のことをするように提案してください。

답변 준비 시간 : 30秒

応答例

A1 おもしろそうだね。ありがとう。でも、実はその映画はすでに見たんだ。もしよかったら別の映画を見るか、他のことをしない？ カフェに行くのもいいと思う。前に駅前に新しくできたカフェ、気になるって言ってたよね。そこに行ってみない？

A2 誘ってくれてありがとう。でも、実はその映画はすでに見ちゃったんだ。悪いんだけど、昨日公開されたばかりの別の映画を見に行くか、他のことをするのはどうかな？ 例えば、この前言ってた駅前に新しくできたカフェに行ってみるとか、久しぶりにボーリングに行くとか、どう？ もしよかったら、私が予約しておくよ。新しくできたカフェは前もって予約してから行くと、アイスアメリカーノが1杯無料なんだって。ブログで読んだんだけど、チーズケーキとかフルーツパフェがおいしそうだったよ。

답변 시간 : 40秒 …… 終わりです

Q 당신은 친구에게 오늘 밤 함께 영화를 보러 가자고 권유받았지만 이미 본 영화입니다. 친구에게 상황을 설명하고 다른 것을 하도록 제안하세요.

A1 재미있겠네. 고마워. 근데 실은 그 영화는 이미 봤거든. 혹시 괜찮다면 다른 영화를 보거나 다른 걸 하지 않을래? 카페에 가는 것도 좋을 것 같아. 전에 역 앞에 새로 생긴 카페 궁금하다고 했지? 거기에 가 보지 않을래?

A2 권유해 줘서 고마워. 근데 실은 그 영화는 이미 봐 버렸거든. 미안한데, 어제 막 개봉한 다른 영화를 보러 가거나 다른 걸 하는 건 어떨까? 예를 들어 저번에 말했던 역 앞에 새로 생긴 카페에 가 본다든지 오랜만에 볼링 치러 간다든지 어때? 혹시 괜찮으면 내가 예약해 놓을게. 새로 생긴 카페는 미리 예약하고 가면 아이스 아메리카노가 한 잔 무료래. 블로그에서 읽었는데 치즈케이크라든가 과일 파르페가 맛있어 보이더라.

☑ CHECK NOTE

이 문제의 상황은 친구의 제안을 우회적으로 거절하고 새로운 제안을 하는 장면이다. 먼저 친구가 권유해 준 것에 대해 감사를 표한 다음, 이미 그 영화를 봤다는 사실을 알리고 대안을 제시하면 된다. 「実は」(실은)와 같은 부사를 쓴 후 이미 그 영화를 봤다고 말해도 좋다. 대안을 제시할 때는 「～ない？」(～하지 않을래?), 「～のはどう？」(～하는 건 어때?), 「～のはどうかな？」(～하는 건 어떨까?) 등과 같이 다양한 표현을 쓸 수 있다. 또한 「もしよかったら～」(혹시 괜찮으면～)와 같은 표현을 덧붙이면 좀 더 상대방을 배려하는 응답이 될 것이다. 더 높은 점수를 노린다면 응답예 2처럼 친구의 선택을 돕기 위한 상세한 정보를 제공하는 것도 좋다. 문장 끝에 「～って」(～대, ～래)를 붙이면 전문의 뜻을 나타낼 수 있고, 종조사 「よ」를 붙이면 정보를 제공하는 뉘앙스가 더해진다. 이러한 표현들은 상황에 따라서 적절하게 사용하면 보다 풍부한 문장을 만들 수 있다.

어휘 | 友達(ともだち) 친구 今夜(こんや) 오늘 밤 一緒(いっしょ)に 함께, 같이 映画(えいが) 영화 見(み)る 보다
동사의 ます형/동작성 명사+に ~하러 *동작의 목적 誘(さそ)う 권하다, 권유하다, 부르다 すでに 이미 他(ほか) 다른 (것)
提案(ていあん) 제안 おもしろい 재미있다 い형용사의 어간+そうだ ~일[할] 것 같다, ~해 보이다 *추측·양태 ありがとう 고마워
実(じつ)は 실은 もし 만약, 혹시, 만일 別(べつ) 다름 カフェ 카페 前(まえ) 전, 이전, 예전 駅前(えきまえ) 역 앞 新(あたら)しい 새롭다
できる (일·무엇이) 생기다 気(き)になる 궁금하다 ~って ~라고 言(い)う 말하다 ~てくれる (남이 나에게) ~해 주다
~ちゃう ~해 버리다, ~하고 말다 *「~てしまう」의 축약형 悪(わる)い 미안하다 昨日(きのう) 어제 公開(こうかい) 공개
동사의 た형+ばかり 막 ~한 참임 ~かな (문말에 붙여서 의문의) ~할까? 例(たと)えば 예를 들면 この前(まえ) 일전, 요전
~とか ~라든가, ~든지 久(ひさ)しぶりだ 오랜만이다 ボーリング 볼링 前(まえ)もって 미리 予約(よやく) 예약
~てから ~하고 나서, ~한 후 アイスアメリカーノ 아이스 아메리카노 1杯(いっぱい) 한 잔 *「~杯(はい)」 - ~잔 無料(むりょう) 무료
~って ~대, ~래 ブログ 블로그 読(よ)む 읽다 チーズケーキ 치즈케이크 フルーツパフェ 과일 파르페

기출문제

02

LEVEL UP

어휘&표현 ◆ 조수사 ②

| ~杯(はい)(잔) |

1杯	いっぱい	5杯	ごはい	9杯	きゅうはい
2杯	にはい	6杯	ろっぱい	10杯	じ(ゅ)っぱい
3杯	さんばい	7杯	ななはい	11杯	じゅういっぱい
4杯	よんはい	8杯	はっぱい	何杯	なんばい

問題 3

あなたはアルバイトをする予定の日に面接が入りました 음원 99
が、店長にスケジュールを調整してもらい無事に面接を
受けることができました。店長にお礼を言ってください。

답변 준비 시간 : 30秒

応答例

A1 店長、お疲れ様です。先日はスケジュールを調整していただきありがとうございました。お
かげ様で無事に面接を受けることができました。結果はまだ出ていないのですが、手応えが
良かったので、大学の卒業までには就職できそうです。ありがとうございます。

A2 店長、お疲れ様です。先日はお忙しい中、スケジュールを調整していただき、本当にありが
とうございました。おかげ様で無事に面接を受けに行くことができました。大学生活で力を
入れたことは何かと聞かれて、この店でバイトをしながら得られた経験のことについて話し
たのですが、高く評価していただくことができました。これも店長のおかげだと思っていま
す。面接の結果はまだわからないのですが、結果が出たら店長にもお知らせいたします。引
き続きよろしくお願いいたします。

답변 시간 : 40秒 …… 終わりです

Q 당신은 아르바이트를 할 예정인 날에 면접이 들어왔지만, 점장님이 스케줄을 조정해 줘서 무사히 면접을 볼 수 있었습니다. 점장
님에게 감사 인사를 하세요.

A1 점장님, 수고 많으십니다. 요전에 스케줄을 조정해 주셔서 감사했습니다. 덕분에 무사히 면접을 볼 수 있었습니다. 결과는 아
직 나오지 않았습니다만, 반응이 좋았기 때문에 대학 졸업 전까지는 취직할 수 있을 것 같습니다. 감사합니다.

A2 점장님, 수고 많으십니다. 요전에 바쁘신 와중에 스케줄을 조정해 주셔서 정말 감사했습니다. 덕분에 무사히 면접을 보러 갈
수 있었습니다. 대학생활에서 주력한 것이 무엇이냐고 물어서 이 가게에서 아르바이트를 하면서 얻은 경험에 대해서 이야기
를 했는데 높은 평가를 받을 수 있었습니다. 이것도 점장님 덕분이라고 생각합니다. 면접 결과는 아직 모르겠습니다만, 결과
가 나오면 점장님께도 알려 드리겠습니다. 계속해서 잘 부탁드립니다.

☑ **CHECK NOTE**

이 문제는 아르바이트를 하고 있는 가게에서 면접 일정의 편의를 봐 준 점장에게 감사 인사를 하는 상황이다. 따라서 「〜ていただ
く」((남에게) 〜해 받다, (남이) 〜해 주시다), 「お+동사의 ます형+いたす」(〜하다, 〜해 드리다)와 같은 겸양표현을 써서 공손한
태도를 보이는 것이 중요하다. 응답예 1과 2는 모두 우선 스케줄을 조율해 준 것에 대한 감사 인사를 하고 있다. 그 다음 응답예 1
은 면접 후 합격에 대한 기대감을 표시하고 있는 반면, 응답예 2에서는 면접에서 아르바이트를 통해 얻은 경험을 말할 수 있었다고
설명했다. 그런 다음 앞으로도 잘 부탁드린다는 내용까지 말하면서 점장에 대한 고마움을 표시하고 있다.

어휘 | アルバイト 아르바이트　予定(よてい) 예정　日(ひ) 날　面接(めんせつ) 면접 *「面接(めんせつ)を受(う)ける」– 면접을 보다
入(はい)る 들어오다　店長(てんちょう) 점장　スケジュール 스케줄　調整(ちょうせい) 조정
〜てもらう (남에게) 〜해 받다, (남이) 〜해 주다　無事(ぶじ)に 무사히　동사의 기본형+ことができる 〜할 수 있다　お礼(れい) 감사 (인사)

お疲(つか)れ様(さま)です 수고[고생] 많으십니다　先日(せんじつ) 요전, 일전　おかげ様(さま)で 덕분에　結果(けっか) 결과
まだ 아직　出(で)る 나오다　手応(てごた)え (언행에 대한) 반응, 호응　大学(だいがく) 대학(교)　卒業(そつぎょう) 졸업
〜までには 〜까지는 *최종 기한　就職(しゅうしょく) 취직　동사의 ます형+そうだ 〜일[할] 것 같다 *추측·양태
忙(いそが)しい 바쁘다　中(なか) 어떤 일이 일어나 아직 끝나지 않은 사이, 어떤 상태에 있는 그 사이　本当(ほんとう)に 정말로
동사의 ます형+に 〜하러 *동작의 목적　生活(せいかつ) 생활　力(ちから)を入(い)れる 주력하다　何(なに)か 무엇인가, 무언가
聞(き)く 묻다　店(みせ) 가게　バイト 아르바이트 *『アルバイト』의 준말　동사의 ます형+ながら 〜하면서 *동시동작　得(え)る 얻다
経験(けいけん) 경험　〜について 〜에 대해서　高(たか)い 높다　評価(ひょうか) 평가　わかる 알다, 이해하다
お+동사의 ます형+いたす 〜하다, 〜해 드리다 *겸양표현　知(し)らせる 알리다　引(ひ)き続(つづ)き 계속해서　よろしく 잘
願(ねが)う 부탁하다

LEVEL UP

어휘＆표현 ◆ 겸양표현 ①

▶ **お+동사의 ます형+する[いたす]/ご+한자 명사+する[いたす]** : 〜하다, 〜해 드리다

  *「する」(하다)의 겸양어인 「いたす」를 쓰면 더 공손한 느낌이 듦

  お釣(つ)りの1,000円(えん)をお返(かえ)しします[いたします]。 거스름돈 1000엔을 돌려 드리겠습니다.

  お荷物(にもつ)をお持(も)ちしましょうか[いたしましょうか]。 짐을 들어 드릴까요?

  その件(けん)に関(かん)しては、後程(のちほど)詳細(しょうさい)にご説明(せつめい)します[いたします]。
  그 건에 관해서는 나중에 상세히 설명드리겠습니다.

음원 100

답변 준비 시간 : 30秒

応答例

A1

① 二人の子供たちがプールにいます。主人公の子はプールの外で一歩も進めずにいます。友達は上手に泳いでいて、それを主人公の子はうらやましく見ています。

② 子供は家に帰ってきましたが、落ち込んでいます。その様子を見ているお父さんは、心配そうにしています。

③ お父さんは子供とプールに行き、練習を一緒にしてあげることにしました。ビート板を使って、猛練習しています。

④ 練習の成果が出て、主人公の子は友達とほぼ同じくらい上手に泳いでいます。お父さんもその様子を見守りながら、嬉しそうにしています。

A2

屋内プールに二人の子供がいます。主人公の友達は自由自在に泳いでいますが、主人公の子供は浮き輪を持ってはいますが、泳げずに足が震えています。上手に友達が泳いでいる姿を見て、自分も同じように泳げたらいいなと思っているようです。そして家に帰りましたが、あまり気分がよくありません。家で子供の帰りを待っていたお父さんはその様子が気にかかりました。子供のために何かをしてあげたいお父さんはふと思いつきました。次の日からお父さんは子供と一緒にプールへ行き、水泳の練習を手伝ってあげることにしました。慣れないうちはお父さんも一緒に水の中に入って、ビート版を使って、子供の前に立って手伝ってあげながら前に進む練習をしました。お父さんの助けもあり、子供は一生懸命取り組みました。来る日も来る日も練習をし

て、ようやく友達と同じくらいの実力まで上達しました。上手に泳げるようになった主人公を見て、友達は少しびっくりしているようです。お父さんも自信を持って泳いでいる我が子の姿を見てとても嬉しそうにしています。

답변 시간 : 90秒 …… 終わりです

A1

① 아이들 둘이 수영장에 있습니다. 주인공 아이는 수영장 밖에서 한 걸음도 나아가지 못하고 있습니다. 친구는 능숙하게 헤엄치고 있고, 그것을 주인공 아이는 부럽게 보고 있습니다.

② 아이는 집에 돌아왔지만 침울해져 있습니다. 그 모습을 보고 있는 아버지는 걱정스러운 것 같습니다.

③ 아버지는 아이와 수영장에 가서 연습을 같이 해 주기로 했습니다. 비트판을 사용해서 맹연습하고 있습니다.

④ 연습의 성과가 나와서, 주인공 아이는 친구와 거의 같은 정도로 잘 헤엄치고 있습니다. 아버지도 그 모습을 지켜보면서 기쁜 것 같습니다.

A2

실내 수영장에 두 아이가 있습니다. 주인공의 친구는 자유자재로 헤엄치고 있는데, 주인공인 아이는 튜브를 들고는 있지만 헤엄치지 못하고 다리가 떨리고 있습니다. 능숙하게 친구가 수영하고 있는 모습을 보고, 자기도 똑같이 헤엄칠 수 있으면 좋겠다고 생각하고 있는 것 같습니다. 그리고 집에 돌아왔는데 기분이 별로 좋지 않습니다. 집에서 아이의 귀가를 기다리고 있던 아버지는 그 모습이 마음에 걸렸습니다. 아이를 위해서 뭔가를 해 주고 싶은 아버지는 문득 생각이 떠올랐습니다. 다음날부터 아버지는 아이와 함께 수영장에 가서 수영 연습을 도와주기로 했습니다. 숙달되기 전에는 아버지도 함께 물 속에 들어가 비트판을 사용하여 아이 앞에 서서 도와주면서 앞으로 나아가는 연습을 했습니다. 아버지의 도움도 있고 해서 아이는 열심히 몰두했습니다. 다음날도 다음날도 연습을 해서 겨우 친구와 같은 정도의 실력까지 향상되었습니다. 잘 헤엄칠 수 있게 된 주인공을 보고 친구는 조금 놀란 것 같습니다. 아버지도 자신감을 가지고 수영하고 있는 내 아이의 모습을 보고 매우 기쁜 것 같습니다.

☑ CHECK NOTE

제7부에서 높은 점수를 받으려면 그림 안의 내용을 하나도 빠뜨리지 않고 표현하는 것이 중요하다. 먼저 그림을 보고 장면별로 어떤 상황인지 정리한 다음 기승전결을 갖춰 말할 내용을 생각하도록 하자. 응답예 1처럼 그림을 하나씩 따로따로 설명해도 되고, 2처럼 연속된 이야기로 말해도 된다.

어휘 | 二人(ふたり) 둘, 두 사람 子供(こども) 아이 ~たち (사람이나 생물을 나타내는 말에 붙어) ~들 プール 수영장
主人公(しゅじんこう) 주인공 一歩(いっぽ) 일보, 한 걸음 進(すす)む 나아가다 ~ず(に) ~하지 않고[말고] 友達(ともだち) 친구
上手(じょうず)だ 능숙하다, 잘하다 泳(およ)ぐ 헤엄치다, 수영하다 うらやましい 부럽다 見(み)る 보다 家(いえ) 집
帰(かえ)る 돌아오다 落(お)ち込(こ)む (기분이) 침울해지다 様子(ようす) 모습 心配(しんぱい)だ 걱정스럽다
な형용사/い형용사의 어간+そうにする ~인 것 같다, ~인 듯한 상태로 보이다 練習(れんしゅう) 연습 一緒(いっしょ)に 함께, 같이
~てあげる (내가 남에게, 남이 남에게) ~해 주다 동사의 보통형+ことにする ~하기로 하다
ビート板(ばん) 비트판, (수영에서) 발장구 연습용 널 使(つか)う 쓰다, 사용하다 猛練習(もうれんしゅう) 맹연습 成果(せいか) 성과
出(で)る 나오다 ほぼ 거의 同(おな)じだ 같다 ~くらい ~정도 見守(みまも)る 지켜보다 동사의 ます형+ながら ~하면서 *동시동작
嬉(うれ)しい 기쁘다 屋内(おくない) 옥내, 실내 自由自在(じゆうじざい)だ 자유자재다 浮(う)き輪(わ) 튜브 持(も)つ 가지다, 들다
足(あし) 다리 震(ふる)える (두려움·추위·긴장·병 등으로) 떨리다 姿(すがた) 모습 自分(じぶん) 자기, 자신, 나 ~ようだ ~인 것 같다
そして 그리고 あまり (부정어 수반) 그다지, 별로 気分(きぶん) 기분 帰(かえ)り 돌아옴, 돌아감, 귀가 待(ま)つ 기다리다
気(き)にかかる 마음에 걸리다 명사+の+ために ~을 위해서 동사의 ます형+たい ~하고 싶다 ふと 문득 思(おも)いつく 생각해 내다
次(つぎ) 다음 日(ひ) 날 手伝(てつだ)う 돕다, 도와주다 慣(な)れる 숙달되다 うち 동안, 사이 前(まえ) (공간적인) 앞 立(た)つ 서다
助(たす)け 도움 一生懸命(いっしょうけんめい) 열심히 取(と)り組(く)む 몰두하다 来(く)る日(ひ) 내일, 다음날 ようやく 겨우, 간신히
実力(じつりょく) 실력 上達(じょうたつ)する 숙달되다, 향상되다 ~ようになる ~하게(끔) 되다 *변화 びっくりする 깜짝 놀라다
自信(じしん) 자신, 자신감 我(わ)が子(こ) 내 아이

기출
문제
해설

03

第1部 自己紹介 | 자기소개

だい いち ぶ　じ こ しょうかい

問題1 お名前は何とおっしゃいますか。　답변 준비 시간 : 0秒

なまえ　なん

음원 101

応答例

A1 ジョン・ユンソンです。

A2 ジョン・ユンソンと申します。

もう

답변 시간 : 10秒 …… 終わりです

Q 성함은 어떻게 되십니까?

　A1 정윤성입니다.

　A2 정윤성이라고 합니다.

☑ CHECK NOTE

이름을 물었을 때는 되도록 간결하게 대답하는 것이 좋은데, 가장 쉬운 방법은 「이름＋です」(이름＋입니다)의 형태로 말하는 것이다. 굳이 「私の名前は～」(제 이름은～)라고 할 필요는 없다는 점을 기억해 두자. 만약 이보다 더 공손하게 말하고 싶은 경우에는 겸양 표현을 써서 「이름＋と申します」(이름＋라고 합니다)라고 대답하면 된다. 또한 일본에서는 성(姓)과 이름을 함께 말하지 않고 성(姓)만 말하는 것이 일반적이므로, 「ジョンです / ジョンと申します」(정윤성입니다 / 정윤성이라고 합니다)라고 답해도 된다.

わたし　な まえ

もう

어휘 | 名前(なまえ) 이름, 성명 *「お名前(なまえ)」- 성함　何(なん)と 뭐라고　おっしゃる 말씀하시다 *「言(い)う」(말하다)의 존경어
～と申(もう)す ～라고 하다 *「～と言(い)う」의 겸양표현

112

음원 102

問題2 どこに住んでいますか。 답변 준비 시간 : 0秒

기출문제

03

応答例

A1 釜山に住んでいます。

A2 韓国の南の方にある釜山というところに住んでいます。

답변 시간 : 10秒 …… 終わりです

Q 어디에 살고 있습니까[삽니까]?

A1 부산에 살고 있습니다[삽니다].

A2 한국의 남쪽에 있는 부산이라는 곳에 살고 있습니다[삽니다].

☑ CHECK NOTE

사는 곳을 묻는 질문에 대해서도 이름과 마찬가지로 「장소+です」(장소+입니다)라고 대답하는 것이 가장 쉽고 무난하다. 또는 「장소+に住んでいます」(장소+에 살고 있습니다[삽니다])의 형태로 「住む」(살다, 거주하다) 동사를 활용해서 대답해도 된다. 단, 이 때 조사는 반드시 「~に」(~에)를, 서술어로는 상태를 나타내는 「~ている」의 형태로 쓴다는 점에 주의하자. 일본인들에게 생소한 지명으로 답할 경우에는 응답예 2처럼 구체적인 정보를 추가해 주는 것이 좋다.

어휘 | 韓国(かんこく) 한국 南(みなみ) 남쪽 方(ほう) 방향, 쪽 ~という ~라고 하는, ~라는 ところ 장소, 곳

問題3 誕生日はいつですか。　답변 준비 시간 : 0秒

応答例

A1 8月1日です。

A2 2002年5月 3 1日です。

답변 시간 : 10秒 ······ 終わりです

Q 생일은 언제입니까?

A1 8월 1일입니다.

A2 2002년 5월 31일입니다.

☑ CHECK NOTE

생일을 말하는 가장 쉬운 방법은 역시 「생일+です」(생일+입니다)이다. 이때 주의해야 할 점은 일본어로 날짜를 정확하게 말해야 한다는 점이다. '월'은 「숫자+月」(숫자+월)의 형태로 말하면 되고, '일'은 보통 「숫자+日」(숫자+일)라고 읽지만, '1일~10일, 14일, 20일, 24일'은 따로 읽는 법이 있기 때문에 사전에 확인해 둘 필요가 있다. 응답예 1처럼 태어난 달과 날짜만 말해도 상관없지만, 응답예 2처럼 나이를 알 수 있도록 출생연도까지 말하는 것도 좋다. (날짜 읽기는 P.19 참조)

어휘 | 誕生日(たんじょうび) 생일 いつ 언제 ~月(がつ) ~월 1日(ついたち) 1일 ~年(ねん) ~년 ~日(にち) ~일

問題4 趣味は何ですか。 답변 준비 시간 : 0秒

음원 104

기출문제

03

応答例

A1 旅行することが好きです。

A2 アウトドアが好きなのですが、特にキャンプが好きです。

답변 시간 : 10秒 …… 終わりです

Q 취미는 무엇입니까?

A1 여행하는 것을 좋아합니다.

A2 야외활동을 좋아하는데, 특히 캠핑을 좋아합니다.

☑ CHECK NOTE

취미를 묻는 질문에 쉽게 답하는 방법은 역시 「명사+です」(명사+입니다), 혹은 「동사의 기본형+ことです」(~하는 것입니다)라고 말하는 것이다. 또는 「명사+が好きです」(~을 좋아합니다)나 「동사의 기본형+ことが好きです」(~하는 것을 좋아합니다) 문형을 이용해서 답해도 된다. 응답예 2처럼 「特に」(특히)와 같은 부사를 써서 구체적인 설명을 덧붙이는 것도 좋다. 단, 답변 시간은 10초로 제한되므로 주어진 시간 내에 간결하게 답할 수 있도록 연습해 두자. (취미표현은 P.21 참조)

어휘 | 趣味(しゅみ) 취미 旅行(りょこう) 여행 好(す)きだ 좋아하다 アウトドア 야외활동 *「アウトドアアクティビティー」의 준말
特(とく)に 특히 キャンプ 캠핑 (=キャンピング)

115

問題 1

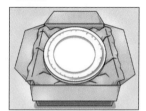

はこ なか なに はい
箱の中には何が入っていますか。

답변 준비 시간 : 3秒

음원 105

応答例

しろ さら
A1 白い皿です。

はこ なか しろ まる さら はい
A2 箱の中には白くて丸い皿が入っています。

답변 시간 : 6秒 ······ 終わりです

Q 상자 안에는 무엇이 들어 있습니까?

A1 하얀 접시입니다.

A2 상자 안에는 하얗고 둥근 접시가 들어 있습니다.

☑ CHECK NOTE

상자 안의 물건에 대해 묻고 있으므로, 그 물건의 명칭, 또는 모양이나 상태 등에 대해 설명하는 답변이 와야 한다. 가장 간단한 답변은 그 사물을 지칭하는 명사를 써서 「명사+です」(명사+입니다)라고 하면 된다. 또는 질문에 사용된 표현을 살려 「명사+が入っ
はい
ています」(명사+이 들어 있습니다)라고 하면 좀 더 긴 답변을 만들 수 있는데, 여기에 사물의 모양이나 색깔처럼 구체적인 설명을 덧붙이면 고득점을 노릴 수 있다. 색깔이나 모양을 나타내는 형용사나 명사는 문장을 풍성하게 만드는 데 없어서는 안 될 요소이므로, 평소에 관련 어휘를 미리 익혀두도록 하자.

어휘 | 箱(はこ) 상자 中(なか) 안 何(なに) 무엇 入(はい)る 들다 白(しろ)い 희다, 하얗다 皿(さら) 접시 丸(まる)い 동그랗다

어휘&표현 ◆ 색깔&모양

| 색깔 |

赤い/赤 빨갛다/빨강

青い/青 파랗다/파랑

黒い/黒 검다/검정

白い/白 희다, 하얗다/흰색

黄色い/黄色 노랗다/노랑

茶色い/茶色 갈색이다/갈색

緑(色) 녹색

紫 보라

空色 하늘색

紺色·ネイビー 남색

灰色·グレー 회색

ピンク 핑크, 분홍

オレンジ 오렌지, 주황

| 모양 |

丸い/丸 둥글다/동그라미, 둥근 모양

四角い/四角 네모나다/네모

三角 세모

座っている人は何人ですか。

답변 준비 시간 : 3秒

応答例

A1 一人です。

A2 ベンチに座っている人は男の人一人です。

답변 시간 : 6秒 ······ 終わりです

Q 앉아 있는 사람은 몇 명입니까?

A1 한 명입니다.

A2 벤치에 앉아 있는 사람은 남자 한 명입니다.

☑ CHECK NOTE

「何人ですか」(몇 명입니까?)는 인원수를 묻는 문제로, 역시 「명사+です」(명사+입니다)라고 답하는 것이 가장 간단한 방법이다. 보통 인원수는 「숫자+人」(숫자+명)처럼 세지만, 「一人」(한 명), 「二人」(두 명)처럼 특수하게 읽는 경우도 있으므로 주의해야 한다. 그리고 고득점을 얻기 위해서는 좀 더 구체적인 설명이 필요한데, 그 사람이 앉아 있는 위치나 성별 등을 추가하면 된다. 응답예 2 처럼 질문에 나오는 표현을 응용한 「~に座っている人」(~에 앉아 있는 사람)에 「男の人一人」(남자 한 명)라는 설명을 추가하면 하나의 문장으로 답할 수 있다.

어휘 | 座(すわ)る 앉다 人(ひと) 사람 何人(なんにん) 몇 명 一人(ひとり) 한 명 ベンチ 벤치 男(おとこ)の人(ひと) 남자

어휘 & 표현 ◆ 조수사 ③

| ~人(명) |

1人	ひとり	5人	ごにん	9人	きゅうにん
2人	ふたり	6人	ろくにん	10人	じゅうにん
3人	さんにん	7人	しちにん・ななにん	11人	じゅういちにん
4人	よにん	8人	はちにん	何人	なんにん

問題3

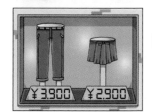

どちらの方が高いですか。

답변 준비 시간 : 3秒

応答例

A1 ズボンの方が高いです。

A2 スカートよりズボンの方が1,000円高いです。

답변 시간 : 6秒 …… 終わりです

Q 어느 쪽이 비쌉니까?

A1 바지 쪽이 비쌉니다.

A2 치마보다 바지 쪽이 1,000엔 비쌉니다.

✅ CHECK NOTE

「どちらの方が〜ですか」(어느 쪽이 (더) 〜입니까?)는 비교를 묻는 질문이다. 「명사+です」(명사+입니다)가 가장 간단한 답변인데, 이 답변으로는 최소한의 점수만 받을 수 있다. 더 높은 점수를 받기 위해서는 「〜の方が〜です」(〜쪽이 (더) 〜입니다)의 형태로 대답해야 한다. 응답예 2처럼 비교를 나타내는 「〜より」(〜보다)라는 표현을 쓰는 것도 좋다. 또한 구체적인 수치를 나타낼 수 있는 가격이나 길이, 무게 등의 경우에는 그 차이를 정확한 숫자로 표현한다면 좀 더 높은 평가를 받을 수 있다. 이 경우 숫자 읽기는 물론이고, 질문의 내용에 따라 「円/センチ/キロ」(엔/센티/킬로)처럼 정확한 단위를 붙여서 말해야 한다는 점에 주의하자.

어휘ㅣ どちら 어느 쪽 方(ほう) 편, 쪽 高(たか)い (값이) 비싸다 ズボン 바지 スカート 치마 円(えん) 엔 *일본의 화폐 단위

問題 4

男<small>おとこ</small>の人<small>ひと</small>は何<small>なに</small>をしていますか。

답변 준비 시간 : 3秒

음원 108

応答例

A1 ピアノを弾<small>ひ</small>いています。

A2 男<small>おとこ</small>の人<small>ひと</small>はピアノを演奏<small>えんそう</small>しています。

답변 시간 : 6秒 …… 終わりです

Q 남자는 무엇을 하고 있습니까?

A1 피아노를 치고 있습니다.

A2 남자는 피아노를 연주하고 있습니다.

☑ CHECK NOTE

무엇을 하고 있는지를 묻는 문제는 인물의 행위에 어울리는 동사를 사용하는 것이 중요하다. 그림의 「ピアノ」(피아노)의 경우, 응답예 1의 「弾<small>ひ</small>く」((악기를) 연주하다, 켜다, 치다, 타다)나 응답예 2의 「演奏<small>えんそう</small>する」(연주하다) 중 어느 쪽을 써도 무방하다. 그러고 나서 동사를 て형으로 바꾼 후 질문의 시제에 맞게 「～ています」(～하고 있습니다)의 정중 진행형으로 답하면 된다.

어휘 | 男(おとこ)の人(ひと) 남자 何(なに) 무엇 ピアノ 피아노

❗ 틀리기 쉬운 표현

ピアノを叩<small>たた</small>いています。(X)

➡ ピアノを弾<small>ひ</small>いています。(O) 피아노를 치고 있습니다.

: 동사가 잘못되었다. 건반악기를 '치다'라고 할 때는 「弾<small>ひ</small>く」라는 동사를 써야 한다. 기타나 바이올린과 같은 현악기도 「弾<small>ひ</small>く」(치다, 켜다)를 쓰면 되고, 트럼펫처럼 입으로 공기를 불어넣는 관악기는 「吹<small>ふ</small>く」((입으로) 불다), 드럼처럼 두드리는 타악기는 「叩<small>たた</small>く」(치다, 두드리다) 동사를 써야 한다. 단, 「演奏<small>えんそう</small>する」(연주하다)는 악기의 종류에 상관없이 사용 가능하다.

第3部 敏速な応答 | 대화 완성

問題1

明日からデパートでセールが始まるらしいですよ。

답변 준비 시간 : 2秒

음원 109

応答例

A1 そうですか。私も行きたいです。どんな商品が安いですか。

A2 そうなんですね。私は今週の平日は少し忙しいので、ちょっと行けそうにないんです。鈴木さんはそのセール、行くんですか。あと、セールはいつまでかご存じですか。

답변 시간 : 15秒 …… 終わりです

Q 내일부터 백화점에서 세일이 시작되는 것 같아요.

　A1 그래요? 저도 가고 싶어요. 어떤 상품이 싸요?

　A2 그렇군요. 저는 이번 주 평일은 조금 바빠서 좀 못 갈 것 같아요. 스즈키 씨는 그 세일 갈 거예요? 그리고 세일은 언제까지인지 아세요?

☑ CHECK NOTE

문제의 「〜らしいですよ」(〜인 것 같아요)는 상대방에게 어떤 정보를 전달할 때 자주 쓰는 회화체 표현인데, 들은 정보를 전달하거나 정보를 토대로 추측하여 확신이 있을 때 쓴다. 여기서는 내일부터 백화점 세일이 시작된다는 소식을 알려 주고 있는데, 이런 말을 듣고 답변을 할 때는 알려 준 정보에 대해 공감을 표시하거나 그와 관련된 질문을 던지는 것이 자연스럽다. 일단 상대방의 말을 잘 알아들었다는 의미에서 맞장구를 치면서 답변을 시작하는 것이 좋은데, 이런 때는 「そうですか・そうなんですか」(그래요?), 「そうなんですね」(그렇군요) 등과 같은 표현을 쓰면 된다. 그러고 나서 응답예 1의 「동사의 ます형+たい」(〜하고 싶다)처럼 가고 싶다는 희망을 나타낼 수도 있고, 응답예 2처럼 아무래도 못 갈 것 같다면서 아쉬움을 표시할 수도 있다. 이때 「동사의 ます형+そうにない」(〜하지 않을 것 같다)는 「동사의 ます형+そうだ」(〜일[할] 것 같다)의 부정형으로, 불확실한 추측을 나타낼 때 쓰는 표현이다. 참고로 「명사 수식형+んです」(〜입니다, 〜해서요)는 단순한 사실에서 그치지 않고 부연설명을 덧붙이는 뉘앙스를 나타내는 표현으로, 회화에서 유용하게 사용할 수 있는 문형이다. 「명사 수식형+んですか」(〜인 거예요?)처럼 의문형으로 쓰면 상대방에게 설명을 요구하는 듯한 뉘앙스를 나타낸다.

어휘 | 明日(あした) 내일　デパート 백화점　セール 세일　始(はじ)まる 시작되다　行(い)く 가다　どんな 어떤　商品(しょうひん) 상품　安(やす)い (값이) 싸다　今週(こんしゅう) 이번 주　平日(へいじつ) 평일　少(すこ)し 조금　忙(いそが)しい 바쁘다　あと 그리고　ご存(ぞん)じだ 아시다 *知(し)る(알다)의 존경어

122

問題2

今週(こんしゅう)の土曜日(どようび)に一緒(いっしょ)に登山(とざん)に行(い)きませんか。

답변 준비 시간 : 2秒

음원 110

応答例

A1 いいですね。ぜひ行(い)きましょう。何時(なんじ)に会(あ)いましょうか。

A2 せっかく誘(さそ)ってくれたのに、すみません。今週(こんしゅう)は家族(かぞく)と旅行(りょこう)に行(い)く予定(よてい)なんです。もしよかったら来週(らいしゅう)の日曜日(にちようび)はどうですか。私(わたし)がコースも探(さが)しておきますよ。

답변 시간 : 15秒 …… 終わりです

Q 이번 주 토요일에 같이 등산하러 가지 않을래요?

A1 좋죠. 꼭 갑시다. 몇 시에 만날까요?

A2 모처럼 권유해 줬는데 죄송해요. 이번 주는 가족과 여행을 갈 예정이거든요. 혹시 괜찮으면 다음 주 일요일은 어때요? 제가 코스도 찾아 놓을게요.

☑ **CHECK NOTE**

질문의 「~ませんか」(~하지 않겠습니까?, ~하지 않을래요?)는 상대방에게 뭔가를 권유할 때 쓰는 표현으로, 이런 경우 승낙이나 거절의 두 가지 답변이 가능하다. 승낙의 경우라면 응답예 1처럼 「いいですね」(좋죠), 거절한다면 응답예 2처럼 「すみません」(죄송합니다)을 포함한 문장으로 대화를 시작하는 것이 자연스럽다. 권유를 받아들인다면 「いいですね」(좋죠)라고 말문을 튼 후 만날 시간이나 장소, 이동 수단 등에 대한 질문을 추가하면 된다. 또한 거절한다면 미안함을 표시하면서 그럴 수밖에 없는 이유를 밝히는 것이 좋다. 여기에 그치지 않고 새로운 대안까지 제시한다면 보다 좋은 평가를 받을 수 있는데, 이때는 「もしよかったら~はどうですか」(혹시 괜찮으면 ~은 어떻습니까?)와 같은 표현을 사용하면 된다.

어휘 | 今週(こんしゅう) 이번 주 土曜日(どようび) 토요일 一緒(いっしょ)に 함께, 같이 登山(とざん) 등산
동작성 명사+に ~하러 *동작의 목적 行(い)く 가다 ぜひ 꼭 せっかく 모처럼 誘(さそ)う 권하다, 권유하다, 부르다
~てくれる (남이 나에게) ~해 주다 ~のに ~는데(도) 家族(かぞく) 가족 旅行(りょこう)に行(い)く 여행을 가다 予定(よてい) 예정
もし 만약, 혹시, 만일 よかったら 괜찮으면 来週(らいしゅう) 다음 주 コース 코스 探(さが)す 찾다 ~ておく ~해 놓다[두다]

⚠ **틀리기 쉬운 표현**

今週(こんしゅう)は家族(かぞく)と旅行(りょこう)を行(い)く予定(よてい)なんです。　(X)

➡ 今週(こんしゅう)は家族(かぞく)と旅行(りょこう)に行(い)く予定(よてい)なんです。　(O) 이번 주는 가족과 여행을 갈 예정이거든요.

: 「行(い)く」(가다) 앞의 조사가 잘못되었다. '여행을 가다'라는 표현은 조사 「に」를 써서 「旅行(りょこう)に行(い)く」라고 해야 한다. 만약 조사 「を」를 써서 나타내고자 한다면 「旅行(りょこう)をする」(여행을 하다)라고 해야 한다.

問題3

コーヒーは好きですか。

답변 준비 시간 : 2秒

음원 111

応答例

A1 いいえ、あまり好きじゃありません。苦いので飲めません。

A2 はい、大好きです。毎日2杯ずつ飲むほどです。でも、ブラックコーヒーは私には苦すぎるので少し苦手です。なので、冷たいカフェラテで飲むことが多いです。

답변 시간 : 15秒 ‧‧‧‧‧‧ 終わりです

Q 커피는 좋아해요?

A1 아니요, 그다지 좋아하지 않아요. 써서 못 마셔요.

A2 예, 매우 좋아해요. 매일 두 잔씩 마실 정도예요. 하지만 블랙커피는 저에게는 너무 써서 잘 못 마셔요. 그래서 차가운 카페라테로 마시는 경우가 많아요.

☑ CHECK NOTE

「~は好きですか」(~은 좋아합니까?)는 호불호를 묻는 질문이다. 이에 대한 답변은 기본적으로 「はい、好きです」(예, 좋아합니다), 「いいえ、好きじゃありません」(아니요, 좋아하지 않습니다)의 두 가지로 할 수 있으며, 여기에 각각 좋아하고 싫어하는 이유에 대한 내용을 덧붙이면 된다. 이 경우 이유를 나타내는 표현인 「~ので」(~므로, ~이기 때문에), 「~から」(~니까), 「~ため(に)」(~때문(에)) 등을 써서 답변하면 좋다.

어휘 | コーヒー 커피　好(す)きだ 좋아하다　あまり (부정어 수반) 그다지, 별로　苦(にが)い 쓰다　飲(の)む 마시다
大好(だいす)きだ 매우 좋아하다　毎日(まいにち) 매일　~杯(はい) ~잔　~ずつ ~씩　ほど 정도　でも 하지만
ブラックコーヒー 블랙커피　い형용사의 어간+すぎる 너무 ~하다　少(すこ)し 조금　苦手(にがて)だ 잘 못하다, 질색이다　なので 그래서
冷(つめ)たい 차갑다, 차다　カフェラテ 카페라테　多(おお)い 많다

❗ 틀리기 쉬운 표현

冷たいカフェラテに飲むことが多いです。 (X)

➡ 冷たいカフェラテで飲むことが多いです。 (O) 차가운 카페라테로 마시는 경우가 많습니다.

: 조사가 잘못되었다. '어떤 형태로, 어떤 상태로'라는 뜻을 나타낼 때는 조사 「に」가 아니라 조사 「で」를 써야 한다.

問題 4

음원 112

嫌(いや)な気分(きぶん)になった時(とき)、どうやって気分(きぶん)を変(か)えますか。

답변 준비 시간 : 2秒

応答例

A1 よく家(いえ)の外(そと)を散歩(さんぽ)して気分(きぶん)を変(か)えます。

A2 気分転換(きぶんてんかん)に甘(あま)いものを食(た)べたり、一人(ひとり)でカラオケに行(い)ったりします。特(とく)にアップテンポの曲(きょく)をたくさん歌(うた)うと、ストレス発散(はっさん)になりますよ。

답변 시간 : 15秒 …… 終わりです

Q 기분이 안 좋을 때 어떻게 기분을 바꿉니까?

A1 자주 집 밖을 산책해서 기분을 바꿔요.

A2 기분 전환으로 단것을 먹거나 혼자서 노래방에 가거나 해요. 특히 빠른 템포의 곡을 실컷 부르면 스트레스 발산이 돼요.

☑ CHECK NOTE

질문에서 「どうやって気分(きぶん)を変(か)えますか」(어떻게 (해서) 기분을 바꿉니까?)라고 물었으므로, 가장 쉽게 답변을 만드는 방법은 「〜て気分(きぶん)を変(か)えます」(〜해서 기분을 바꿉니다)라는 표현을 그대로 사용하는 것이다. 이때 포인트가 되는 것은 '어떻게'에 해당하는 내용으로, 그러기 위해서는 사전에 동사의 て형에 대한 완벽한 학습이 필요하다. 응답예 2처럼 「〜たり〜たりします」(〜하거나 〜하거나 합니다)라는 표현을 이용해서 좀 더 다양한 내용을 나열할 수도 있다. 「特(とく)に」(특히), 「中(なか)でも」(그 중에서도)처럼 앞에 대표적인 내용을 제시하고 뒤에 그에 대한 구체적인 설명을 덧붙이는 것도 좋다. 종조사 「よ」를 붙이면 상대방에게 본인이 알고 있는 정보를 제공하거나 주관적인 의견을 말한다는 뉘앙스를 나타낸다.

어휘 | 嫌(いや)だ 싫다 気分(きぶん) 기분 なる 되다 どうやって 어떻게 (해서) 変(か)える 바꾸다 よく 자주 家(いえ) 집 外(そと) 밖 散歩(さんぽ) 산책 気分転換(きぶんてんかん) 기분 전환 甘(あま)い 달다 食(た)べる 먹다 一人(ひとり)で 혼자서 カラオケ 노래방 行(い)く 가다 特(とく)に 특히 アップテンポ 업템포, 빠른 템포 曲(きょく) 곡 たくさん 많이 歌(うた)う (노래를) 부르다 ストレス 스트레스 発散(はっさん) 발산

❗ 틀리기 쉬운 표현

ストレス発散(はっさん)がなりますよ。 (X)

➡ ストレス発散(はっさん)になりますよ。 (O) 스트레스 발산이 돼요.

: 조사가 잘못되었다. '되다'라는 뜻의 동사 「なる」 앞에 명사가 올 때는 반드시 조사 「に」를 써야 한다.

問題 5

只今、カウンター席しか空いていませんが…。どうなさいますか。

_{답변 준비 시간 : 2秒}

応答例

A1　はい、大丈夫です。カウンター席でお願いします。

A2　そうですか。おいしい店だと聞いていたんですが、ほぼ満席ですね。今日はテーブル席がいいので、少し待ってもいいですか。何分ぐらいかかりそうですか。

_{답변 시간 : 15秒 …… 終わりです}

Q 지금 카운터석밖에 비어 있지 않은데요…. 어떻게 하시겠습니까?

　A1 예, 괜찮습니다. 카운터석으로 부탁드립니다.

　A2 그래요? 맛있는 가게라고 들었었는데 거의 만석이군요. 오늘은 테이블석이 좋아서 조금 기다려도 돼요? 몇 분 정도 걸릴 것 같아요?

☑ CHECK NOTE

점원이 손님에게 지금은 자리가 카운터석밖에 없다고 양해를 구하고 있다. 이 경우 응답예 1처럼 「大丈夫です」(괜찮습니다)라고 기꺼이 제안을 받아들일 수도 있고, 응답예 2처럼 제안을 거절한 후 다른 방법을 제시할 수도 있다. 뭔가를 부탁할 때는 「~でお願いします」(~로 부탁드립니다), 「~てもらえますか」((남에게) ~해 받을 수 있습니까?, (남이) ~해 줄 수 있습니까?)와 같은 표현을 쓰면 된다. 반대로 허락을 구할 경우에는 「~てもいいですか」(~해도 됩니까?), 희망 사항을 말할 때는 「~たいのですが」(~하고 싶은데요)와 같은 표현을 사용하면 된다. 얼마나 기다릴지 물어볼 때는 「동사의 ます형+そうですか」(~일[할] 것 같습니까?)와 같은 추측을 나타내는 표현을 사용하면 된다.

어휘 | 只今(ただいま) (바로) 지금, 현재　カウンター席(せき) 카운터석　~しか (부정어 수반) ~밖에　空(あ)く (자리·방 따위가) 나다, 비다
どう 어떻게　なさる 하시다 *する(하다)의 존경어　大丈夫(だいじょうぶ)だ 괜찮다
お+동사의 ます형+する ~하다, ~해 드리다 *겸양표현　願(ねが)う 부탁하다　おいしい 맛있다　店(みせ) 가게　聞(き)く 듣다
ほぼ 거의　満席(まんせき) 만석　今日(きょう) 오늘　テーブル席(せき) 테이블석　少(すこ)し 조금　待(ま)つ 기다리다
何分(なんぷん) 몇 분　~ぐらい ~정도　かかる (시간이) 걸리다

어휘&표현 ◆ 추측을 나타내는 표현

'~일[할] 것 같다'라는 뜻의 추측표현으로는 「~そうだ」, 「~らしい」, 「~と思う」가 있는데, 차이점은 다음과 같다.

▶ **직접 보거나 느낀 것을 토대로 추측할 때** : 동사의 ます형/형용사의 어간+そうだ

午後から雨が降りそうです。　오후부터 비가 올 것 같아요.

このチーズケーキ、おいしそうですね。　이 치즈케이크, 맛있을 것 같아요[맛있어 보여요].

元気そうで、よかったです。　건강한 것 같아서[건강해 보여서] 다행입니다.

▶ **들은 정보를 전달하거나 정보를 토대로 추측할 때 또는 어떤 상황을 추측할 때**

: 동사·い형용사의 기본형/な형용사의 어간/명사+らしい

どうやら彼女は僕に気があるらしい。　어쩐지 그녀는 나에게 마음이 있는 것 같다.

毎日、早起きして運動するのは、健康にいいらしい。　매일 일찍 일어나 운동하는 것은 건강에 좋은 것 같다.

経験者の話によれば、アメリカの大学は卒業するのが大変らしい。

경험자의 이야기에 따르면 미국의 대학교는 졸업하는 것이 힘든 것 같대[힘들다고 한다].

テレビの天気予報によると、明日は雨らしい。

TV의 일기예보에 따르면 내일은 비가 올 것 같다[비가 온다고 한다].

▶ **본인의 주관적인 생각을 완곡히 표현할 때** : 동사·형용사의 기본형+と思う, 명사+だ+と思う

あなたならきっとできると思います。　당신이라면 꼭 할 수 있을 거라고 생각해요[할 수 있을 것 같아요].

多分彼は忙しいと思います。　아마 그는 바쁠 거라고 생각해요[바쁠 것 같아요].

彼女はスポーツが得意だと思います。　그녀는 스포츠를 잘한다고 생각해요[잘할 것 같아요].

それは良い考えだと思います。　그것은 좋은 생각이라고 생각해요[생각인 것 같아요].

第4部 短い応答 | 일상 화제에 대해 설명하기

問題1 あなたは最近手紙を書いたことがありますか。簡単に説明してください。

답변 준비 시간 : 15秒

음원 114

応答例

A1 最近、友人の誕生日に手紙を書いたことがあります。手紙には、これまでの思い出や感謝の気持ちを込めました。友人は手紙を読んでとても喜んでくれたので、また機会があれば書きたいと思います。

A2 先日、大学時代の親友に手紙を書きました。彼とは卒業以来なかなか会う機会がなかったので、手紙で近況報告をしようと思ったんです。手紙には、学生時代の思い出や、今の生活について詳しく書きました。手書きの手紙にはやはり特別な温かみがあると思います。

답변 시간 : 25秒 …… 終わりです

Q 당신은 최근에 편지를 쓴 적이 있습니까? 간단하게 설명하세요.

A1 최근 친구의 생일에 편지를 쓴 적이 있습니다. 편지에는 지금까지의 추억과 감사의 마음을 담았습니다. 친구는 편지를 읽고 매우 기뻐해 주었기 때문에 또 기회가 있으면 쓰고 싶다고 생각합니다.

A2 일전에 대학 시절의 친한 친구에게 편지를 썼습니다. 그와는 졸업 이래 좀처럼 만날 기회가 없었기 때문에 편지로 근황 보고를 하려 생각했습니다. 편지에는 학창 시절의 추억과 지금의 생활에 대해 자세히 썼습니다. 손편지에는 역시 특별한 따뜻함이 있다고 생각합니다.

☑ CHECK NOTE

「동사의 た형+ことがありますか」(~한 적이 있습니까?)는 경험을 묻는 질문으로, 최근에 편지를 쓴 적이 있는지 묻고 있다. 따라서 이에 대한 답변으로는 일단 「동사의 た형+ことがあります」(~한 적이 있습니다), 「동사의 た형+ことがありません」(~한 적이 없습니다)과 같이 경험의 유무를 밝힌 후, 쓴 적이 있다면 누구에게, 어떤 내용의 편지를 썼는지, 쓴 적이 없다면 만약의 경우를 가정해서 설명을 덧붙이면 된다. 혹은 그냥 「~ました」(~했습니다)처럼 정중 과거형으로 표현해도 무방하다. 편지의 내용에 대해 말할 때는 「~について書きました」(~에 대해서 썼습니다), 의지나 앞으로의 희망을 담아 말할 때는 「~たいと/~ようと思います」(~하고 싶다고/~하려고 생각합니다)와 같은 표현을 쓰면 된다.

어휘 | 最近(さいきん) 최근, 요즘 手紙(てがみ) 편지 書(か)く (글씨・글을) 쓰다 友人(ゆうじん) 친구 誕生日(たんじょうび) 생일 これまで 지금까지 思(おも)い出(で) 추억 感謝(かんしゃ) 감사 気持(きも)ち 마음 込(こ)める (정성 등을) 들이다, 담다 読(よ)む 읽다 喜(よろこ)ぶ 기뻐하다 また 또 機会(きかい) 기회 先日(せんじつ) 요전, 일전 大学時代(だいがくじだい) 대학 시절 親友(しんゆう) 친우, 친구, 벗 卒業(そつぎょう) 졸업 以来(いらい) 이래 なかなか (부정어 수반) 좀처럼 会(あ)う 만나다 近況(きんきょう) 근황 報告(ほうこく) 보고 동사의 의지형+と思(おも)う ~하려고 생각하다, ~하려고 하다 学生時代(がくせいじだい) 학창 시절 詳(くわ)しい 상세하다, 자세하다 手書(てが)き 손으로 씀 特別(とくべつ)だ 특별하다

LEVEL UP

어휘&표현 ◆ 형용사의 명사화

형용사의 명사화에는 두 가지 방법이 있다. 형용사의 어간에 접미사 「さ」 혹은 「み」를 붙이면 된다.

▶ **형용사의 어간+さ** : 사물의 상태나 정도를 나타냄

大(おお)きい 크다 → 大(おお)きさ 크기　　　広(ひろ)い 넓다 → 広(ひろ)さ 넓이

高(たか)い 높다 → 高(たか)さ 높이　　　優(やさ)しい 상냥하다 → 優(やさ)しさ 상냥함

美(うつく)しい 아름답다 → 美(うつく)しさ 아름다움　　　安(やす)い (값이) 싸다 → 安(やす)さ (값이) 쌈

甘(あま)い 달다 → 甘(あま)さ 단맛, 단 정도　　　寒(さむ)い 춥다 → 寒(さむ)さ 추위

重(おも)い 무겁다 → 重(おも)さ 무게　　　暖(あたた)かい 따뜻하다 → 暖(あたた)かさ 따뜻함, 따뜻한 정도

懐(なつ)かしい 그립다 → 懐(なつ)かしさ 그리움　　　嬉(うれ)しい 기쁘다 → 嬉(うれ)しさ 기쁨

良(よ)い 좋다 → 良(よ)さ 좋음, 좋은 정도　　　大切(たいせつ)だ 중요하다 → 大切(たいせつ)さ 중요함

切(せつ)ない 안타깝다 → 切(せつ)なさ 안타까움

▶ **형용사의 어간+み** : 기분, 감정, 감각을 주로 나타냄

悲(かな)しい 슬프다 → 悲(かな)しみ 슬픔　　　深(ふか)い 깊다 → 深(ふか)み 깊이, 깊은 곳

面白(おもしろ)い 재미있다 → 面白(おもしろ)み 재미　　　重(おも)い 무겁다 → 重(おも)み 무게, 관록

うまい 맛있다 → うまみ 맛이 좋다는 느낌, 감칠맛　　　赤(あか)い 빨갛다 → 赤(あか)み 빨간 느낌, 붉은 기

運動(うんどう)に使(つか)うダンベルの重(おも)さが足(た)りない。　운동에 사용하는 덤벨의 <u>무게</u>가 모자라다.

先生(せんせい)はいつも重(おも)みのある言葉(ことば)で励(はげ)ましてくださる。　선생님은 언제나 <u>무게가[관록이]</u> 있는 말로 격려해 주신다.

あなたはインターネットをする時、携帯電話とパソコンのうちどちらを
よく利用しますか。簡単に説明してください。 답변 준비 시간 : 15秒

음원 115

応答例

A1 私はインターネットを利用する時、主に携帯電話を使います。携帯電話は持ち運びが便利で、いつでもどこでもインターネットにアクセスできるからです。また、アプリでニュースを読んだり、メールを確認したりすることもできます。

A2 インターネットを利用する際には、私は主にパソコンを使います。携帯電話は手軽ではありますが、詳細な情報を検索したり、メールを書いたりするのはやはりパソコンの方が便利だと思います。パソコンの方が、画面が大きくて作業がしやすいです。

답변 시간 : 25秒 …… 終わりです

Q 당신은 인터넷을 할 때 휴대전화와 컴퓨터 중 어느 쪽을 자주 이용합니까? 간단하게 설명하세요.

A1 저는 인터넷을 이용할 때 주로 휴대전화를 사용합니다. 휴대전화는 들고 다니기가 편리하고 언제 어디서나 인터넷에 접속할 수 있기 때문입니다. 또한 앱에서 뉴스를 읽거나 메일을 확인할 수도 있습니다.

A2 인터넷을 이용할 때는 저는 주로 컴퓨터를 사용합니다. 휴대전화는 간편하지만, 자세한 정보를 검색하거나 메일을 쓰는 것은 역시 컴퓨터 쪽이 편리하다고 생각합니다. 컴퓨터 쪽이 화면이 커서 작업하기 쉽습니다.

☑ CHECK NOTE

「AとBのうちどちらを〜ますか」(A와 B 중 어느 쪽을 〜합니까?)라는 질문에는 둘 중 하나를 선택해서 대답해야 한다. 따라서 문제에서는 휴대전화와 컴퓨터 가운데 어느 쪽을 자주 사용하는지를 먼저 밝힌 후, 그 이유에 대해서 구체적인 설명을 이어가는 것이 좋다. 이때 각각의 기기를 선택한 이유나 장점 등을 나열할 때는 「〜たり〜たりする」(〜하거나 〜하거나 한다)라는 표현을, '할 수 있다'라는 가능형 표현으로는 「동작성 명사+できる」(〜할 수 있다), 「동사의 기본형+ことができる」(〜할 수 있다)를 쓰면 된다. 응답예 1처럼 자신이 선택한 기기의 장점을 나열하는 것도 좋지만, 응답예 2처럼 두 가지를 비교하면서 자신의 의견을 말하는 방식을 취하면 좀 더 고득점을 노릴 수 있다.

어휘 | インターネット 인터넷　携帯電話(けいたいでんわ) 휴대전화　パソコン 컴퓨터　どちら 어느 쪽　よく 자주
利用(りよう)する 이용하다　主(おも)に 주로　使(つか)う 사용하다　持(も)ち運(はこ)び 들어 나름, 운반　いつでも 언제라도
どこでも 어디서나　アクセス 액세스, 접속　アプリ 앱 *「アプリケーション(ソフト)」의 준말　ニュース 뉴스　読(よ)む 읽다　メール 메일
確認(かくにん) 확인　際(さい) 때　手軽(てがる)だ 간편하다　詳細(しょうさい)だ 상세하다, 자세하다　情報(じょうほう) 정보
検索(けんさく) 검색　書(か)く (글씨・글을) 쓰다　便利(べんり)だ 편리하다　画面(がめん) 화면　大(おお)きい 크다　作業(さぎょう) 작업
동사의 ます형+やすい 〜하기 쉽다[편하다]

어휘&표현 ◆ 컴퓨터&인터넷

インターネット 인터넷	パソコン (개인용) 컴퓨터
ノートパソコン 노트북	デスクトップ 데스크톱
モニター 모니터	キーボード 키보드
マウス 마우스	タブレット 태블릿
スマホ/スマートフォン 스마트폰	ソフトウェア 소프트웨어
ハードウェア 하드웨어	ウェブサイト 웹사이트
ブラウザ 브라우저	ダウンロード 다운로드
アップロード 업로드	インストール 설치
ファイル 파일	フォルダ 폴더
パスワード 비밀번호	アプリ/アプリケーション 앱/애플리케이션

問題3 あなたが旅行に行くのに良いと思う時期はいつですか。簡単に説明してください。 答변 준비 시간 : 15초

음원 116

応答例

A1 秋だと思います。天気が良くて、紅葉も美しいからです。以前、秋に京都の嵐山に行って、ハイキングをしたことがあるのですが、とても良かったです。

A2 旅行に行くのに最適な時期は春だと思います。春は天気も良く、桜をはじめとする花々が咲き誇る季節で、自然の美しさを存分に楽しむことができます。観光地も夏ほど混雑しておらず、比較的ゆったりと観光できるでしょう。

답변 시간 : 25秒 …… 終わりです

Q 당신이 여행을 가는 데 좋다고 생각하는 시기는 언제입니까? 간단하게 설명하세요.

A1 가을이라고 생각합니다. 날씨가 좋고 단풍도 아름답기 때문입니다. 전에 가을에 교토의 아라시야마에 가서 하이킹을 한 적이 있었는데요, 매우 좋았습니다.

A2 여행을 가는 데 최적의 시기는 봄이라고 생각합니다. 봄은 날씨도 좋고, 벚꽃을 비롯한 꽃들이 화려하게 피는 계절로, 자연의 아름다움을 마음껏 즐길 수 있습니다. 관광지도 여름만큼 혼잡하지 않아서 비교적 느긋하게 관광할 수 있을 것입니다.

☑ CHECK NOTE

여행을 가기 좋다고 생각하는 시기를 묻는 질문이므로, 일단 언제가 좋을지를 답한 후 구체적인 설명을 이어가야 한다. 응답예처럼 「春・夏・秋・冬」(봄·여름·가을·겨울)의 계절로 답해도 되고, 「숫자+月」(숫자+월)라고 특정한 때를 지정해도 된다. 또는 실제 지명이나 장소를 언급하는 것도 좋다. 언제가 좋을지 이유를 설명할 때는 「~からです」(~이기 때문입니다), 「동사의 기본형+ことができる」(~할 수 있다)와 같은 표현을 적절히 사용하면 보다 다채로운 내용을 소개할 수 있다.

어휘 | 旅行(りょこう)に行(い)く 여행을 가다 良(よ)い 좋다 時期(じき) 시기 秋(あき) 가을 天気(てんき) 날씨
紅葉(こうよう) 단풍 美(うつく)しい 아름답다 以前(いぜん) 전, 이전, 예전 京都(きょうと) 교토 *지명
嵐山(あらしやま) 아라시야마 *교토의 관광명소로 벚꽃과 단풍으로 유명함 ハイキング 하이킹 동사의 た형+ことがある ~한 적이 있다
最適(さいてき)だ 최적이다 春(はる) 봄 桜(さくら) 벚꽃 ~をはじめとする ~을 비롯한 花々(はなばな) (여러) 꽃들
咲(さ)き誇(ほこ)る 화려하게 피다, 한창 피다 季節(きせつ) 계절 自然(しぜん) 자연 存分(ぞんぶん)に 마음껏, 실컷, 충분히
楽(たの)しむ 즐기다 동사의 기본형+ことができる ~할 수 있다 観光地(かんこうち) 관광지 夏(なつ) 여름 ~ほど ~정도, ~만큼
混雑(こんざつ) 혼잡 ~ておる ~하고 있다 *「~ている」의 겸양표현 ~ず ~하지 않아서 比較的(ひかくてき) 비교적 ゆったり 느긋하게

어휘&표현 ◆ 식물

| 꽃 |

桜 벚꽃

菊 국화

牡丹 모란

百合 백합

タンポポ 민들레

ヒマワリ 해바라기

デイジー 데이지

コスモス 코스모스

バラ 장미

椿 동백

朝顔 나팔꽃

紫陽花 수국

スミレ 제비꽃

チューリップ 튤립

マーガレット 마가렛

木蓮 목련

| 나무 |

松 소나무

銀杏 은행나무

杉 삼나무

竹 대나무

檜 편백나무

梅 매화나무

あなたは小説をよく読む方ですか。簡単に説明してください。

答弁 준비 시간 : 15秒

音源 117

応答例

A1 私はあまり小説を読まない方だと思います。たまにドラマや映画を見て、原作が気になった場合に、原作の小説を読むことはあります。

A2 私は小説を読むのが好きで、特にミステリーやファンタジーのジャンルをよく読みます。小説を読むことで、現実とは違う世界に没頭することができるんです。また、仕事や勉強で疲れた時に、本を手に取ると気分転換になります。読書の時間は私にとって貴重なリフレッシュタイムです。

답변 시간 : 25秒 …… 終わりです

Q 당신은 소설을 자주 읽는 편입니까? 간단하게 설명하세요.

A1 저는 그다지 소설을 읽지 않는 편이라고 생각합니다. 가끔 드라마나 영화를 보고, 원작이 궁금할 경우에 원작 소설을 읽는 일은 있습니다.

A2 저는 소설을 읽는 것을 좋아해서 특히 미스터리와 판타지 장르를 자주 읽습니다. 소설을 읽음으로써 현실과는 다른 세계에 몰두할 수 있거든요. 또, 일이나 공부로 지쳤을 때 책을 손에 들면 기분 전환이 됩니다. 독서 시간은 제게 있어서 귀중한 재충전의 시간입니다.

☑ CHECK NOTE

소설을 자주 읽는 편인지 묻고 있으므로, 자주 읽는다면「よく読む方だと思います」(자주 읽는 편이라고 생각합니다),「よく読みます」(자주 읽습니다), 그렇지 않다면「読まない方だと思います」(읽지 않는 편이라고 생각합니다),「あまり読みません」(그다지 읽지 않습니다) 등과 같이 답하면 된다. 고득점을 목표로 한다면 응답예 2처럼 선호하는 장르나 독서가 주는 긍정적인 효과 등에 대해서 덧붙이는 것도 좋다.

어휘 | 小説(しょうせつ) 소설　読(よ)む 읽다　方(ほう) 편, 쪽　あまり (부정어 수반) 그다지, 별로　たまに 가끔　ドラマ 드라마
映画(えいが) 영화　見(み)る 보다　原作(げんさく) 원작　気(き)になる 궁금하다　好(す)きだ 좋아하다　特(とく)に 특히　ミステリー 미스터리
ファンタジー 판타지　ジャンル 장르　〜ことで 〜함으로써　現実(げんじつ) 현실　違(ちが)う 다르다　世界(せかい) 세계
没頭(ぼっとう) 몰두　仕事(しごと) 일　勉強(べんきょう) 공부　疲(つか)れる 지치다, 피로해지다　手(て)に取(と)る 손에 들다
気分転換(きぶんてんかん) 기분 전환　読書(どくしょ) 독서　〜にとって 〜에(게) 있어서　貴重(きちょう)だ 귀중하다
リフレッシュタイム 리프레시 타임, 재충전의 시간

問題5 あなたの家から最も近い公共交通機関は何ですか。簡単に説明してください。 답변 준비 시간 : 15秒

음원 118

応答例

A1 私の家から最も近い公共交通機関は地下鉄です。徒歩5分ほどの距離です。地下鉄は速いし、快適なので便利です。また、定期券もあります。それで、通勤時にもよく利用しています。

A2 私の家から最も近い公共交通機関はバス停で、徒歩約8分の距離にあります。近所のバス停からは、市内の主要な場所へ簡単に行けるので、非常に便利です。特に、通勤や買い物の際には頻繁に利用しています。バスの運行本数も多く、待ち時間が少ないのもありがたい点です。

답변 시간 : 25秒 ······ 終わりです

Q 당신의 집에서 가장 가까운 대중 교통 기관은 무엇입니까? 간단하게 설명하세요.

A1 저희 집에서 가장 가까운 대중 교통 기관은 지하철입니다. 도보 5분 정도의 거리입니다. 지하철은 빠르고 쾌적하기 때문에 편리합니다. 또한 정기권도 있습니다. 그래서 통근 시에도 자주 이용하고 있습니다.

A2 저희 집에서 가장 가까운 대중 교통 기관은 버스 정류장으로 도보 약 8분 거리에 있습니다. 근처 버스 정류장에서는 시내의 주요 장소로 간단하게 갈 수 있으므로 매우 편리합니다. 특히 통근이나 쇼핑 시에는 빈번하게 이용하고 있습니다. 버스의 운행 대수도 많고, 대기 시간이 적은 것도 고마운 점입니다.

☑ CHECK NOTE

집에서 가장 가까운 대중 교통이 무엇인지 묻고 있으므로, 먼저 질문의 문형을 응용해서「私の家から最も近い公共交通機関は〜です」(저희 집에서 가장 가까운 대중 교통 기관은 〜입니다)라고 답하면 된다. 이후 집에서 얼마나 떨어져 있는지 말할 때는 '몇 미터 정도'의 거리로 나타내거나, '몇 분 정도' 걸리는지 소요 시간을 밝혀도 된다. '몇 분'이라고 말할 때「分」(분)은 앞에 오는 숫자에 따라「ふん·ぷん」으로 다르게 발음하므로, 읽는 방법에 주의해야 한다. 또한 그 대중 교통을 이용하는 이유에 대해 설명할 때는「〜ので便利です」(〜때문에 편리합니다), 또는 응답예 2처럼「ありがたい点です」(고마운 점입니다)와 같은 표현으로 대신할 수도 있다. (시간 읽는 법 P.75 참조)

어휘 | 家(いえ) 집 最(もっと)も 가장 近(ちか)い 가깝다 公共交通機関(こうきょうこうつうきかん) 대중 교통 기관
地下鉄(ちかてつ) 지하철 徒歩(とほ) 도보 〜ほど 〜정도 距離(きょり) 거리 速(はや)い (속도가) 빠르다 〜し 〜고
快適(かいてき)だ 쾌적하다 便利(べんり)だ 편리하다 定期券(ていきけん) 정기권 それで 그래서 通勤(つうきん) 통근, 출퇴근
〜時(じ) 〜시 利用(りよう) 이용 バス停(てい) 버스 정류장 約(やく) 약 近所(きんじょ) 근처 市内(しない) 시내
主要(しゅよう)だ 주요하다 場所(ばしょ) 장소 簡単(かんたん)だ 간단하다 非常(ひじょう)に 대단히, 매우 特(とく)に 특히
買(か)い物(もの) 물건을 삼, 쇼핑, 장을 봄 際(さい) 때 頻繁(ひんぱん)だ 빈번하다 運行(うんこう) 운행 本数(ほんすう) 대수
多(おお)い 많다 待(ま)ち時間(じかん) 대기 시간 少(すく)ない 적다 ありがたい 고맙다 点(てん) 점

第5部 長い応答 | 의견 제시

問題1 中高生が学校の授業のほかに塾に通うなどして勉強することが学業に良い影響を与えると思いますか。あなたの考えを話してください。

음원 119

답변 준비 시간 : 30秒

応答例

A1 中高生が塾に通うことは必ずしも学業に良い影響を与えるわけではないと思います。塾では学校で理解しにくかった部分を補うことができるというメリットはありますが、一般的には放課後や週末といった本来学生たちが休むべき時間に通わなければなりません。それでは、学生たちが休むことができず、学校の授業を受ける時にも悪影響が出るでしょう。それは、本末転倒だと思います。

A2 中高生が学校の授業のほかに塾に通うことは、学業に良い影響を与えると考えます。塾では、学校の授業で理解し切れなかった部分を補完できるため、各教科の内容をより深く理解できると思います。特に、個別指導や少人数制のクラスでは、自分のペースに合わせて学習を進めることができます。しかし、過度な塾通いは生徒にとってストレスになる可能性があります。適度に休みながら、勉強と休息のバランスを取らなければいけないと思います。それでも、総合的に見て、塾は学業成績の向上に役立つツールの一つであると言えるでしょう。

답변 시간 : 50秒 ⋯⋯ 終わりです

Q 중고생이 학교 수업 외에 학원에 다니는 등으로 해서 공부하는 것이 학업에 좋은 영향을 줄 것이라고 생각합니까? 당신의 생각을 말하세요.

A1 중고생이 학원에 다니는 것은 반드시 학업에 좋은 영향을 주는 것은 아니라고 생각합니다. 학원에서는 학교에서 이해하기 어려웠던 부분을 보충할 수 있다는 장점은 있습니다만, 일반적으로는 방과 후나 주말이라고 하는 본래 학생들이 쉬어야 할 시간에 다녀야 합니다. 그러면 학생들이 쉬지 못해서 학교 수업을 들을 때에도 악영향이 나올 것입니다. 그것은 본말 전도라고 생각합니다.

A2 중고생이 학교 수업 외에 학원에 다니는 것은 학업에 좋은 영향을 준다고 생각합니다. 학원에서는 학교 수업으로 완전히 이해할 수 없었던 부분을 보완할 수 있기 때문에 각 교과의 내용을 보다 깊게 이해할 수 있다고 생각합니다. 특히, 개별 지도나 소수 인원제의 클래스에서는 자신의 페이스에 맞춰 학습을 진행할 수 있습니다. 그러나 과도한 학원 통학은 학생들에게 스트레스가 될 가능성이 있습니다. 적당히 쉬면서 공부와 휴식의 균형을 잡아야 한다고 생각합니다. 그래도 종합적으로 봐서 학원은 학업 성적 향상에 도움이 되는 수단 중 하나라고 할 수 있을 것입니다.

☑ CHECK NOTE

중고생의 사교육 효과에 대한 생각을 묻고 있다. 「良(よ)い影響(えいきょう)を与(あた)えると思(おも)いますか」(좋은 영향을 줄 것이라고 생각합니까?)라고 물었으므로, 먼저 '그렇다', 혹은 '그렇지 않다' 중 어느 쪽의 의견에 가까운지를 결정해야 한다. 응답예 1처럼 사교육에 반대하는 입장의 경우「必(かなら)ずしも～わけではない」(반드시 (전부) ～인 것은 아니다)처럼 부분 부정 표현을 써서 조금은 유연하게 자신의 생각을 이야기할 수도 있다. '～해야 한다'와 같은 의무 사항은 「～なければなりません」(～하지 않으면 안 됩니다), 「～なければいけないと思(おも)います」(～하지 않으면 안 된다고 생각합니다) 등과 같은 표현을 사용해서 말하면 된다. 응답예 2처럼 사교육에 찬성할 때는 장점뿐만 아니라 일부 단점에 대해서도 인정한 후 결론을 제시하면 더욱 효과적이다. 이때 문장 중간중간에 「それでも」(그래도), 「総(そう)合的(ごうてき)に見(み)て」(종합적으로 봐서), 「総合的(そうごうてき)に考(かんが)えると」(종합적으로 생각하면) 등의 표현을 삽입하면 보다 설득력 있는 답변이 가능하다.

어휘 | 中高生(ちゅうこうせい) 중고생 学校(がっこう) 학교 授業(じゅぎょう) 수업 ほか 외 塾(じゅく) (아동·중고생 대상의) 학원 通(かよ)う (자주) 다니다 学業(がくぎょう) 학업 影響(えいきょう) 영향 与(あた)える (주의·영향 등을) 주다 必(かなら)ずしも (부정어 수반) 반드시 ～わけではない (전부) ～인 것은 아니다 理解(りかい) 이해 동사의 ます형+にくい ～하기 어렵다[힘들다] 部分(ぶぶん) 부분 補(おぎな)う 보충하다 동사의 기본형+ことができる ～할 수 있다 メリット 장점 一般的(いっぱんてき)だ 일반적이다 放課後(ほうかご) 방과 후 週末(しゅうまつ) 주말 ～といった ～라고 하는 本来(ほんらい) 본래 学生(がくせい) 학생 ～たち (사람이나 생물을 나타내는 말에 붙어) ～들 休(やす)む 쉬다 동사의 기본형+べき (마땅히) ～해야 하는 時間(じかん) 시간 ～なければならない ～하지 않으면 안 된다, ～해야 한다 それでは 그러면, 그럼 ～ず ～하지 않아서 悪影響(あくえいきょう) 악영향 出(で)る 나오다 本末転倒(ほんまつてんとう) 본말 전도, 사물의 순서나 위치 또는 이치가 거꾸로 된 것 동사의 ます형+切(き)る 완전히[끝까지] ～하다 補完(ほかん) 보완 ～ために ～때문에 各(かく) 각 教科(きょうか) 교과 内容(ないよう) 내용 より 보다 深(ふか)い 깊다 個別(こべつ) 개별 指導(しどう) 지도 少人数制(しょうにんずうせい) 소수 인원제 クラス 클래스, 반 自分(じぶん) 자기, 자신, 나 ペース 페이스, 속도 合(あ)わせる 맞추다 学習(がくしゅう) 학습 進(すす)める 진행하다 過度(かど)だ 과도하다 生徒(せいと) (중·고교) 학생 ～にとって ～에(게) 있어서 ストレス 스트레스 可能性(かのうせい) 가능성 適度(てきど)だ 적당하다, 알맞다 동사의 ます형+ながら ～하면서 *동시동작 休息(きゅうそく) 휴식 バランス 밸런스, 균형 取(と)る 잡다 ～なければいけない ～하지 않으면 안 된다, ～해야 한다 それでも 그런데도, 그래도 総合的(そうごうてき)だ 종합적이다 向上(こうじょう) 향상 役立(やくだ)つ 도움이 되다 ツール 수단, 도구

問題 2 大家族に比べて核家族の長所と短所には何があると思いますか。あなたの考えを話してください。

음원 120

답변 준비 시간 : 30秒

応答例

A1 核家族の長所は、人数が少ないので、家庭内の意思決定が迅速で、プライバシーが保たれることです。また、家族の絆も強まりやすい点もメリットだと思います。しかし、短所としては、育児や家事の負担が大きく、サポートが不足しがちです。また、緊急時や病気の際に助けを得るのが難しいこともあるでしょう。

A2 核家族の長所の一つは、家庭内の意思決定が素早く行えるということです。人数が少ないため、家族間のコミュニケーションが円滑で、各自分の部屋を持っていてプライバシーも保たれやすいと思います。一方で、短所としては、育児や家事の負担が親に集中しやすい点が挙げられます。また、緊急時や病気の際に助けを得るのが難しいこともあります。大家族の場合は、一緒に居住している複数の大人が迅速に協力しやすいですが、核家族の場合はそのような連携がしにくいと考えられます。

답변 시간 : 50秒 ······ 終わりです

Q 대가족에 비해서 핵가족의 장점과 단점에는 무엇이 있다고 생각합니까? 당신의 생각을 말하세요.

A1 핵가족의 장점은 인원수가 적기 때문에 가정 내의 의사 결정이 신속하고 프라이버시가 지켜진다는 것입니다. 또, 가족의 유대감도 강해지기 쉬운 점도 장점이라고 생각합니다. 그러나 단점으로는 육아나 가사 부담이 크고 지원이 부족하기 쉽습니다. 또한 응급 시나 병이 났을 때 도움을 얻기 어려울 경우도 있을 것입니다.

A2 핵가족의 장점 중 하나는 가정 내의 의사 결정을 재빠르게 할 수 있다는 것입니다. 인원수가 적기 때문에 가족 간의 커뮤니케이션이 원활하고, 각자 자신의 방을 갖고 있어서 프라이버시도 지켜지기 쉽다고 생각합니다. 한편, 단점으로는 육아나 가사의 부담이 부모에게 집중되기 쉬운 점을 들 수 있습니다. 또한 응급 시나 병이 났을 때에 도움을 얻는 것이 어려울 경우도 있습니다. 대가족의 경우에는 함께 거주하고 있는 여러 명의 어른이 신속하게 협력하기 쉽지만, 핵가족의 경우에는 그러한 연계를 하기 어렵다고 생각됩니다.

☑ CHECK NOTE

한 가지 주제에 대한 장점과 단점을 묻고 있으므로, 이에 대한 답변도 둘로 나눠서 해야 한다. 「長所」(장점), 「短所」(단점)와 같이 한자어로 표현해도 되고 「メリット」(장점), 「デメリット」(단점)와 같이 외래어로 표현할 수도 있다. 제5부에서는 답변이 길어지므로 접속사를 적절히 사용하면서 문장을 자연스럽게 연결해야 한다. 이 문제처럼 두 개 이상의 내용을 비교할 때는 「しかし」(그러나), 「一方」(한편), 「ところが」(그런데)처럼 역접을 나타내는 접속사를 효과적으로 사용하는 것이 중요하다. 또한 구체적으로 장점과 단점을 설명할 때는 강하게 단정하기보다는 응답예 1의 「동사의 ます형+がちだ」((자칫) ~하기 쉽다), 응답예 2의 「동사의 ます형 +やすい」(~하기 쉽다), 「동사의 ます형+にくい」(~하기 어렵다[힘들다])와 같은 표현을 사용하면 좀 더 자연스럽게 설명할 수 있다.

어휘 | 大家族(だいかぞく) 대가족 ~に比(くら)べて ~에 비해서 核家族(かくかぞく) 핵가족 長所(ちょうしょ) 장점

短所(たんしょ) 단점　人数(にんずう) 인원수　少(すく)ない 적다　家庭(かてい) 가정　〜内(ない) 〜내　意思(いし) 의사
決定(けってい) 결정　迅速(じんそく)だ 신속하다　プライバシー 프라이버시　保(たも)つ 지키다　絆(きずな) 유대(감)
強(つよ)まる 강해지다　点(てん) 점　メリット 장점　育児(いくじ) 육아　家事(かじ) 가사　負担(ふたん) 부담　大(おお)きい 크다
サポート 서포트, 지원　不足(ふそく) 부족　緊急(きんきゅう) 긴급, 응급　〜時(じ) 〜시
病気(びょうき) 병　際(さい) 때　助(たす)け 도움　得(え)る 얻다　難(むずか)しい 어렵다　素早(すばや)い 재빠르다
行(おこな)う 하다, 행하다, 실시하다　〜間(かん) 〜간, 〜사이　コミュニケーション 커뮤니케이션, 의사소통　円滑(えんかつ)だ 원활하다
各自(かくじ) 각자　自分(じぶん) 자기, 자신, 나　部屋(へや) 방　持(も)つ 가지다, 소유하다　一方(いっぽう)で 한편으로
集中(しゅうちゅう) 집중　挙(あ)げる (예로서) 들다　一緒(いっしょ)に 함께, 같이　居住(きょじゅう) 거주　複数(ふくすう) 복수, 여러 명
大人(おとな) 어른　協力(きょうりょく) 협력　連携(れんけい) 연계

問題3 路上に設置するごみ箱の数を今より増やすべきだという意見があります
が、あなたはこの意見に同意しますか。あなたの考えを話してください。

음원 121

답변 준비 시간 : 30秒

応答例

A1 ごみ箱の数を増やすことには反対です。増設により、家庭ごみを捨てる人が増えて、街にごみが溢れやすくなると考えます。また、設置場所やメンテナンスの問題も考慮する必要があります。設置場所の周りが汚くなったり、メンテナンスにコストがかかったりするのではないでしょうか。

A2 私は路上に設置するごみ箱の数を増やすことに賛成です。ごみ箱の数が増えることで、ごみのポイ捨てが減少し、街の美化に貢献できると考えます。特に、観光地や公園など、人が多く集まる場所ではごみ箱が不足しがちで、ごみが散乱することが問題になっています。しかし、ごみ箱の設置には適切な場所の選定や、定期的なメンテナンスが不可欠です。ごみ箱が適切に管理されないと、悪臭や害虫の発生など新たな問題が生じる可能性があります。したがって、ごみ箱を増やすだけでなく、その運用と管理についても十分に考慮する必要があると思います。

답변 시간 : 50秒 …… 終わりです

Q 길거리에 설치하는 쓰레기통 수를 지금보다 늘려야 한다고 하는 의견이 있습니다만, 당신은 이 의견에 동의합니까? 당신의 생각을 말하세요.

A1 쓰레기통 수를 늘리는 것에는 반대입니다. 증설에 의해 가정 쓰레기를 버리는 사람이 늘어나서 거리에 쓰레기가 넘치기 쉬워진다고 생각합니다. 또한 설치 장소나 유지 보수 문제도 고려할 필요가 있습니다. 설치 장소 주위가 더러워지거나 유지 보수에 비용이 드는 것은 아닐까요?

A2 저는 길거리에 설치하는 쓰레기통 수를 늘리는 것에 찬성입니다. 쓰레기통 수가 늘어남으로써 쓰레기 무단 투기가 감소하고 도시 미화에 공헌할 수 있다고 생각합니다. 특히, 관광지나 공원 등, 사람이 많이 모이는 장소에서는 쓰레기통이 부족하기 쉽고, 쓰레기가 어지럽게 흩어지는 것이 문제가 되고 있습니다. 그러나 쓰레기통을 설치하려면 적절한 장소의 선정이나 정기적인 유지 보수가 불가결합니다. 쓰레기통이 제대로 관리되지 않으면 악취와 해충 발생과 같은 새로운 문제가 생길 가능성이 있습니다. 따라서 쓰레기통을 늘릴 뿐만 아니라 그 운용과 관리에 대해서도 충분히 고려할 필요가 있다고 생각합니다.

☑ CHECK NOTE

어떤 주제에 대해 동의하는지 아닌지를 묻는 문제이다. 따라서 일단 「同意する」(동의한다), 「賛成する」(찬성한다)나 「反対する」(반대한다), 혹은 「賛成だ」(찬성이다), 「反対だ」(반대이다)처럼 자신의 생각을 밝힌 다음 구체적인 판단 근거나 이유에 대한 내용을 풀어나가야 한다. 응답예 1처럼 반대 입장인 경우 강하게 자신의 생각을 주장하기보다 「～ではないでしょうか」(～인 것은 아닐까요?)처럼 부드러운 반문형으로 마무리하며 생각의 여지를 남기는 것도 좋다. 응답예 2처럼 찬성할 때는 그에 대한 근거나 이유 외에도 쓰레기통이 증설되면 생길 수 있는 부작용도 함께 언급하면 좀 더 설득력 있는 답변이 된다. 마지막에 결론을 말할 때는 「したがって」(따라서), 「このように」(이렇게), 「だから」(그렇기 때문에)와 같은 접속표현이나 지시어를 사용하면 논리적으로 문장을 연결할 수 있다. 또한 수의 증감을 말할 때는 자동사, 타동사를 혼동하지 않도록 주의해야 한다. '수가 늘다/줄다'라고 할 때는 자동사「増える」(늘다),「減る」(줄다)를, '수를 늘리다/줄이다'라고 할 때는 타동사「増やす」(늘리다),「減らす」(줄이다)를 써야 하므로 구별해서 외워 두자.

어휘 | 路上(ろじょう) 노상, 길거리 設置(せっち) 설치 ごみ箱(ばこ) 쓰레기통 数(かず) 수 増(ふ)やす 늘리다 意見(いけん) 의견
동사의 기본형+べきだ (마땅히) ~해야 한다 *단,「する」(하다)는「するべきだ」「すべきだ」모두 가능함 同意(どうい) 동의
反対(はんたい) 반대 増設(ぞうせつ) 증설 ~により ~에 의해 家庭(かてい)ごみ 가정(에서 배출되는) 쓰레기 捨(す)てる 버리다
増(ふ)える 늘다, 늘어나다 街(まち) 거리 溢(あふ)れる (가득 차서) 넘치다 場所(ばしょ) 장소, 곳
メンテナンス 건물·기계 등의 관리[보수]·유지 問題(もんだい) 문제 考慮(こうりょ) 고려 必要(ひつよう) 필요 周(まわ)り 주위, 주변
汚(きたな)い 더럽다 コスト 코스트, 비용 かかる (비용이) 들다 賛成(さんせい) 찬성 ~ことで ~함으로써 ポイ捨(す)て 무단 투기
減少(げんしょう) 감소 美化(びか) 미화 貢献(こうけん) 공헌 特(とく)に 특히 観光地(かんこうち) 관광지 公園(こうえん) 공원
集(あつ)まる 모이다 不足(ふそく) 부족 동사의 ます형+がちだ (자칫) ~하기 쉽다 散乱(さんらん) 산란, 흩어져 어지러움
適切(てきせつ)だ 적절하다 選定(せんてい) 선정 定期的(ていきてき)だ 정기적이다 不可欠(ふかけつ)だ 불가결하다
管理(かんり) 관리 悪臭(あくしゅう) 악취 害虫(がいちゅう) 해충 発生(はっせい) 발생 新(あら)ただ 새롭다 生(しょう)じる 생기다
可能性(かのうせい) 가능성 したがって 따라서 ~だけでなく ~뿐만 아니라 運用(うんよう) 운용 ~についても ~에 대해서도
十分(じゅうぶん)に 충분히

問題 4 レストランやホテルなどで従業員にチップをあげる慣習のある国がありますが、あなたはこの慣習についてどう思いますか。あなたの考えを話してください。 답변 준비 시간 : 30초

음원 122

応答例

A1 チップの慣習には賛否両論がありますが、私は良い点が多いと思います。良いサービスに対する感謝を直接示すことができるのは、顧客にとっても従業員にとっても良いことだと思います。最近は韓国でもタクシーを呼ぶアプリなどでこのようなチップ制を導入しようとする取り組みがあるそうですが、私は賛成します。気持ちいいサービスを受けた後には、ぜひ従業員にチップを渡したいです。

A2 チップの慣習については、一長一短があると考えます。良い点としては、サービスの質が向上し、顧客が良いサービスに対する感謝の気持ちを直接示すことができる点が挙げられます。これにより、従業員のモチベーションも向上し、より良いサービスが提供されるという可能性があります。一方で、チップに依存することで従業員の収入が不安定になるという問題もあります。特に、経済状況が悪化したり、観光客が減少したりすると、チップ収入が減少し、生計に影響を与えるということもあり得るでしょう。

답변 시간 : 50초 …… 終わりです

Q 레스토랑이나 호텔 등에서 종업원에게 팁을 주는 관습이 있는 나라가 있습니다만, 당신은 이 관습에 대해 어떻게 생각합니까? 당신의 생각을 말하세요.

A1 팁의 관습에는 찬반양론이 있습니다만, 저는 좋은 점이 많다고 생각합니다. 좋은 서비스에 대한 감사를 직접 나타낼 수 있는 것은 고객에게도 종업원에게도 좋은 것이라고 생각합니다. 최근에는 한국에서도 택시를 부르는 앱 등에서 이러한 팁 제도를 도입하려고 하는 시도가 있다고 합니다만, 저는 찬성합니다. 기분 좋은 서비스를 받은 후에는 꼭 종업원에게 팁을 건네주고 싶습니다.

A2 팁의 관습에 대해서는 일장일단이 있다고 생각합니다. 좋은 점으로써는 서비스의 질이 향상되고 고객이 좋은 서비스에 대한 감사의 마음을 직접 나타낼 수 있다는 점을 들 수 있습니다. 이로 인해 종업원의 동기 부여도 향상되고 보다 나은 서비스가 제공된다는 가능성이 있습니다. 한편으로 팁에 의존함으로써 종업원의 수입이 불안정해진다는 문제도 있습니다. 특히 경제 상황이 악화되거나 관광객이 감소되거나 하면 팁 수입이 감소하고 생계에 영향을 미치는 경우도 있을 수 있겠죠.

☑ CHECK NOTE

팁을 주는 관습에 대한 본인의 생각을 말하는 문제이다. 찬성하는 입장이라면 응답예 1처럼 「良い点が多い」(좋은 점이 많다), 「良いことだと思います」(좋은 것이라고 생각합니다)처럼 표현하면 되고, 응답예 2처럼 장점과 단점에 대해 모두 말하고 싶다면 「一長一短がある」(일장일단이 있다)처럼 답변을 시작하면 된다. 외국의 관습이기 때문에 구체적인 예를 들기 어렵다면 우리나라에서는 어떤 식으로 제도화되고 있는지 생각해 보면 좀 더 쉽게 답할 수 있을 것이다. 응답예 1처럼 「韓国でも~そうだ」(한국에서도 ~라고 한다)와 같이 뉴스 등을 통해 접한 사실을 인용해도 되고, 응답예 2처럼 향후 예상되는 현상에 대해서는 「動詞のます形+得る」(~할 수 있다), 「~でしょう」(~하겠죠) 등과 같은 식으로 설명해도 좋다.

어휘 | レストラン 레스토랑 ホテル 호텔 従業員(じゅうぎょういん) 종업원 チップ 팁 あげる (내가 남에게) 주다
慣習(かんしゅう) 관습 国(くに) 나라 賛否両論(さんぴりょうろん) 찬반양론 サービス 서비스 ～に対(たい)する ～에 대한
感謝(かんしゃ) 감사 直接(ちょくせつ) 직접 示(しめ)す 보이다, 나타내다 동사의 기본형+ことができる ～할 수 있다
顧客(こきゃく) 고객 ～にとっても ～에(게) 있어서도 最近(さいきん) 최근, 요즘 韓国(かんこく) 한국 タクシー 택시 呼(よ)ぶ 부르다
アプリ 앱 *「アプリケーション(ソフト)」의 준말 制(せい) 제, 제도 導入(どうにゅう) 도입 取(と)り組(く)み 대처, 시도
賛成(さんせい) 찬성 気持(きも)ちいい 기분(이) 좋다 受(う)ける (어떤 행위를) 받다 동사의 た형+後(あと)には ～한 후에는
ぜひ 꼭, 제발, 아무쪼록 渡(わた)す 건네다, 건네주다 동사의 ます형+たい ～하고 싶다
一長一短(いっちょういったん) 일장일단, 일면의 장점과 다른 일면의 단점을 통틀어 이르는 말 質(しつ) 질 向上(こうじょう)する 향상되다
～し ～고 気持(きも)ち 마음, 기분 点(てん) 점 挙(あ)げる (예로서) 들다 ～により ～에 의해 モチベーション 모티베이션, 동기 부여
提供(ていきょう) 제공 可能性(かのうせい) 가능성 一方(いっぽう)で 한편으로 依存(いぞん) 의존 ～ことで ～함으로써
収入(しゅうにゅう) 수입 不安定(ふあんてい)だ 불안정하다 問題(もんだい) 문제 特(とく)に 특히 経済(けいざい) 경제
状況(じょうきょう) 상황 悪化(あっか)する 악화되다 ～たり～たりする ～하거나 ～하거나 하다 観光客(かんこうきゃく) 관광객
減少(げんしょう) 감소 生計(せいけい) 생계 影響(えいきょう) 영향 与(あた)える (주의·영향 등을) 주다 あり得(う)る 있을 수 있다

問題1

さいきん やきゅう きょうみ わ しあい み おも
あなたは最近野球に興味が湧き試合を見てみたいと思っ
ていますが、ゲームのルールがよくわかりません。野球
ず ともだち でんわ いっしょ い や きゅう
好きの友達に電話をかけ一緒に行ってもらえるように誘
さそ
ってください。　답변 준비 시간 : 30秒

音源 123

応答例

A1 もしもし、裕太君、私、最近野球に興味が出てきたんだけど、ルールがよくわからないん だ。今度試合を見に行きたいと思ってるんだけど、よかったら一緒に行ってくれない? 裕太 君は野球が好きだから、ルールも詳しいと思うし、ちょっとずつ教えてくれると嬉しいんだ けど。どうかな?

A2 もしもし、裕太君。今ちょっと電話大丈夫? 実は、私最近野球に興味が湧いてきたんだけ ど、ルールがよくわからなくてね。そこで思ったんだけど、今度一緒に野球の試合を見に行 ってもらえない? 裕太君は野球に詳しいし、試合を見ながらルールも少しずつ教えてもらえ るとすごく助かるんだけど。日程は裕太君の都合に合わせるよ。それから、裕太君はジャイ アンツのファンだったよね。せっかくだから、ジャイアンツ戦を見に行こう。見に行く前に 選手の名前、予習しておくからさ。どう?

답변 시간 : 40秒 ······ 終わりです

Q 당신은 최근 야구에 흥미가 생겨서 경기를 보고 싶다고 생각하고 있지만 게임의 규칙을 잘 모릅니다. 야구광인 친구에게 전화를 걸어 함께 가 달라고 권유하세요.

A1 여보세요, 유타 군, 나 최근 야구에 흥미가 생겼는데, 규칙을 잘 모르겠어. 다음에 경기를 보러 가고 싶다고 생각하고 있는데, 괜찮으면 함께 가 주지 않을래? 유타 군은 야구를 좋아하니까 규칙도 잘 알 거라 생각하고, 조금씩 알려 주면 좋겠는데. 어떨 까?

A2 여보세요, 유타 군. 지금 잠깐 전화 괜찮아? 실은 나 요즘 야구에 흥미가 생겼는데 규칙을 잘 몰라서 말이야. 그래서 생각했 는데, 다음에 함께 야구 경기를 보러 가 주지 않을래? 유타 군은 야구를 잘 알고, 경기를 보면서 규칙도 조금씩 알려 주면 정 말 도움이 될 텐데. 일정은 유타 군 사정에 맞출게. 그리고 유타 군은 자이언츠의 팬이었지. 모처럼이니까, 자이언츠전을 보 러 가자. 보러 가기 전에 선수 이름, 예습해 둘 테니까. 어때?

☑ CHECK NOTE

제6부에서는 일단 주어진 상황을 정확히 파악하는 것이 중요하다. 이 문제는 전화상의 대화로 친구에게 함께 야구를 보러 가 달라고 부탁하는 상황이다. 따라서 대화는 먼저 「もしもし」(여보세요)로 시작하고, 왜 전화를 한 것인지 용건에 대해 설명해야 한다. 그리고 상대는 손윗사람이 아니라 친구이므로 정중체가 아니라 반말투의 대화로 이어나가는 것이 자연스럽다. 상대방에게 뭔가를 부탁할 때는 「～てくれない?」((남이 나에게) ～해 주지 않을래?), 「～てもらえない?」((남에게) ～해 받을 수 없어?, (남이) ～해 주지 않을래?)처럼 부정형으로 물으면 좀 더 정중한 표현이 된다. 친한 사이라고 하더라도 응답예 2처럼 「今ちょっと電話大丈夫?」(지금 잠깐 전화 괜찮아?)라고 양해를 구하고 난 후 이야기를 시작하는 편이 좋고, 마지막에는 상대방의 의향을 확인하는 의미에서 「どうかな?/どう?」(어떨까?/어때?)라고 물으면서 대화를 마무리하면 된다.

어휘 | 最近(さいきん) 최근, 요즘 野球(やきゅう) 야구 興味(きょうみ) 흥미 湧(わ)く 솟다, 생기다 試合(しあい) 경기
동사의 ます형+たい ～하고 싶다 ゲーム 게임 ルール 규칙 わかる 알다, 이해하다 명사+好(ず)き ～광, ～을 좋아하는 사람
友達(ともだち) 친구 電話(でんわ)をかける 전화를 걸다 一緒(いっしょ)に 함께, 같이 ～ように ～하도록
誘(さそ)う 권하다, 권유하다, 부르다 もしもし 여보세요 *전화할 때 쓰임 ～君(くん) ～군 出(で)る (원기 등이) 나다, 솟다, 생기다
今度(こんど) 이다음, 다음번 동사의 ます형+に ～하러 *동작의 목적 好(す)きだ 좋아하다 詳(くわ)しい 정통하다, 환하다, 잘 알다
～し ～고 ちょっと 조금, 잠깐 ～ずつ ～씩 教(おし)える 가르치다, 알려 주다 嬉(うれ)しい 기쁘다
～かな (문말에 붙어서 의문의) ～할까? 今(いま) 지금 大丈夫(だいじょうぶ)だ 괜찮다 実(じつ)は 실은 そこで 그래서
少(すこ)し 조금 すごく 굉장히 助(たす)かる 도움이 되다 日程(にってい) 일정 都合(つごう) 형편, 사정 合(あ)わせる 맞추다
それから 그리고, 그러고 나서 ジャイアンツ 자이언츠 ファン 팬 せっかく 모처럼 ～戦(せん) ～전, 경기, 시합
동사의 기본형+前(まえ)に ～하기 전에 選手(せんしゅ) 선수 名前(なまえ) 이름 予習(よしゅう) 예습 ～ておく ～해 놓다[두다]
～さ (문절의 단락에 붙여서) 가벼운 다짐을 나타냄

問題2

あなたは図書館で勉強をしていますが、隣の席に座っている人のイヤホンの音が大きくて勉強に集中できません。その人に状況を説明し問題を解決してください。

음원 124

답변 준비 시간 : 30秒

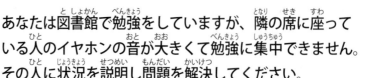

応答例

A1 あの、すみません。イヤホンの音が少し大きくて、勉強に集中しにくいのですが、少し音量を下げていただけませんか。助かります。ありがとうございます。

A2 勉強中にすみません。少しよろしいでしょうか。実は、先程から音楽を聞いていらっしゃるのが聞こえてしまっていて…。この図書館はとても静かなので、ちょっとでも音が漏れると、かえって音がよく聞こえてしまうみたいなんです。勉強に集中するのが難しい状況なので、もし可能であれば、音量を少し下げていただけると非常に助かります。申し訳ないのですが、ご協力いただけると嬉しいです。どうかよろしくお願いいたします。

답변 시간 : 40秒 …… 終わりです

Q 당신은 도서관에서 공부를 하고 있는데, 옆자리에 앉아 있는 사람의 이어폰 소리가 커서 공부에 집중할 수 없습니다. 그 사람에게 상황을 설명하고 문제를 해결하세요.

A1 저기, 실례합니다. 이어폰 소리가 조금 커서 공부에 집중하기 어려운데요, 조금 볼륨을 낮춰 주시지 않겠습니까? 도움이 됩니다. 감사합니다.

A2 공부 중에 실례합니다. 잠시 괜찮으실까요? 실은 조금 전부터 음악을 듣고 계시는 것이 들려 버려서요…. 이 도서관은 매우 조용하기 때문에 조금이라도 소리가 새면 오히려 소리가 잘 들려 버리는 것 같거든요. 공부에 집중하기 어려운 상황이라서 만약 가능하다면 볼륨을 조금 낮춰 주시면 대단히 도움이 됩니다. 죄송합니다만, 협력해 주시면 좋겠습니다. 부디 잘 부탁드립니다.

☑ CHECK NOTE

도서관에서 모르는 사람에게 이어폰 소리를 낮춰 달라고 부탁하는 상황이다. 먼저 말을 걸어야 되기 때문에 「あの、すみません」(저기, 실례합니다), 「すみません。少しよろしいでしょうか」(실례합니다, 잠시 괜찮으실까요?)와 같은 표현으로 시작하는 것이 무난하다. 부탁할 때는 「～ていただけませんか」((남에게) ～해 받을 수 없습니까?, (남이) ～해 주시지 않겠습니까?), 「～ていただけると助かります」((남에게) ～해 받을 수 있으면 도움이 됩니다, (남이) ～해 주시면 도움이 됩니다), 「～ていただけると嬉しいです」((남에게) ～해 받을 수 있으면 좋겠습니다, (남이) ～해 주시면 좋겠습니다) 등과 같이 다양한 표현을 쓸 수 있다. 또한 뭔가를 부탁하고자 말을 꺼낼 때는 응답예 2처럼 「申し訳ないのですが、～」(죄송합니다만, ～), 「もし可能であれば、～」(만약 가능하다면 ～)와 같은 표현을 사용하면 좀 더 공손한 느낌을 줄 수 있다. 그리고 요구하는 바를 모두 전달한 후에는 「ありがとうございます」(감사합니다), 「よろしくお願いいたします」(잘 부탁드립니다)와 같은 인사말로 마무리하면 된다.

어휘 | 図書館(としょかん) 도서관 勉強(べんきょう) 공부 隣(となり) 옆 席(せき) 자리 座(すわ)る 앉다 イヤホン 이어폰
音(おと) 소리 大(おお)きい 크다 集中(しゅうちゅう) 집중 状況(じょうきょう) 상황 説明(せつめい) 설명 問題(もんだい) 문제
解決(かいけつ) 해결 あの 저, 저기 *생각이나 말이 막혔을 때 내는 소리 少(すこ)し 조금, 좀, 잠깐
동사의 ます형+にくい ～하기 어렵다[힘들다] 音量(おんりょう) 음량, 볼륨 下(さ)げる 낮추다 助(たす)かる 도움이 되다
よろしい 좋다, 괜찮다 *「よい」의 공손한 표현 実(じつ)は 실은 先程(さきほど) 아까, 조금 전 *「さっき」보다 공손한 표현
音楽(おんがく) 음악 聞(き)く 듣다 ～ていらっしゃる ～하고 계시다 *『～ている』(～하고 있다)의 존경표현 聞(き)こえる 들리다
静(しず)かだ 조용하다 漏(も)れる 새다 かえって 오히려, 도리어 ～みたいだ ～인 것 같다 難(むずか)しい 어렵다 もし 만약, 혹시, 만일
可能(かのう)だ 가능하다 非常(ひじょう)に 대단히, 매우 申(もう)し訳(わけ)ない 죄송하다, 면목 없다 協力(きょうりょく) 협력
どうか 부디, 아무쪼록 お+동사의 ます형+いたす ～하다, ～해 드리다 *겸양표현 願(ねが)う 부탁하다

問題3

あなたは大学を卒業してから日本で就職をしたいです。日本で働いたことのある先輩にアドバイスを求めてください。 답변 준비 시간 : 30秒

応答例

A1 そう言えば、先輩は日本で働いたことがありますよね。実は、私大学を卒業したら、日本で就職したいと考えているんです。何かアドバイスをもらえませんか。特に、どのような準備をしておくべきか知りたいです。よろしくお願いします。

A2 先輩とお会いするのも、お久しぶりですね。実は、私大学卒業後に日本で就職をしたいと考えています。先輩は日本での就職経験がおありだと伺ったんですが、何かアドバイスをしていただけないでしょうか。具体的には、日本に赴任する前にどのような準備をされたのか、知っておいた方がいい職場でのマナーなど、お話していただけると嬉しいです。日本での会社生活はいかがでしたか。それから、面接ではどんなことを中心に話されましたか。とても気になります。

답변 시간 : 40秒 …… 終わりです

Q 당신은 대학을 졸업하고 나서 일본에서 취직하고 싶습니다. 일본에서 일한 적이 있는 선배에게 조언을 구하세요.

A1 그러고 보니 선배님은 일본에서 일한 적이 있죠. 실은 저 대학을 졸업하면 일본에서 취직하고 싶다고 생각하고 있거든요. 뭔가 조언을 받을 수 없나요? 특히 어떤 준비를 해 두어야 하는지 알고 싶어요. 잘 부탁드려요.

A2 선배님과 뵙는 것도 오랜만이네요. 실은 저 대학 졸업 후에 일본에서 취직을 하고 싶다고 생각하고 있어요. 선배님은 일본에서의 취업 경험이 있으시다고 들었는데, 뭔가 조언을 해 주시지 않을래요? 구체적으로는 일본에 부임하기 전에 어떤 준비를 하셨는지, 알아 두는 편이 좋은 직장에서의 매너 등, 이야기해 주시면 좋겠어요. 일본에서의 회사 생활은 어떠셨어요? 그리고 면접에서는 어떤 것을 중심으로 이야기하셨어요? 매우 궁금해요.

☑ CHECK NOTE

일본에서 일한 경험이 있는 선배에게 일본 취업에 관한 조언을 구하는 상황이다. 이때는 어느 정도 격식은 차리더라도 응답예 1처럼 친근한 말투로 말해도 좋고, 응답예 2처럼 아예 경어를 써서 답변해도 된다. 경어를 사용할 때는 존경어와 겸양어가 틀리지 않도록 적절히 사용하는 것이 중요하다. 누가 행동의 주체인지 의식해서 제대로 사용하지 않으면 오히려 감점 요인이 될 수도 있다. 선배의 행동을 높여 말하고 싶다면 「おありだ」(있으시다), 「準備をされた」(준비를 하셨다)처럼 존경어를, 본인의 행동을 낮춤으로써 선배의 행동을 높이려면 「お会いする」(만나 뵙다), 「お話していただけると嬉しい」(이야기해 주시면 좋겠다)처럼 겸양어를 써야 한다. 또한 면접이나 회사 생활 등 구체적으로 어떤 부분에 대한 조언을 원하는지에 대해서도 언급해야 고득점을 노릴 수 있다.

어휘 | 大学(だいがく) 대학 卒業(そつぎょう) 졸업 ～てから ～하고 나서, ～한 후에 日本(にほん) 일본 就職(しゅうしょく) 취직
동사의 ます형+たい ～하고 싶다 働(はたら)く 일하다 先輩(せんぱい) 선배 アドバイス 어드바이스, 조언 求(もと)める 구하다
そう言(い)えば 그러고 보니 동사의 た형+ことがある ～한 적이 있다 実(じつ)は 실은 ～たら ～하면 考(かんが)える 생각하다
何(なに)か 무엇인가, 뭔가 特(とく)に 특히 どのような 어떠한 準備(じゅんび) 준비 ～ておく～해 놓대[두다]
동사의 기본형+べきか (마땅히) ～해야 하는지 知(し)る 알다 お+동사의 ます형+する ～하다, ～해 드리다 *겸양표현 会(あ)う 만나다
久(ひさ)しぶりだ 오랜만이다 経験(けいけん) 경험 お+동사의 ます형+だ ～하시다 *존경표현 ある 있다
伺(うかが)う 듣다, 여쭙다 *「聞(き)く」(듣다, 묻다)의 겸양어 ～ていただけないでしょうか (남에게) ～해 받을 수 없을까?, (남이) ～해 주시
지 않을래요? 具体的(ぐたいてき)だ 구체적이다 赴任(ふにん) 부임 동사의 기본형+前(まえ)に ～하기 전에 職場(しょくば) 직장
マナー 매너 話(はなし) 이야기 会社(かいしゃ) 회사 生活(せいかつ) 생활
いかがでしたか 어떠셨습니까? *「どうでしたか」(어땠습니까?)의 공손한 표현 それから 그리고, 그러고 나서 面接(めんせつ) 면접
中心(ちゅうしん) 중심 気(き)になる 궁금하다

LEVEL UP

어휘&표현 ◆ 존경표현

▶ **お+동사의 ます형+になる/ご+한자 명사+になる : ～하시다**

私(わたし)の教授(きょうじゅ)は1年(いちねん)に5本(ごほん)ずつ論文(ろんぶん)をお書(か)きになります。 제 교수님은 1년에 5편씩 논문을 쓰십니다.

こちらの傘(かさ)をご利用(りよう)になりますか。 이 우산을 이용하시겠습니까?

▶ **お+동사의 ます형+だ/ご+한자 명사+だ : ～하시다**

部長(ぶちょう)は留学(りゅうがく)のご経験(けいけん)がおありだ。 부장님은 유학 경험이 있으시다.

田中先生(たなかせんせい)はどんな分野(ぶんや)をご研究(けんきゅう)ですか。 다나카 선생님은 어떤 분야를 연구하십니까?

第7部 連続した絵 | 스토리 구성

①　　　　　②　　　　　③　　　　　④

음원 126

답변 준비 시간 : 30秒

応答例

A1

① 家の前の庭で男の子がサッカーボールで遊んでいます。その横で姉が花に水やりをしています。

② 男の子が遊んでいたボールが水をやっていた植木鉢に当たって割れてしまいました。姉はそれを見て泣き出してしまいます。家からお母さんが出てきて驚いています。

③ 夜になって、お母さんがこっそりと外に出てきました。お母さんは植木鉢に新しく花を植えているようです。

④ 朝になって、子供たちは庭に出てきました。新しく花が植えられているのを見て、二人とも喜んでいます。お母さんもその様子を見て嬉しそうにしています。

A2

家の前の庭で女の子とその弟がいます。女の子は庭で育てている花に水をやっています。弟はその横でサッカーボールを蹴りながら遊んでいます。そのサッカーボールが、うっかり花が植えてある植木鉢に当たってしまいました。植木鉢は割れてしまい、それを見た女の子は驚いて、泣き出してしまいます。弟もそれを見て慌てている様子です。その時お母さんが家から出てきて、その光景を目にします。お母さんは割れている植木鉢と泣いている女の子を見て、驚きと心配の表情を浮かべています。夜遅くに、お母さんは密かに庭に出てきて、花を新しく植えています。そして朝になり、子供たちが外に出てきました。子供たちは一晩の間に花が新しく植えられているのを目にします。それを見て、女の子は嬉しそうにしていて、弟はすまなそうに

しつつ、ほっとしている様子です。お母さんも子供たちの反応を見て、微笑みを浮かべるのでした。

답변 시간 : 90秒 ……… 終わりです

A1

① 집 앞 마당에서 남자아이가 축구공으로 놀고 있습니다. 그 옆에서 누나가 꽃에 물주기를 하고 있습니다.

② 남자아이가 놀고 있던 공이 물을 주던 화분에 맞아서 깨지고 말았습니다. 누나는 그것을 보고 울음을 터뜨리고 맙니다. 집에서 어머니가 나와서 놀라고 있습니다.

③ 밤이 되어 어머니가 몰래 밖으로 나왔습니다. 어머니는 화분에 새로 꽃을 심고 있는 것 같습니다.

④ 아침이 되어 아이들은 마당으로 나왔습니다. 새로 꽃이 심어져 있는 것을 보고 둘 다 기뻐합니다. 어머니도 그 모습을 보고 기쁜 것 같습니다.

A2

집 앞 마당에 여자아이와 그 남동생이 있습니다. 여자아이는 마당에서 키우고 있는 꽃에 물을 주고 있습니다. 남동생은 그 옆에서 축구공을 차면서 놀고 있습니다. 그 축구공이 그만 꽃이 심어져 있는 화분에 맞아 버렸습니다. 화분은 깨져 버리고, 그것을 본 여자아이는 놀라서 울음을 터뜨리고 맙니다. 남동생도 그것을 보고 당황하는 모습입니다. 그때 어머니가 집에서 나와 그 광경을 보게 됩니다. 어머니는 깨져 있는 화분과 울고 있는 여자아이를 보고 놀람과 걱정의 표정을 짓고 있습니다. 밤늦게 어머니는 슬그머니 마당에 나와서 꽃을 새로 심고 있습니다. 그리고 아침이 되어 아이들이 밖으로 나왔습니다. 아이들은 하룻밤 사이에 꽃이 새롭게 심어져 있는 것을 봅니다. 그것을 보고 여자아이는 기쁜 것 같고, 남동생은 미안한 듯하면서도 안심하고 있는 모습입니다. 어머니도 아이들의 반응을 보고 미소를 짓는 것이었습니다.

☑ CHECK NOTE

제7부에서 높은 점수를 받으려면 그림 속의 포인트를 놓치지 않고 매끄러운 문장으로 연결해야만 한다. 응답예 1처럼 그림을 하나 하나 구분해서 설명하거나, 응답예 2처럼 연속된 이야기로 말하는 것도 괜찮다. 그림의 상황을 보고 설명할 때는 「〜ようだ」(〜인 것 같다), 「〜様子だ」(〜하는 모습이다)와 같은 표현을 적절히 사용하는 것이 좋다. 주어진 시간 내에 그림에 나와 있는 내용을 최대한 많이 설명할 수 있도록 꾸준한 연습이 필요한 파트이다.

어휘 | 家(いえ) 집 前(まえ) (공간적인) 앞 庭(にわ) 마당 男(おとこ)の子(こ) 남자아이 サッカーボール 축구공 遊(あそ)ぶ 놀다 横(よこ) 옆 姉(あね) 누나, 언니 花(はな) 꽃 水(みず)やり 물주기 やる (손아랫사람이나 동식물에) 주다 植木鉢(うえきばち) 화분 当(あ)たる 맞다, 부딪치다 割(わ)れる 깨지다 泣(な)き出(だ)す 울기 시작하다, 울음을 터뜨리다 出(で)る 나오다 驚(おどろ)く 놀라다 夜(よる) 밤 こっそりと 살짝, 몰래 外(そと) 밖 新(あたら)しい 새롭다 植(う)える 심다 〜ようだ 〜인 것 같다 朝(あさ) 아침 子供(こども) 아이 〜たち (사람이나 생물을 나타내는 말에 붙어) 〜들 二人(ふたり) 둘, 두 사람 〜とも 〜모두, 〜다 喜(よろこ)ぶ 기뻐하다 様子(ようす) 모습 嬉(うれ)しい 기쁘다 な형용사/い형용사의 어간+そうにする 〜인 것 같다, 〜인 듯한 상태로 보이다 女(おんな)の子(こ) 여자아이 弟(おとうと) 남동생 育(そだ)てる 키우다 蹴(け)る 차다 동사의 ます형+ながら 〜하면서 *동시동작 うっかり 무심코, 그만 타동사+てある 〜해져 있다 *상태 표현 慌(あわ)てる 당황하다 光景(こうけい) 광경 目(め)にする 보다 驚(おどろ)き 놀라움 心配(しんぱい) 걱정 表情(ひょうじょう) 표정 浮(う)かべる (감정 등을) 띠다, 짓다 夜遅(よるおそ)くに 밤늦게 密(ひそ)かに 슬그머니 そして 그리고 一晩(ひとばん) 하룻밤 間(あいだ) 동안, 사이 すまない 미안하다 동사의 ます형+つつ 〜하면서 ほっとする 안심하다 反応(はんのう) 반응 微笑(ほほえ)み 미소

기출
문제
해설

04

第1部 自己紹介 | 자기소개

だい いち ぶ じ こ しょうかい

問題1 お名前は何とおっしゃいますか。　답변 준비 시간 : 0秒

음원 127

応答例

A1　ペク・ジヨンです。

A2　ペク・ジヨンと申します。

답변 시간 : 10秒 …… 終わりです

Q　성함은 어떻게 되십니까?

　A1　백지영입니다.

　A2　백지영이라고 합니다.

☑ CHECK NOTE

본인 이름을 물었을 때 「私の名前は○○です」(제 이름은 ○○입니다)라고 말하는 경우가 많다. 문법적으로 맞는 표현이지만, 실제 회화에서는 보통 주어를 생략하고 말하기 때문에 「이름＋です」(이름＋입니다)라고 간결하게 대답하면 된다. 좀 더 공손하게 말하고 싶으면 「이름＋と申します」(이름＋라고 합니다)의 형태로 답하면 된다. 이때도 「私の名前は○○と申します」(제 이름은 ○○라고 합니다)라고 말하는 경우가 많은데, 실제 회화에서는 쓰지 않는 부자연스러운 표현이므로 「이름＋と申します」(이름＋라고 합니다)만으로도 충분하다. 그리고 일본에서는 성(姓)만 말하는 것이 일반적이므로 「ペクです/ペクと申します」(백지영입니다/백지영이라고 합니다)라고 답해도 된다.

어휘 | 名前(なまえ) 이름, 성명 *「お名前(なまえ)」– 성함　何(なん)と 뭐라고　おっしゃる 말씀하시다 *「言(い)う」(말하다)의 존경어
～と申(もう)す ～라고 하다 *「～と言(い)う」의 겸양표현

問題2 どこに住んでいますか。 답변 준비 시간 : 0秒

음원 128

応答例

A1 <ruby>京畿道<rt>キョンギド</rt></ruby>です。

A2 <ruby>京畿道<rt>キョンギド</rt></ruby>の<ruby>金浦市<rt>キンポし</rt></ruby>に住んでいます。<ruby>金浦空港<rt>キンポくうこう</rt></ruby>の<ruby>近<rt>ちか</rt></ruby>くです。

답변 시간 : 10秒 ⋯⋯ 終わりです

Q 어디에 살고 있습니까[삽니까]?

A1 경기도입니다.

A2 경기도 김포시에 살고 있습니다[삽니다]. 김포공항 근처입니다.

☑ CHECK NOTE

사는 곳을 답하는 가장 쉬운 방법은 이름을 답할 때와 마찬가지로 「장소+です」(장소+입니다)이다. 혹은 「장소+に住んでいます」(장소+에 살고 있습니다[삽니다])라고 대답해도 좋다. 지명이나 장소의 범위를 어디까지 말해야 할지는 그다지 중요하지 않은데, 「京畿道です」(경기도입니다) 정도로 답해도 좋고, 「京畿道の金浦市です」(경기도 김포시입니다)라고 해도 무방하다. 응답예 1처럼 대부분의 사람들이 알 만한 도시라면 추가 설명이 필요하지 않겠지만, 일본인에게 다소 낯선 지명일 경우 응답예 2처럼 친절하게 설명을 덧붙이면 좀 더 좋은 평가를 받을 수 있다.

어휘 | どこ 어디 住(す)む 살다, 거주하다 空港(くうこう) 공항 近(ちか)く 근처

問題3 誕生日(たんじょうび)はいつですか。 답변 준비 시간 : 0秒

음원 129

応答例

A1 6月2日(ろくがつふつか)生(う)まれです。

A2 1 9 7 7年7月7日(せんきゅうひゃくななじゅうななねんしちがつなのか)生(う)まれです。

답변 시간 : 10秒 ‧‧‧‧‧‧ 終わりです

Q 생일은 언제입니까?

A1 6월 2일생입니다.

A2 1977년 7월 7일생입니다.

☑ CHECK NOTE

생일을 말하는 가장 쉬운 방법은 「생일(~월 ~일)+です」(생일(~월 ~일)+입니다)인데, 「(생년)월일+生まれです」((생년)월일+생입니다)라고 해도 된다. 단, '1일~10일, 14일, 20일, 24일'은 「숫자+日(にち)」(숫자+일)의 형태가 아니라 특수하게 읽기 때문에 따로 외워 두어야 한다. 응답예 1처럼 월과 일만 말해도 상관없지만, 응답예 2처럼 생년월일을 다 말해도 좋다. 이때 날짜를 정확히 말하지 않으면 오히려 감점 요인이 될 수 있으므로 주의해야 한다. (날짜 읽기는 P.19 참조)

어휘 | 誕生日(たんじょうび) 생일 いつ 언제 ~月(がつ) ~월 2日(ふつか) 2일 7日(なのか) 7일 生(う)まれ 출생, 태어남

❗ 틀리기 쉬운 표현

私(わたし)の誕生日(たんじょうび)は6月2日(ろくがつふつか)生(う)まれです。 (X)

➡ 私(わたし)の誕生日(たんじょうび)は6月2日(ろくがつふつか)生(う)まれです。 (O) 제 생일은 6월 2일생입니다.

: 「誕生日(たんじょうび)」(생일)와 「生(う)まれ」(출생)는 뜻이 중복되는 단어이므로 함께 써서는 안 된다. 「私(わたし)の誕生日(たんじょうび)は~です」(제 생일은 ~입니다)라고 할 때는 생일만 넣어서 말하면 되고, 「私(わたし)は~生(う)まれです」((저는) ~생입니다)라고 할 때는 「誕生日(たんじょうび)」(생일)를 빼고 '(생년)월일'만 말해야 한다.

問題 4 趣味(しゅみ)は何(なん)ですか。 답변 준비 시간 : 0秒

음원 130

応答例

A1 オンラインゲームです。

A2 私(わたし)はゲームが好(す)きです。オンラインゲームはもちろん、ボードゲームも大好(だいす)きです。

답변 시간 : 10秒 …… 終わりです

Q 취미는 무엇입니까?

A1 온라인 게임입니다.

A2 저는 게임을 좋아합니다. 온라인 게임은 물론이고 보드게임도 매우 좋아합니다.

☑ **CHECK NOTE**

쉽게 답하는 방법은 역시 「명사＋です」(명사＋입니다), 혹은 「동사의 기본형＋ことです」(~하는 것입니다)라고 말하는 것이다. 응답예 2처럼 '취미'를 「명사＋が好(す)きです」(~을 좋아합니다)처럼 풀어서 말하는 것도 좋다. 여기에 「~はもちろん」(~은 물론)과 같은 표현을 써서 다른 예도 들어 함께 말하면 좀 더 좋은 평가를 받을 수 있다. (취미표현은 P.21 참조)

어휘 | 趣味(しゅみ) 취미 オンラインゲーム 온라인 게임 好(す)きだ 좋아하다 ボードゲーム 보드게임 大好(だいす)きだ 매우 좋아하다

問題 1

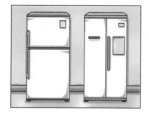

冷蔵庫は何台ありますか。

답변 준비 시간 : 3秒

음원 131

応答例

A1 2台です。

A2 冷蔵庫は全部で2台あります。

답변 시간 : 6秒 ······ 終わりです

Q 냉장고는 몇 대 있습니까?

A1 2대입니다.

A2 냉장고는 전부 해서 2대 있습니다.

☑ CHECK NOTE

사물이 몇 개 있는지 묻는 문제의 경우, 숫자와 함께 사물에 따라 정확한 단위를 구사하는 것이 중요하다. 「いくつですか」(몇 개입니까?)로 물었을 때 10개 이하인 경우에는 「고유수＋です」(고유수＋입니다) 또는 「～個」(～개)를 써서 「숫자＋단위(個)＋です」(숫자＋단위(개)＋입니다)라고 답하면 되고, 11개 이상일 때는 「숫자＋단위(個)＋です」(숫자＋단위(개)＋입니다)로 답하면 된다. 그러나 문제에서는 「～台」(～대)라는 단위를 써서 물었으므로, 「숫자＋단위(台)＋です」(숫자＋단위(대)＋입니다), 혹은 문제를 응용해서 「숫자＋단위(台)＋あります」(숫자＋단위(대)＋있습니다)라고 답해야 한다.

어휘 | 冷蔵庫(れいぞうこ) 냉장고 何台(なんだい) 몇 대 ～台(だい) ～대 *차나 기계를 세는 말 全部(ぜんぶ)で 전부 해서

어휘&표현 ◆ 조수사 ④

| 고유수 |

一つ	ひとつ	五つ	いつつ	九つ	ここのつ
二つ	ふたつ	六つ	むっつ	十	とお
三つ	みっつ	七つ	ななつ	幾つ	いくつ
四つ	よっつ	八つ	やっつ		

| ～個(개) |

1個	いっこ	5個	ごこ	9個	きゅうこ
2個	にこ	6個	ろっこ	10個	じ(ゅ)っこ
3個	さんこ	7個	ななこ	11個	じゅういっこ
4個	よんこ	8個	はちこ・はっこ	何個	なんこ

| ～台(대) |

1台	いちだい	5台	ごだい	9台	きゅうだい
2台	にだい	6台	ろくだい	10台	じゅうだい
3台	さんだい	7台	ななだい	11台	じゅういちだい
4台	よんだい	8台	はちだい	何台	なんだい

これは何^{なん}ですか。

답변 준비 시간 : 3秒

応答例

A1 鍵^{かぎ}です。

A2 丸^{まる}い穴^{あな}の開^あいた金色^{きんいろ}の鍵^{かぎ}です。

답변 시간 : 6秒 ⋯⋯ 終わりです

Q 이것은 무엇입니까?

A1 열쇠입니다.

A2 둥근 구멍이 뚫린 금색 열쇠입니다.

☑ CHECK NOTE

사물의 명칭을 묻고 있으므로, 이에 대한 대답 역시 「명사＋です」(명사＋입니다)라고 하는 것이 가장 간단한 방법이다. 응답예 2와 같이 사물의 명칭뿐만 아니라, 모양이나 색깔 등과 같이 구체적인 특징을 덧붙이면 보다 좋은 점수를 받을 수 있다. 단, 이런 문제의 경우 사물을 지칭하는 명사를 모르면 아예 대답할 수 없는 문제이므로, 질문을 듣자마자 반사적으로 답변할 수 있도록 평소 다양한 어휘를 익혀 둘 필요가 있다.

어휘 | 鍵(かぎ) 열쇠 丸(まる)い 둥글다 穴(あな) 구멍 開(あ)く 나다, 뚫리다 金色(きんいろ) 금색

問題3

음원 133

女の子のズボンは短いですか。
<ruby>女<rt>おんな</rt></ruby>の<ruby>子<rt>こ</rt></ruby>のズボンは<ruby>短<rt>みじか</rt></ruby>いですか。

답변 준비 시간 : 3秒

応答例

A1 いいえ、<ruby>長<rt>なが</rt></ruby>いです。

A2 いいえ、<ruby>女<rt>おんな</rt></ruby>の<ruby>子<rt>こ</rt></ruby>のズボンは<ruby>短<rt>みじか</rt></ruby>くありません。<ruby>長<rt>なが</rt></ruby>いです。

답변 시간 : 6秒 ······ 終わりです

Q 여자아이의 바지는 짧습니까?

　A1 아니요, 깁니다.

　A2 아니요, 여자아이의 바지는 짧지 않습니다. 깁니다.

☑ CHECK NOTE

제2부에서는 그림과 질문의 내용이 반대되는 문제도 자주 출제되므로, 평소 단어를 외울 때 반의어도 묶어서 외워 두는 것이 좋다. 이런 질문의 경우 「いいえ」(아니요)라고 부정한 후 반의어를 써서 답하면 된다. 또는 응답예 2와 같이 일단 부정한 다음 정확한 의미의 답변을 덧붙이는 것도 좋은데, 이때 い형용사의 접속에 주의해야 한다. な형용사의 정중 부정형과 헷갈려서 「<ruby>短<rt>みじか</rt></ruby>いじゃありません」이라고 답하는 수험자도 있는데 이런 경우 감점의 대상이 된다. い형용사의 정중 부정형은 「い형용사의 어간+くありません[くないです]」(~하지 않습니다)임을 명심하자.

어휘 | 女(おんな)の子(こ) 여자아이 ズボン 바지 短(みじか)い 짧다 長(なが)い 길다

問題 4

<ruby>男<rt>おとこ</rt></ruby>の<ruby>人<rt>ひと</rt></ruby>は<ruby>何<rt>なに</rt></ruby>をしていますか。

답변 준비 시간 : 3秒

음원 134

応答例

A1 ケーキを<ruby>作<rt>つく</rt></ruby>っています。

A2 <ruby>生<rt>なま</rt></ruby>クリームでケーキのデコレーションをしています。

답변 시간 : 6秒 ······ 終わりです

Q 남자는 무엇을 하고 있습니까?

A1 케이크를 만들고 있습니다.

A2 생크림으로 케이크 장식을 하고 있습니다.

☑ **CHECK NOTE**

남자의 행동에 대해 묻고 있으므로, 그림에 해당하는 명사와 동사를 재빨리 떠올린 후 질문의 시제에 맞게 「〜ています」(〜하고 있습니다)라고 정중 진행형을 써서 답하면 된다. 응답예 1처럼 「ケーキ」(케이크), 「作る」(만들다)라는 어휘를 이용해서 포괄적인 답을 할 수도 있지만, 응답예 2처럼 좀 더 다양한 어휘를 구사해서 사물의 모양이나 남자의 구체적인 행동을 설명한다면 고득점을 노릴 수 있다.

어휘 | 男(おとこ)の人(ひと) 남자 何(なに) 무엇 ケーキ 케이크 作(つく)る 만들다 生(なま)クリーム 생크림
デコレーション 데커레이션, 장식

어휘&표현 ◆ 행동

ご飯を食べる 밥을 먹다

顔を洗う 세수를 하다

後片付けをする 뒷정리를 하다

歌を歌う 노래를 부르다

手を振る 손을 흔들다

腕を組む 팔짱을 끼다

化粧をする 화장을 하다

ぐうぐう寝る 쿨쿨 자다

汗をかく 땀을 흘리다

掃除機をかける 청소기를 돌리다

洗濯物を干す 빨래를 널다

布団を畳む 이불을 개다

傘を差す 우산을 쓰다

傘を畳む 우산을 접다

歯を磨く 이를 닦다

シャワーを浴びる 샤워를 하다

音楽を聞く 음악을 듣다

踊りを踊る 춤을 추다

手を叩く 손뼉을 치다

足を組む 다리를 꼬고 앉다

頭を掻く 머리를 긁다

いびきをかく 코를 골다

汗を拭く 땀을 닦다

アイロンをかける 다림질을 하다

洗濯物をしまう 빨래를 걷다

布団を敷く 이불을 깔다

傘を開く 우산을 펴다

コピーを取る 복사를 하다

第3部 敏速な応答 | 대화 완성

問題 1

普段どんな色の服をよく着ますか。

답변 준비 시간 : 2秒

음원 135

応答例

A1 赤色の服をよく着ます。

A2 そうですね。昔は派手な色もよく着ていましたが、最近は落ち着いた色をよく着ますね。例えば、グレーとかネイビーとかです。

답변 시간 : 15秒 …… 終わりです

Q 평소에 어떤 색의 옷을 자주 입어요?

A1 빨간색 옷을 자주 입어요.

A2 글쎄요. 예전에는 화려한 색도 자주 입었는데, 요즘은 차분한 색을 자주 입네요. 예를 들면 회색이라든지 네이비라든지요.

☑ CHECK NOTE

평소 어떤 색의 옷을 입는지를 묻고 있다. 따라서 답변에는 질문의 「どんな色」(어떤 색)에 대한 답변이 우선 나와야 한다. 가장 간단하게는 「~色の服です」(~색 옷입니다)라고 할 수 있지만, 이왕이면 질문의 표현을 응용해서 「~色の服をよく着ます」(~색 옷을 자주 입습니다)처럼 말하는 것이 좋다. 고득점을 노린다면 응답예 2와 같이 「昔は~が、最近は~」(예전에는 ~지만, 요즘은 ~)처럼 과거와 현재의 취향 변화를 비교해서 말하거나, 구체적인 색을 언급하는 것도 좋다. 구체적인 예시를 나열할 때는 「例えば」(예를 들면), 「~とか~とか」(~라든지 ~라든지)와 같은 표현을 사용하면 된다.

어휘 | 普段(ふだん) 평소 どんな 어떤 色(いろ) 색 服(ふく) 옷 よく 자주 着(き)る (옷을) 입다 赤色(あかいろ) 빨간색
昔(むかし) 옛날, 예전 派手(はで)だ 화려하다 最近(さいきん) 최근, 요즘 落(お)ち着(つ)く (빛깔·분위기 등이) 차분하다
グレー 그레이, 회색 ネイビー 네이비, 짙은 남색

問題 2

<ruby>一人<rt>ひとり</rt></ruby>でするスポーツとチームでするスポーツとどちらが<ruby>好<rt>す</rt></ruby>きですか。

음원 136

답변 준비 시간 : 2秒

応答例

A1 どちらかというと、<ruby>一人<rt>ひとり</rt></ruby>でするスポーツの<ruby>方<rt>ほう</rt></ruby>が<ruby>好<rt>す</rt></ruby>きです。

A2 <ruby>私<rt>わたし</rt></ruby>はチームでするスポーツの<ruby>方<rt>ほう</rt></ruby>が<ruby>好<rt>す</rt></ruby>きです。<ruby>例<rt>たと</rt></ruby>えば、<ruby>野球<rt>やきゅう</rt></ruby>やサッカーです。<ruby>人数<rt>にんずう</rt></ruby>が<ruby>多<rt>おお</rt></ruby>い<ruby>方<rt>ほう</rt></ruby>が<ruby>迫力<rt>はくりょく</rt></ruby>もあるし、チームで<ruby>一致団結<rt>いっちだんけつ</rt></ruby>して<ruby>勝負<rt>しょうぶ</rt></ruby>に<ruby>挑<rt>いど</rt></ruby>むのが、とても<ruby>好<rt>す</rt></ruby>きなんです。

답변 시간 : 15秒 …… 終わりです

Q 혼자 하는 스포츠와 팀으로 하는 스포츠 중 어느 쪽을 좋아해요?

A1 어느 쪽이냐 하면 혼자서 하는 스포츠 쪽을 좋아해요.

A2 저는 팀으로 하는 스포츠 쪽을 좋아해요. 예를 들면 야구나 축구요. 인원이 많은 쪽이 박력도 있고, 팀으로 일치단결해서 승부에 도전하는 것을 매우 좋아하거든요.

☑ CHECK NOTE

질문의 「AとBとどちらが好きですか」(A와 B 중 어느 쪽을 좋아합니까?)는 자주 출제되는 문형 중 하나로, 답할 때는 둘 중 어느 한쪽을 선택한 후 「~の方が好きです」(~쪽을 (더) 좋아합니다)라는 표현을 써서 답하도록 한다. 이때 앞에 「どちらかというと」 (어느 쪽이냐 하면)와 같은 표현을 덧붙여도 좋다. 응답예 2와 같이 「例えば~です」(예를 들면 ~입니다)처럼 구체적으로 어떤 종목인지, 왜 좋아하는지 그 이유까지 말할 수 있다면 좀 더 고득점을 노릴 수 있다.

어휘 | 一人(ひとり)で 혼자서 スポーツ 스포츠 チーム 팀 どちら 어느 쪽 好(す)きだ 좋아하다 どちらかというと 어느 쪽이냐 하면 方(ほう) 편, 쪽 例(たと)えば 예를 들면 野球(やきゅう) 야구 サッカー 축구 人数(にんずう) 인원수 多(おお)い 많다 迫力(はくりょく) 박력 ~し ~고 一致団結(いっちだんけつ) 일치단결 勝負(しょうぶ) 승부 挑(いど)む 도전하다 とても 매우

問題3

음원 137

今度パソコンを替えようと思っているんですが、何かアドバイスをもらえますか。

답변 준비 시간 : 2秒

応答例

A1 できるだけサイズが大きいものを買うといいですよ。

A2 よく持ち運ぶのだとしたら、軽めのものが楽ですよ。あとは、用途が何かによって変わってきます。予算はどのくらいで考えていますか。

답변 시간 : 15秒 ⋯⋯ 終わりです

Q 이번에 컴퓨터를 바꾸려고 생각하고 있는데요, 뭔가 조언을 받을 수 있나요?

A1 되도록 사이즈가 큰 걸 사면 좋아요.

A2 자주 들고 다니는 거라면 가벼운 게 편해요. 나머지는 용도가 무엇이냐에 따라 달라져요. 예산은 어느 정도로 생각하고 있어요?

☑ CHECK NOTE

컴퓨터 구매에 대한 조언을 구하고 있으므로, 어떤 컴퓨터를 구매하면 좋을지 구체적으로 알려 주는 것이 좋다. 응답예 1처럼 직접적으로 '이런 컴퓨터를 사면 된다'라고 말할 수도 있지만, 응답예 2처럼 상대방의 상황과 예산 등을 고려하여 상세한 조언을 해 준다면 좀 더 높은 점수를 받을 수 있다. 「동사의 기본형+のだとしたら」(~할 거라면) 등의 표현을 사용해 구체적인 조건을 가정하고 거기에 맞는 제품을 조언하면 된다. 이때 종조사 「よ」를 붙여서 말하는 경우가 많은데, 다음 LEVEL UP 어휘&표현에 있는 표현과 함께 체크해 두자.

어휘 | 今度(こんど) 이번 パソコン (개인용) 컴퓨터 *「パーソナルコンピューター」의 준말 替(か)える 바꾸다, 교체하다
동사의 의지형+とする ~하려고 하다 何(なに)か 무엇인가, 뭔가 アドバイス 어드바이스, 조언 もらう (남에게) 받다
できるだけ 가능한 한, 되도록 サイズ 사이즈, 크기 大(おお)きい 크다 買(か)う 사다 いい 좋다 よく 자주
持(も)ち運(はこ)ぶ 들어 나르다, 운반하다 軽(かる)め (약간) 가벼운 듯함 もの 것, 물건 楽(らく)だ 편하다 あと 그 외의 일, 나머지
用途(ようと) 용도 ~によって ~에 의해서[따라서] 変(か)わる 바뀌다, 변하다, 달라지다 予算(よさん) 예산 どのくらい 어느 정도

어휘＆표현 ◆ 조언을 나타내는 표현

▶ 동사의 기본형＋といいですよ/동사의 た형＋たらいいですよ : ～하면 좋아요

フリーパスチケットを買うといいですよ。　자유 이용권을 사면 좋아요.

せっかくだから長めに泊まったらいいですよ。　모처럼이니까 길게 숙박하면 좋아요.

▶ 동사의 기본형＋のはどうですか[いかがですか] : ～하는 것은 어떻습니까[어떠십니까]?

今度の旅行は釜山に行くのはどうですか。　이번 여행은 부산에 가는 건 어때요?

そろそろサービスエリアに寄るのはいかがですか。　이제 슬슬 휴게소에 들르는 건 어떠세요?

問題4

私、マジックショーのチケットがありますが、一緒に見に行きませんか。

음원 138

답변 순비 시간 : 2秒

応答例

A1 いいですね。ぜひ行きましょう。そのマジックショーはいつですか。

A2 えー、行きたいです。私マジックが大好きで、生で一度見てみたかったんですよ。そのマジックショーはいつなんですか。予定空けておきますね。

답변 시간 : 15秒 ······ 終わりです

Q 저, 마술쇼 티켓이 있는데, 같이 보러 안 갈래요?

A1 좋죠. 꼭 갑시다. 그 마술쇼는 언제예요?

A2 와―, 가고 싶어요. 저 마술을 매우 좋아해서 직접 한 번 봐 보고 싶었거든요. 그 마술쇼는 언제예요? 일정 비워 둘게요.

☑ CHECK NOTE

마술쇼를 같이 보러 가지 않겠느냐고 권유하고 있다. 질문의 「~ませんか」(~하지 않겠습니까?, ~하지 않을래요?)는 상대방에게 뭔가를 권유하거나 제안할 때 쓰는 표현으로, 이에 대한 답변은 제안을 받아들이든지, 아니면 거절하든지 둘 중 하나로 해야 한다. 응답예 1과 2에서는 「~ましょう」(~합시다), 「~たいです」(~하고 싶습니다)와 같은 표현을 써서 흔쾌히 제안을 받아들이면서 정확한 날짜를 묻고 있다. 만약 제안을 거절하는 경우라면 「すみません」(죄송합니다)처럼 완곡하게 유감의 뜻을 표시한 뒤 그 이유에 대해 구체적으로 설명하도록 한다.

어휘ㅣ マジックショー 마술쇼 チケット 티켓, (입장권·승차권 등의) 표 一緒(いっしょ)に 함께, 같이 見(み)る 보다
동사의 ます형+に ~하러 *동작의 목적 行(い)く 가다 ぜひ 꼭, 제발, 아무쪼록 いつ 언제 동사의 ます형+たい ~하고 싶다
大好(だいす)きだ 매우 좋아하다 生(なま) 녹음·녹화가 아니고, 직접 듣고 보는 것 一度(いちど) 한 번 予定(よてい) 일정
空(あ)ける 비우다, 틈·시간·공간을 내다[비워 두다] ~ておく ~해 놓다[두다]

問題 5

すみませんが、ご希望の授業は受講者が少ないため閉講
になりました。

음원 139

답변 준비 시간 : 2秒

応答例

A1 そうですか。残念です。また今度受講します。

A2 そうなんですね。仕方ないので、他の授業を受けることにします。同じような時間帯の授業は何がありますか。できれば基礎からしっかり学べるクラスがいいです。

답변 시간 : 15秒 ...... 終わりです

Q 죄송하지만, 희망하시는 수업은 수강자가 적어서 폐강되었습니다.

A1 그래요? 아쉬워요. 다음에 수강할게요.

A2 그렇군요. 어쩔 수 없으니 다른 수업을 듣도록 할게요. 비슷한 시간대의 수업은 뭐가 있나요? 가능하면 기초부터 제대로 배울 수 있는 클래스가 좋아요.

☑ CHECK NOTE

학원에서 데스크 담당자와 수강생이 나누는 대화로, 수강생이 원하는 수업은 폐강되었다면서 양해를 구하고 있는 상황이다. 응답예 1은 「残念です」(아쉽습니다)라고 아쉬움을 표시하면서 이번에는 수강을 하지 않겠다는 의사를 밝히고 있다. 다음에 수강하겠다고 할 때는 「また今度」(다음에 또)와 같은 표현을 사용하면 된다. 응답예 2처럼 폐강된 수업을 대신할 수업을 찾는다면 구체적인 요구 사항을 말하도록 하자. 「~クラスがいいです」(~클래스가 좋습니다)와 같이 직접적인 요구 사항을 말하거나 「どんなクラスがありますか」(어떤 클래스가 있습니까?)처럼 담당자에게 질문을 던져서 대답을 유도하는 것도 좋다.

어휘ㅣ すみません 죄송합니다 ご (한자 명사에 붙어서) 존경의 뜻을 나타냄 希望(きぼう) 희망 授業(じゅぎょう) 수업
受講者(じゅこうしゃ) 수강자 少(すく)ない 적다 ~ため(に) ~때문(에) 閉講(へいこう) 폐강 残念(ざんねん)だ 아쉽다, 유감스럽다
また今度(こんど) 다음에 (또) 受講(じゅこう) 수강 仕方(しかた)ない 어쩔 수 없다 他(ほか) 다른 (것) 受(う)ける (어떤 행위를) 받다
同(おな)じだ 같다 時間帯(じかんたい) 시간대 基礎(きそ) 기초 しっかり 제대로 学(まな)ぶ 배우다 クラス 클래스, 반

第4部 短い応答 | 일상 화제에 대해 설명하기

問題❶ あなたはギターを習ったことがありますか。簡単に説明してください。

답변 준비 시간 : 15秒

음원 140

応答例

A1 はい、ギターを習ったことがあります。高校生の時に友達と一緒に始めました。基本的なコードや簡単な曲を練習しました。今でも時々弾いて楽しんでいます。

A2 はい、習ったことがあります。大学時代に友人とバンドを組むことになり、ギターを始めました。最初は独学で練習していましたが、もっと上達したいと思い、近くのギター教室にも通いました。バンドの公演のためにメンバーと毎日練習した時間がとても楽しかったです。

답변 시간 : 25秒 ······ 終わりです

Q 당신은 기타를 배운 적이 있습니까? 간단하게 설명하세요.

A1 예, 기타를 배운 적이 있습니다. 고등학생 때 친구와 함께 시작했습니다. 기본적인 코드나 간단한 곡을 연습했습니다. 지금도 가끔 치며 즐기고 있습니다.

A2 예, 배운 적이 있습니다. 대학 시절에 친구와 밴드를 결성하게 되어서 기타를 시작했습니다. 처음에는 독학으로 연습했지만, 더 향상되고 싶다고 생각해, 근처의 기타 교실에도 다녔습니다. 밴드의 공연을 위해 멤버와 매일 연습했던 시간이 너무 즐거웠습니다.

☑ CHECK NOTE

「동사의 た형+ことがありますか」(~한 적이 있습니까?)는 경험의 유무를 묻는 표현이므로, 이런 질문의 경우 기본적으로는 「はい、~たことがあります/いいえ、~たことがありません」(예, ~한 적이 있습니다/아니요, ~한 적이 없습니다)와 같이 답하면 된다. 기타를 배운 적이 있다고 대답했다면, 응답예 1처럼 기타에 관련된 경험을 덧붙여 말하면 된다. 응답예 2처럼 언제, 어디서 배웠는지 등 구체적인 답변을 덧붙인다면 고득점을 노릴 수 있다.

어휘 | ギター 기타 習(なら)う 배우다, 익히다 高校生(こうこうせい) 고등학생 友達(ともだち) 친구 一緒(いっしょ)に 함께, 같이
始(はじ)める 시작하다 基本的(きほんてき)だ 기본적이다 コード 코드 簡単(かんたん)だ 간단하다 曲(きょく) 곡 練習(れんしゅう) 연습
今(いま)でも 지금도 *「今(いま)も」(지금도)의 강조표현 時々(ときどき) 종종, 때때로 弾(ひ)く (악기를) 연주하다, 켜다, 치다, 타다
楽(たの)しむ 즐기다 大学時代(だいがくじだい) 대학 시절 友人(ゆうじん) 친구 バンド 밴드 組(く)む (조직을) 만들다
最初(さいしょ) 최초, 맨 처음 独学(どくがく) 독학 もっと 더, 더욱 上達(じょうたつ)する 숙달되다, 향상되다 近(ちか)く 근처
教室(きょうしつ) (기술 등을 가르치는) 교실 通(かよ)う (자주) 다니다 公演(こうえん) 공연 명사+の+ために ~을 위해서 メンバー 멤버
毎日(まいにち) 매일 時間(じかん) 시간 とても 매우 楽(たの)しい 즐겁다

어휘&표현 ◆ 음악

| 악기 |

楽器 악기   ギター 기타   ピアノ 피아노

バイオリン 바이올린   チェロ 첼로   ベース 베이스

ビオラ 비올라   ドラム 드럼   フルート 플루트

トランペット 트럼펫   サックス 색소폰   クラリネット 클라리넷

ハーモニカ 하모니카

| 장르 |

バラード 발라드   ジャズ 재즈   クラシック 클래식

ロック 록   ヒップホップ 힙합   ラップ 랩

演歌 엔카, 트로트

| 그 외 관련 어휘 |

楽譜 악보   作詞 작사   作曲 작곡

演奏会 연주회   コンサート 콘서트   バンド 밴드

合唱団 합창단   オーケストラ 오케스트라   洋楽 양악, 서양 음악

問題2 あなたは外国の料理の中でどんな料理が好きですか。簡単に説明してください。 답변 준비 시간 : 15秒

応答例

A1 中華料理が好きです。特に麻婆豆腐や海老チリが好物です。唐辛子が入った辛い料理が大好きなんです。辛いものを食べるとストレスを発散できてとてもいいです。家でもよく作って食べます。

A2 外国の料理の中では、イタリア料理が特に好きです。イタリア料理はシンプルでありながら、風味が豊かで、高級な味わいが特徴だと思います。新鮮なトマト、バジル、モッツァレラチーズを使ったカプレーゼや、オリーブオイルたっぷりのペペロンチーノは特に大好物です。

답변 시간 : 25秒 …… 終わりです

Q 당신은 외국 요리 중에서 어떤 요리를 좋아합니까? 간단하게 설명하세요.

A1 중국 요리를 좋아합니다. 특히 마파두부와 칠리새우가 좋아하는 음식입니다. 고추가 들어간 매운 요리를 아주 좋아하거든요. 매운 것을 먹으면 스트레스를 발산할 수 있어 매우 좋습니다. 집에서도 자주 만들어 먹습니다.

A2 외국 요리 중에서는 이탈리아 요리를 특히 좋아합니다. 이탈리아 요리는 심플하면서도 풍미가 풍부하고 고급스러운 맛이 특징이라고 생각합니다. 신선한 토마토, 바질, 모차렐라 치즈를 사용한 카프레제와 올리브오일을 듬뿍 넣은 알리오올리오 페페론치노는 특히 아주 좋아하는 음식입니다.

☑ CHECK NOTE

어떤 요리를 좋아하는지 묻고 있는데, 앞에 「外国の料理の中で」(외국 요리 중에서)라는 조건을 달았으므로 답변도 이에 맞춰 응답예 1처럼 「中華料理が好きです」(중국 요리를 좋아합니다)라고 하면 된다. 또는 응답예 2처럼 「~の中では~が特に好きです」(~중에서는 ~을 특히 좋아합니다)와 같이 답변해도 좋다. 본인이 좋아하는 외국 요리를 언급하고 이어서 왜 좋아하는지, 특히 어떤 요리를 좋아하는지를 덧붙이면 보다 구체적인 답변을 만들 수 있다. 참고로 '일식'은 「和食」, '양식'은 「洋食」, '중국 요리, 중식'은 「中華料理」, '한국 요리, 한식'은 「韓国料理」라고 한다.

어휘 | 外国(がいこく) 외국 料理(りょうり) 요리 どんな 어떤 好(す)きだ 좋아하다 中華(ちゅうか) 중화, 중국 特(とく)に 특히
麻婆豆腐(マーボーどうふ) 마파두부 海老(えび)チリ 칠리새우 好物(こうぶつ) 좋아하는 음식 唐辛子(とうがらし) 고추
ストレス 스트레스 発散(はっさん) 발산 家(いえ) 집 よく 자주 作(つく)る 만들다 食(た)べる 먹다 イタリア 이탈리아
シンプルだ 심플하다, 간단하다 동사의 ます형+ながら ~하면서도 *역접 風味(ふうみ) 풍미 豊(ゆた)かだ 풍부하다
高級(こうきゅう)だ 고급스럽다 味(あじ)わい (음식물의) 맛 特徴(とくちょう) 특징 新鮮(しんせん)だ 신선하다 トマト 토마토
バジル 바질 モッツァレラチーズ 모차렐라 치즈 カプレーゼ 카프레제 *얇게 저민 토마토와 모차렐라 치즈, 바질을 교대로 얹고 올리브오일을
뿌린 샐러드 オリーブオイル 올리브오일 ペペロンチーノ 알리오올리오 페페론치노 *「アーリオオリオペペロンチーノ」의 준말로, 마늘과 매운 고추를 올리브오일에 볶아 삶은 스파게티 면과 버무린 것 大好物(だいこうぶつ) 매우 좋아하는 음식, 가장 좋아하는 것

어휘&표현 ◆ 음식

| 和食(일식) |

寿司 초밥

天ぷら 튀김

刺身 회

うどん 우동

そば 메밀국수

焼き鳥 닭꼬치

ラーメン 라면

すき焼き 스키야키

しゃぶしゃぶ 샤브샤브

天丼 튀김덮밥

親子丼 닭고기달걀덮밥

唐揚げ 가라아게, 닭튀김

お好み焼き 오코노미야키

トンカツ 돈가스

おにぎり 주먹밥

たまご焼き 달걀말이

| 洋食(양식) |

ハンバーグ 햄버그

ステーキ 스테이크

オムライス 오므라이스

カレーライス 카레라이스

スパゲッティ 스파게티

ピザ 피자

グラタン 그라탕

ローストビーフ 로스트 비프

エビフライ 새우튀김

| 中華料理(중국 요리, 중식) |

餃子 교자, 만두

チャーハン 볶음밥

酢豚 탕수육

もち米酢豚 꿔바로우

海老マヨ 크림새우

海老チリ 칠리새우

麻婆豆腐 마파두부

麻婆ナス 마파가지

八宝菜 팔보채

春巻 춘권

担々麺 탄탄면

問題 3 あなたは週に何回ぐらい掃除をしますか。簡単に説明してください。

답변 준비 시간 : 15秒

음원 142

応答例

A1 私はほぼ毎日、簡単に掃除をします。一人暮らしをしているので、部屋が汚くならないように、気が付いた時に掃除機をかけたり、床を拭いたりします。日頃から整理整頓も心がけるようにしています。

A2 私は週に2回、掃除をするようにしています。週末は家全体をしっかりと掃除し、特にキッチンやトイレを重点的にきれいにします。平日は忙しいので、簡単に片付けをする程度ですが、特に散らかりやすいリビングや机周りを整頓するようにしています。

답변 시간 : 25秒 ······ 終わりです

Q 당신은 주에 몇 번 정도 청소를 합니까? 간단하게 설명하세요.

A1 저는 거의 매일 간단히 청소를 합니다. 혼자 살고 있기 때문에 방이 더러워지지 않도록 알아차렸을 때 청소기를 돌리거나 바닥을 닦거나 합니다. 평소부터 정리정돈도 유념하도록 하고 있습니다.

A2 저는 주에 두 번 청소를 하도록 하고 있습니다. 주말에는 집 전체를 제대로 청소하고, 특히 주방과 화장실을 중점적으로 깨끗하게 합니다. 평일은 바쁘기 때문에 간단하게 정리를 하는 정도입니다만, 특히 어질러지기 쉬운 거실이나 책상 주위를 정돈하도록 하고 있습니다.

☑ CHECK NOTE

「週に何回ぐらい」(주에 몇 번 정도)라고 물었으므로, 이에 대한 답변도 「週に~回、…」(주에 ~번, …)의 형식으로 하면 되는데, 응답예 1처럼 매일 청소를 하고 있다면 「毎日」(매일)라고 말할 수도 있다. 일단 이렇게 질문의 횟수에 대한 답변을 한 뒤에는 청소와 관련된 구체적인 내용을 추가해서 말하도록 한다. 청소와 관련된 표현으로는 「掃除をする/掃除機をかける/床を拭く/きれいにする/片付けをする」(청소를 하다/청소기를 돌리다/바닥을 닦다/깨끗이 하다/정리를 하다) 등을 활용하면 된다. 이런 동사를 연결해서 말할 때는 응답예 1처럼 동사의 た형을 사용해서 「~たり~たりする」(~하거나 ~하거나 한다)와 같은 표현을 사용하면 좀 더 매끄러운 문장을 만들 수 있다. 또는 응답예 2처럼 주말이냐 평일이냐에 따라 청소 방법이 다르다면 각각 나눠서 설명해 보는 것도 좋은데, 「동사의 기본형+ようにしている」(~하도록 하고 있다)라는 표현을 사용하여 습관적으로 하고 있는 것을 나타내면 된다.

어휘 | 週(しゅう) 주, 7일간　何回(なんかい) 몇 번　掃除(そうじ) 청소　ほぼ 거의　毎日(まいにち) 매일　一人暮(ひとりぐ)らし 혼자서 삶　部屋(へや) 방　汚(きたな)い 더럽다　い형용사의 어간+くなる ~해지다　気(き)が付(つ)く 깨닫다, 알아차리다　掃除機(そうじき) 청소기　かける (기계 등을) 틀다, 걸다 *「掃除機(そうじき)をかける」- 청소기를 돌리다　床(ゆか) 바닥　拭(ふ)く 닦다　日頃(ひごろ) 평소　整理整頓(せいりせいとん) 정리정돈　心(こころ)がける 유념하다, 명심하다　~回(かい) ~회, ~번　週末(しゅうまつ) 주말　全体(ぜんたい) 전체　しっかり 제대로, 확실히　特(とく)に 특히　キッチン 키친, 부엌　トイレ 화장실　重点的(じゅうてんてき)だ 중점적이다　きれいだ 깨끗하다　平日(へいじつ) 평일　忙(いそが)しい 바쁘다　片付(かたづ)け 정리　程度(ていど) 정도　散(ち)らかる 어질러지다　동사의 ます형+やすい ~하기 쉽다　リビング 거실　机(つくえ) 책상　周(まわ)り 주위　整頓(せいとん) 정돈

問題 4 あなたは宝くじが当たったらお金を何に使いたいですか。簡単に説明してください。　답변 준비 시간 : 15秒　음원 143

応答例

A1 宝くじが当たったら、まず、ハワイ旅行に行きたいです。そして、家を購入し、家族にも好きなものを買ってあげたいです。また、将来のために貯金もします。

A2 もし宝くじが当たったら、まずは長年の夢だった世界一周旅行に出かけたいです。特にヨーロッパの歴史的な街並みや南米の大自然を楽しみたいです。その後には、快適なマイホームを購入したいです。そして家族にも日頃の感謝を込めてプレゼントを贈ってあげたいです。

답변 시간 : 25秒 …… 終わりです

Q 당신은 복권이 당첨되면 돈을 무엇에 쓰고 싶습니까? 간단하게 설명하세요.

A1 복권이 당첨되면 먼저 하와이 여행을 가고 싶습니다. 그리고 집을 구입하고 가족에게도 좋아하는 것을 사 주고 싶습니다. 또한 장래를 위해서 저금도 하겠습니다.

A2 만약 복권이 당첨되면 우선은 오랜 꿈이었던 세계일주 여행을 떠나고 싶습니다. 특히 유럽의 역사적인 거리와 남미의 대자연을 즐기고 싶습니다. 그 후에는 쾌적한 내 집을 구입하고 싶습니다. 그리고 가족들에게도 평소의 감사를 담아 선물을 보내 주고 싶습니다.

☑ CHECK NOTE

「~たら、~たいですか」(~라면 ~하고 싶습니까?)는 실제로 일어나지 않은 일을 가정해서 미래의 희망을 묻는 질문이므로, 이에 대한 응답 역시 「~たら、~たいです」(~라면 ~하고 싶습니다)의 형태로 하면 된다. 또는 「~がほしいです」(~을 갖고 싶습니다)라고 해도 좋다. 그리고 타인에게 뭔가를 해 주고 싶다고 말할 때는 「~てあげる」((내가 남에게) ~해 주다)라는 수수동사 표현을 활용하여 「~てあげたいです」((내가 남에게) ~해 주고 싶습니다)라고 하면 된다. 이런 문장들을 여러 개 나열할 때는 「そして」(그리고), 「また」(또한), 「その後には」(그 후에는) 같은 접속표현을 적절히 사용하면 자연스럽게 연결할 수 있다.

어휘 | 宝(たから)くじ 복권　当(あ)たる (복권 등이) 당첨되다　お金(かね) 돈　使(つか)う 쓰다, 사용하다　まず 우선, 먼저　ハワイ 하와이
旅行(りょこう)に行(い)く 여행을 가다　そして 그리고　家(いえ) 집　購入(こうにゅう) 구입　家族(かぞく) 가족　好(す)きだ 좋아하다
もの(物) 것, 물건　買(か)う 사다　将来(しょうらい) 장래　명사+の+ために ~을 위해서　貯金(ちょきん) 저금
長年(ながねん) 오랜 세월, 여러 해　夢(ゆめ) 꿈　世界一周(せかいいっしゅう) 세계일주　出(で)かける (밖에) 나가다, 가다, 떠나다
特(とく)に 특히　ヨーロッパ 유럽　歴史的(れきしてき)だ 역사적이다　街並(まちな)み 시가지　南米(なんべい) 남미
大自然(だいしぜん) 대자연　楽(たの)しむ 즐기다　快適(かいてき)だ 쾌적하다　マイホーム 마이 홈, 자기 집　日頃(ひごろ) 평소
感謝(かんしゃ) 감사　込(こ)める 담다　プレゼント 선물　贈(おく)る 선물하다, 보내다, 주다

음원 144

応答例

A1 最近、プログラミングに興味を持ち始めました。それまではコードの書き方さえ知らなかったのですが、毎日少しずつ勉強を始めました。その結果、自分のウェブサイトを作ることができました。成し遂げた時の達成感は自信になりました。

A2 最近、ずっと目標にしていた10キロのランニングを完走することができました。定期的にトレーニングを重ね、徐々に距離を伸ばしてきたのですが、初めて10キロを完走できてとても感動的でした。この成果は自分の努力が実を結んだ証だと感じています。

답변 시간 : 25秒 …… 終わりです

Q 당신이 최근에 목표를 달성해서 기뻤던 일은 무엇입니까? 간단하게 설명하세요.

A1 최근 프로그래밍에 흥미를 갖기 시작했습니다. 그때까지는 코드 작성법조차 몰랐지만, 매일 조금씩 공부를 시작했습니다. 그 결과 내 웹사이트를 만들 수 있었습니다. 해냈을 때의 성취감은 자신감이 되었습니다.

A2 최근 계속 목표로 했던 10km 달리기를 완주할 수 있었습니다. 정기적으로 트레이닝을 거듭하며 서서히 거리를 늘려왔는데, 처음으로 10km를 완주할 수 있어서 매우 감동적이었습니다. 이 성과는 자신의 노력이 열매를 맺은 증거라고 느끼고 있습니다.

☑ CHECK NOTE

목표를 달성해서 기뻤던 일에 대해 묻고 있으므로, 답변의 내용은 개인의 경험에 따라 얼마든지 달라질 수 있다. 답변의 형식은 달성한 결과를 먼저 말해도 되고, 스토리텔링으로 달성한 내용을 순서대로 말하는 것도 좋다. 응답예 1처럼 최근에 하기 시작한 일에 대해 먼저 말할 때는 「동사의 ます형+始める」(~하기 시작하다)라고 하면 되고, 결과에 대해 언급할 때는 「その結果」(그 결과)와 같은 표현으로 시작하면 된다. 응답예 2처럼 달성한 결과에 대해 「동사의 기본형+ことができました」(~할 수 있었습니다)라고 먼저 말한 뒤, 그것을 달성하기까지의 노력이나 과정, 그로 인해 얻은 경험과 앞으로의 목표 등에 대해 언급하는 것도 좋다.

어휘 | 目標(もくひょう) 목표 達成(たっせい) 달성 嬉(うれ)しい 기쁘다 最近(さいきん) 최근, 요즘 プログラミング 프로그래밍 興味(きょうみ) 흥미 持(も)つ 가지다 それまでは 그때까지는 コード (컴퓨터) 코드 동사의 ます형+方(かた) ~하는 방법[방식] ~さえ ~조차 知(し)る 알다 毎日(まいにち) 매일 少(すこ)し 조금 ~ずつ ~씩 勉強(べんきょう) 공부 始(はじ)める 시작하다 結果(けっか) 결과 自分(じぶん) 자기, 자신, 나 ウェブサイト 웹사이트 作(つく)る 만들다 成(な)し遂(と)げる 완수하다, 해내다 達成感(たっせいかん) 달성감, 성취감 自信(じしん) 자신, 자신감 ずっと 쭉, 계속 キロ 킬로, km *「キロメートル」의 준말 ランニング 러닝, 달리기 完走(かんそう) 완주 定期的(ていきてき)だ 정기적이다 トレーニング 트레이닝, 훈련 重(かさ)ねる 되풀이하다, 거듭하다 徐々(じょじょ)に 서서히 距離(きょり) 거리 伸(の)ばす 늘리다 初(はじ)めて 처음(으로) 感動的(かんどうてき)だ 감동적이다 成果(せいか) 성과 努力(どりょく) 노력 実(み)を結(むす)ぶ 열매를 맺다, 노력 끝에 좋은 결과를 얻다 証(あかし) 증거 感(かん)じる 느끼다

❗ 틀리기 쉬운 표현

成し遂げた時の達成感は自信感になりました。 (X)

➡ 成し遂げた時の達成感は自信になりました。 (O) 해냈을 때의 성취감은 <u>자신감</u>이 되었습니다.

: 단어가 잘못되었다. '자신감'은 일본어로 「自信」이라고 한다. 「自信感」과 같은 표현은 쓰지 않으므로 주의한다. 참고로 '자신감을 가지다'는 「自信を持つ」, '자신감을 얻다'는 「自信を得る」라고 한다.

LEVEL UP

어휘&표현 ◆ 알아 두면 유용한 표현

▶ **동사의 ます형+方** : ~하는 방법[방식]

この漢字の読み方がわかりません。 이 한자를 읽는 방법을 모르겠습니다.

コンピューターの使い方を教えてくれたのは、伊藤さんです。
컴퓨터 사용법을 알려 준 것은 이토 씨입니다.

▶ **동사의 ます형+始める** : ~하기 시작하다

いきなり雨が降り始めた。 갑자기 비가 내리기 시작했다.

日本語を勉強し始めたのはいつですか。 일본어를 공부하기 시작한 것은 언제입니까?

第5部 長い応答 | 의견 제시

問題1 昔と比べて最近街に公衆電話が無くなっているという現象についてどう思いますか。あなたの考えを話してください。

음원 145

답변 준비 시간 : 30秒

応答例

A1 公衆電話が無くなっているのは、多くの人が携帯電話を持っているためだと思います。最近では、日常で公衆電話を使ったことがあるという人はかなり少ないと思います。しかし、緊急時には公衆電話が必要になることがあると思います。なので公衆電話が街から完全に無くなるのは避けるべきです。

A2 公衆電話が減少している現象は、スマートフォンの普及による自然な流れだと考えます。ほとんどの人が携帯電話を持っているため、公衆電話の需要が大幅に減少しています。実際に街で公衆電話を利用している人を見かけることはほとんどありません。しかし、公衆電話が完全に無くなるのは問題だと思います。災害時や携帯電話が使えない緊急時には、公衆電話が重要な手段となります。したがって、完全に無くしてしまうのではなく、いくつかの場所には残しておくことが大切だと考えられます。

답변 시간 : 50秒 …… 終わりです

Q 옛날과 비교해서 최근 거리에 공중전화가 없어지고 있는 현상에 대해서 어떻게 생각합니까? 당신의 생각을 말하세요.

A1 공중전화가 없어지고 있는 것은 많은 사람이 휴대전화를 가지고 있기 때문이라고 생각합니다. 요즘은 일상에서 공중전화를 쓴 적이 있다고 하는 사람은 꽤 적다고 생각합니다. 그러나 긴급 시에는 공중전화가 필요하게 되는 경우가 있을 것이라고 생각합니다. 그래서 공중전화가 거리에서 완전히 없어지는 것은 피해야 합니다.

A2 공중전화가 감소하고 있는 현상은 스마트폰 보급에 따른 자연스러운 흐름이라고 생각합니다. 대부분의 사람이 휴대전화를 가지고 있기 때문에 공중전화 수요가 대폭적으로 감소하고 있습니다. 실제로 거리에서 공중전화를 이용하고 있는 사람을 보는 일은 거의 없습니다. 그러나 공중전화가 완전히 없어지는 것은 문제라고 생각합니다. 재해 시나 휴대전화를 사용할 수 없는 긴급 시에는 공중전화가 중요한 수단이 됩니다. 따라서 완전히 없애 버리는 것이 아니라, 몇 개인가의 장소에는 남겨 두는 것이 중요하다고 생각됩니다.

☑ CHECK NOTE

「~についてどう思いますか」(~에 대해서 어떻게 생각합니까?)는 한 가지 주제에 대한 개인의 생각을 물을 때 자주 쓰는 표현이다. 문제에서는 최근 거리에서 공중전화가 없어지고 있는 현상에 대한 생각을 묻고 있으므로, 주어진 시간 안에 본인의 생각을 정리해서 거기에 맞는 주장을 펼쳐야 한다. 그렇지 않으면 이도 저도 아닌 답변이 되어 좋은 평가를 받기 어렵다. 자신의 의견을 말할 때는 문말에 「~と思います」(~라고 생각합니다), 「~と考えられます」(~라고 생각됩니다)와 같은 표현을 붙이는 것이 좋고, 거기에 이유를 덧붙일 때는 「~から」(~이기 때문에, ~니까), 「~ので」(~므로, ~이기 때문에). 「~ため(に)」(~때문(에)) 등과 같은 표현을 적절히 사용하면 보다 논리적인 답변을 만들 수 있다. 응답예 2처럼 문장 중간중간에 「しかし」(그러나), 「したがって」(따라서)와 같은 접속사를 적절하게 활용해서 공중전화를 필요로 하는 대상이나 상황 등 구체적인 예를 들어 말한다면 좀 더 고득점을 노릴 수 있다.

어휘 | 昔(むかし) 옛날, 예전 比(くら)べる 비교하다 最近(さいきん) 최근, 요즘 街(まち) 거리 公衆電話(こうしゅうでんわ) 공중전화 無(な)くなる 없어지다 ~という ~라고 하는, ~라는 現象(げんしょう) 현상 ~について ~에 대해서 どう 어떻게 思(おも)う 생각하다 考(かんが)え 생각 話(はな)す 말하다, 이야기하다 多(おお)く 많음 人(ひと) 사람 携帯電話(けいたいでんわ) 휴대전화 持(も)つ 가지다 ~ため ~때문 日常(にちじょう) 일상 使(つか)う 쓰다, 사용하다 동사의 た형+ことがある ~한 적이 있다 かなり 꽤, 상당히 少(すく)ない 적다 しかし 그러나 緊急(きんきゅう) 긴급 ~時(じ) ~시 必要(ひつよう)だ 필요하다 なので 그래서, 그렇기 때문에 完全(かんぜん)だ 완전하다 避(さ)ける 피하다 동사의 기본형+べきだ (마땅히) ~해야 한다 *단, 「する」(하다)는 「するべきだ」 「すべきだ」 모두 가능함 減少(げんしょう) 감소 スマートフォン 스마트폰 普及(ふきゅう) 보급 ~による ~에 의한[따른] 自然(しぜん)だ 자연스럽다 流(なが)れ 흐름 ほとんど 거의, 대부분 需要(じゅよう) 수요 大幅(おおはば)だ 대폭적이다 実際(じっさい)に 실제로 利用(りよう) 이용 見(み)かける (가끔) 만나다, 보다 問題(もんだい) 문제 災害(さいがい) 재해 重要(じゅうよう)だ 중요하다 手段(しゅだん) 수단 したがって 따라서 完全(かんぜん)だ 완전하다 無(な)くす 없애다 ~てしまう ~해 버리다, ~하고 말다 いくつか 몇 개인가 場所(ばしょ) 장소, 곳 残(のこ)す 남기다 ~ておく ~해 놓다[두다] 大切(たいせつ)だ 중요하다

問題2 インターネットバンキングが普及^{ふきゅう}するにつれて通帳^{つうちょう}は不要^{ふよう}だという意見^{いけん}がありますが、あなたはこれについてどう思^{おも}いますか。あなたの考^{かんが}えを話^{はな}してください。 답변 준비 시간 : 30초

음원 146

応答例

A1 最近^{さいきん}、紙^{かみ}の通帳^{つうちょう}を使^{つか}わない人^{ひと}が増^ふえています。これはとてもいい流^{なが}れだと思^{おも}います。いつでも残高確認^{ざんだかかくにん}や振^ふり込^こみができるインターネットバンキングはとても便利^{べんり}です。銀行^{ぎんこう}やＡＴＭ^{エーティーエム}に行^いく手間^{てま}を省^{はぶ}けるため、通帳^{つうちょう}は不要^{ふよう}だという人^{ひと}も多^{おお}いです。また、環境問題^{かんきょうもんだい}を考^{かんが}えた時^{とき}に、紙^{かみ}の通帳^{つうちょう}は紙^{かみ}で作^{つく}られているため、森林破壊^{しんりんはかい}に繋^{つな}がりますが、インターネットバンキングは紙^{かみ}を使^{つか}わないので環境^{かんきょう}にもやさしいと思^{おも}います。

A2 インターネットバンキングの普及^{ふきゅう}に伴^{ともな}い、多^{おお}くの人^{ひと}がオンラインで取引履歴^{とりひきりれき}を確認^{かくにん}し、スマートフォンやパソコンで簡単^{かんたん}に管理^{かんり}できる時代^{じだい}になりました。そのため既存^{きそん}の通帳^{つうちょう}が必要^{ひつよう}ないという意見^{いけん}は理^りにかなっているところもあります。通帳^{つうちょう}を無^なくすことで手間^{てま}を減^へらし、紛失^{ふんしつ}のリスクも無^なくなると言^いえるでしょう。しかし、紙^{かみ}の通帳^{つうちょう}にも独自^{どくじ}のメリットがあります。特^{とく}に高齢者^{こうれいしゃ}にとっては、通帳^{つうちょう}の方^{ほう}が楽^{らく}な場合^{ばあい}が多^{おお}いです。また、インターネットが使^{つか}えない状況^{じょうきょう}では、紙^{かみ}の通帳^{つうちょう}が必要^{ひつよう}になる場合^{ばあい}もあるでしょう。

답변 시간 : 50秒 ······ 終わりです

Q 인터넷 뱅킹이 보급됨에 따라 통장은 필요 없다는 의견이 있는데, 당신은 이에 대해 어떻게 생각합니까? 당신의 생각을 말하세요.

A1 최근 종이 통장을 쓰지 않는 사람이 늘어나고 있습니다. 이것은 매우 좋은 흐름이라고 생각합니다. 언제든지 잔고 확인과 이체를 할 수 있는 인터넷 뱅킹은 매우 편리합니다. 은행과 ATM에 가는 수고를 덜 수 있기 때문에 통장은 필요 없다는 사람도 많습니다. 또한 환경 문제를 생각했을 때 종이 통장은 종이로 만들어져 있기 때문에 삼림 파괴로 이어집니다만, 인터넷 뱅킹은 종이를 사용하지 않기 때문에 환경에도 좋다고 생각합니다.

A2 인터넷 뱅킹의 보급에 따라 많은 사람이 온라인으로 거래 이력을 확인하고 스마트폰이나 컴퓨터로 간단히 관리할 수 있는 시대가 되었습니다. 그 때문에 기존의 통장이 필요 없다는 의견은 이치에 맞는 부분도 있습니다. 통장을 없앰으로써 수고를 줄이고 분실 위험도 없어진다고 할 수 있겠지요. 그러나 종이 통장에도 독자적인 장점이 있습니다. 특히 고령자에게 있어서는 통장 쪽이 더 편한 경우가 많습니다. 또한 인터넷을 사용할 수 없는 상황에서는 종이 통장이 필요하게 되는 경우도 있겠지요.

☑ CHECK NOTE

제5부의 의견 제시 파트의 경우, 한 가지 주제에 대한 생각을 묻는 문제가 자주 출제된다. 주제는 시사, 일반 상식, 사회, 문화 등 다양하므로, 평소 생활 일본어뿐만 아니라 시사 어휘에 대한 학습도 필요하다. 여기서는 인터넷 뱅킹과 종이 통장에 대한 개인의 견해에 대해 묻고 있으므로 각각의 장단점을 비교하면서 이야기를 해 나가는 것이 좋다. 응답예 1처럼 아예 한쪽의 장점만을 부각하는 것도 좋고, 응답예 2처럼 각각의 필요성에 대해 이야기하며 중간 입장을 고수하는 것도 가능하다.

어휘 | インターネットバンキング 인터넷 뱅킹　普及(ふきゅう) 보급　〜につれて 〜함에 따라서　通帳(つうちょう) 통장
不要(ふよう)だ 필요 없다　〜という 〜라고 하는, 〜라는　意見(いけん) 의견　最近(さいきん) 최근, 요즘　紙(かみ) 종이
使(つか)う 쓰다, 사용하다　人(ひと) 사람　増(ふ)える 늘다, 늘어나다　とても 매우　流(なが)れ 흐름　いつでも 언제든지
残高(ざんだか) 잔고　確認(かくにん) 확인　振(ふ)り込(こ)み (대체 계좌 등에) 불입, 이체　できる 할 수 있다　便利(べんり)だ 편리하다
銀行(ぎんこう) 은행　ATM(エーティーエム) ATM, 현금 자동 입출금기　手間(てま) 수고　省(はぶ)く 줄이다　〜ため(に) 〜때문(에)
環境(かんきょう) 환경　問題(もんだい) 문제　作(つく)る 만들다　森林(しんりん) 산림　破壊(はかい) 파괴
繋(つな)がる 이어지다, 연결되다　やさしい 친환경적이다, 나쁜 영향을 주지 않다　〜に伴(ともな)い 〜에 동반해[따라]
多(おお)く 많음　オンライン 온라인　取引(とりひき) 거래　履歴(りれき) 이력　スマートフォン 스마트폰
パソコン (개인용) 컴퓨터 *「パーソナルコンピューター」의 준말　簡単(かんたん)だ 간단하다　管理(かんり) 관리　時代(じだい) 시대
そのため 그 때문에　既存(きそん) 기존　理(り)にかなう 이치에 맞다　ところ 부분, 데　無(な)くす 없애다　〜ことで 〜함으로써
減(へ)らす 줄이다　紛失(ふんしつ) 분실　リスク 리스크, 위험　無(な)くなる 없어지다　しかし 그러나　独自(どくじ) 독자(적)
メリット 장점　特(とく)に 특히　高齢者(こうれいしゃ) 고령자　〜にとっては 〜에(게) 있어서는　楽(らく)だ 편하다　場合(ばあい) 경우
多(おお)い 많다　状況(じょうきょう) 상황

問題3 通勤の時、数人が一つの車に乗って同じ目的地まで相乗りして移動する長所には何があると思いますか。あなたの考えを話してください。

음원 147

답변 준비 시간 : 30초

応答例

A1 相乗りをすれば、まず交通費の節約になります。一人で利用する時より、複数人で利用する方がコストを下げることができるので、経済的だと思います。そして、一つの車を同時に利用するため、交通渋滞も緩和され、排気ガスの排出量も減らすことができ環境にもやさしいです。さらに、通勤時間を他の人と過ごすことでコミュニケーションの機会が増えることも期待できます。

A2 通勤時に相乗りすることには多くの長所があります。第一に、交通費の節約になります。複数の人が一台の車を利用することで、ガソリン代や駐車料金を分担することができ、経済的な負担が軽減されます。第二に、環境への負担を減らすことができます。車の使用台数が減ることで、温室効果ガスの排出量が減少し、地球温暖化防止にも貢献できると思います。第三に、相乗りを通じて通勤時間を他の人と共有することで、コミュニケーションの機会が増え、新しい人間関係を築くこともできます。

답변 시간 : 50초 ······ 終わりです

Q 통근 때 몇 사람이 한 차를 타고 같은 목적지까지 합승하여 이동하는 장점에는 무엇이 있다고 생각합니까? 당신의 생각을 말하세요.

A1 합승을 하면 우선 교통비 절약이 됩니다. 혼자서 이용할 때보다 여러 명으로 이용하는 쪽이 비용을 낮출 수 있기 때문에 경제적이라고 생각합니다. 그리고 하나의 차량을 동시에 이용하기 때문에 교통 정체도 완화되고, 배기 가스 배출량도 줄일 수 있어서 친환경적입니다. 게다가 통근 시간을 다른 사람과 보냄으로써 커뮤니케이션 기회가 늘어나는 것도 기대할 수 있습니다.

A2 통근 시 합승하는 것에는 많은 장점이 있습니다. 첫째로 교통비 절약이 됩니다. 여러 사람이 한 대의 차량을 이용함으로써, 기름값이나 주차 요금을 분담할 수 있어 경제적인 부담이 경감됩니다. 둘째로 환경에 대한 부담을 줄일 수 있습니다. 자동차의 사용 대수가 줄어듦으로써 온실 효과 가스의 배출량이 감소하고 지구 온난화 방지에도 공헌할 수 있다고 생각합니다. 셋째로 합승을 통해 출퇴근 시간을 다른 사람과 공유함으로써 커뮤니케이션 기회가 늘어나고 새로운 인간 관계를 쌓을 수도 있습니다.

☑ CHECK NOTE

「長所には何があると思いますか」(장점에는 무엇이 있다고 생각합니까?)는 장점에 국한한 질문이므로, 굳이 단점과 장점을 비교할 필요 없이 장점에 대해서만 말하면 된다. 장점을 구체적으로 설명하기 위해서는 「動詞の基本形+ことができる」(~할 수 있다), 「~ことで~が期待できる」(~함으로써 ~을 기대할 수 있다), 「~に貢献する」(~에 공헌한다)와 같은 표현을 적절히 사용하면 보다 좋은 답변을 만들 수 있다. 문장과 문장을 연결할 때는 「そして」(그리고), 「さらに」(게다가)와 같은 접속사를 쓰면 되고, 여러 개의 항목을 나열할 때는 응답예 2처럼 「第一に、第二に」(첫째로, 둘째로)처럼 순서를 정해서 말하면 된다.

182

어휘 | 通勤(つうきん) 통근, 출퇴근 数人(すうにん) 몇 사람 車(くるま) 자동차, 차 乗(の)る (탈것에) 타다 同(おな)じだ 같다
目的地(もくてきち) 목적지 ~まで ~까지 相乗(あいの)り 합승 移動(いどう) 이동 長所(ちょうしょ) 장점 まず 우선, 먼저
交通費(こうつうひ) 교통비 節約(せつやく) 절약 一人(ひとり)で 혼자서 利用(りよう) 이용 ~より ~보다 複数(ふくすう) 복수, 둘 이상
의 수 *「複数人(ふくすうにん)」 – 여러 명 コスト 코스트, 비용 下(さ)げる 낮추다 経済的(けいざいてき)だ 경제적이다 そして 그리고
同時(どうじ)に 동시에 ~ため(に) ~때문(에) 渋滞(じゅうたい) 정체, 밀림 緩和(かんわ) 완화 排気(はいき)ガス 배기 가스
排出量(はいしゅつりょう) 배출량 減(へ)らす 줄이다 環境(かんきょう) 환경 やさしい 친환경적이다, 나쁜 영향을 주지 않다
さらに 게다가, 또한 他(ほか) 다른 (사람) 人(ひと) 사람 過(す)ごす (시간을) 보내다, 지내다 ~ことで ~함으로써
コミュニケーション 커뮤니케이션, 의사소통 機会(きかい) 기회 増(ふ)える 늘다, 늘어나다 期待(きたい) 기대 第一(だいいち) 첫째
~台(だい) ~대 *차나 기계 등을 세는 말 ガソリン 가솔린, 휘발유 ~代(だい) ~값 駐車(ちゅうしゃ) 주차 料金(りょうきん) 요금
分担(ぶんたん) 분담 負担(ふたん) 부담 軽減(けいげん) 경감 第二(だいに) 둘째 使用(しよう) 사용 台数(だいすう) 대수
減(へ)る 줄다, 줄어들다 温室効果(おんしつこうか)ガス 온실 효과 가스 *지구에서 우주로 방출되어야 할 적외 방사 에너지를 흡수하여 지구의
온도를 높이는 기체 減少(げんしょう) 감소 地球温暖化(ちきゅうおんだんか) 지구 온난화 *지구의 기온이 높아지는 현상
防止(ぼうし) 방지 貢献(こうけん) 공헌 第三(だいさん) 셋째 ~を通(つう)じて ~을 통해서 共有(きょうゆう) 공유
新(あたら)しい 새롭다 人間関係(にんげんかんけい) 인간 관계 築(きず)く 쌓다

LEVEL UP

어휘 & 표현 ◆ 환경

環境(かんきょう) 환경

大気汚染(たいきおせん) 대기 오염

生態系(せいたいけい) 생태계

省エネ(しょう) 에너지 절약

廃棄物(はいきぶつ) 폐기물

PM2.5(ピエムにてんご) 초미세먼지

地球温暖化(ちきゅうおんだんか) 지구 온난화

水質汚染(すいしつおせん) 수질 오염

リサイクル 재활용

排出量(はいしゅつりょう) 배출량

オゾン層(そう) 오존층

温室効果ガス(おんしつこうか) 온실 효과 가스

森林破壊(しんりんはかい) 삼림 파괴

再生可能エネルギー(さいせいかのう) 재생 가능 에너지

生物多様性(せいぶつたようせい) 생물 다양성

フロンガス 프레온 가스

問題4 医療サービスを受ける目的で外国に行く医療観光は、受け入れる国にどのような影響を与えると思いますか。あなたの考えを話してください。 답변 준비 시간 : 30秒

応答例

A1 医療観光は受け入れる国に経済的な利益を与えると思います。観光客が医療サービスを利用することで、医療機関の収入が増加するだけでなく、観光業全体の活性化にも繋がるでしょう。一方で、医療観光は懸念される点もあります。医療サービスを観光客に提供することで、医療資源の過剰な負担になるリスクがあります。したがって、悪影響が出ないほどにバランスを調整することが大切だと思います。

A2 医療観光は、受け入れる国に様々な影響を与えます。まず、経済的な利益が大きいと言えます。外国からのたくさんの人が医療サービスを利用することで、医療機関の収入が増加し、ホテルや飲食店などの観光業も活性化します。これにより、地域経済全体が潤う可能性が考えられます。しかし、一方で医療資源の過剰な負担になるリスクも存在します。国内の患者が必要とする医療サービスが不足する可能性があり、医療の質が低下することも懸念されます。さらに、文化や言語の違いによるコミュニケーションの問題も考慮する必要があります。

답변 시간 : 50秒 …… 終わりです

Q 의료 서비스를 받을 목적으로 외국에 가는 의료 관광은 수용하는 나라에 어떤 영향을 준다고 생각합니까? 당신의 생각을 말하세요.

A1 의료 관광은 받아들이는 나라에 경제적인 이익을 준다고 생각합니다. 관광객이 의료 서비스를 이용함으로써 의료기관의 수입이 증가할 뿐만 아니라 관광업 전체의 활성화로도 이어지겠죠. 한편 의료 관광은 걱정되는 점도 있습니다. 의료 서비스를 관광객에게 제공함으로써 의료 자원의 과잉 부담이 될 리스크가 있습니다. 따라서 악영향이 나타나지 않을 정도로 균형을 조정하는 것이 중요하다고 생각합니다.

A2 의료 관광은 수용하는 국가에 다양한 영향을 미칩니다. 먼저 경제적인 이익이 크다고 할 수 있습니다. 외국에서의 많은 사람이 의료 서비스를 이용함으로써 의료 기관의 수입이 증가하고 호텔이나 음식점 등의 관광업도 활성화됩니다. 이로 인해 지역 경제 전체가 윤택해질 가능성을 생각할 수 있습니다. 그러나 한편으로 의료 자원의 과잉 부담이 될 리스크도 존재합니다. 국내 환자가 필요로 하는 의료 서비스가 부족할 가능성이 있어, 의료의 질이 저하되는 것도 걱정됩니다. 또한 문화나 언어의 차이에 의한 커뮤니케이션 문제도 고려할 필요가 있습니다.

☑ CHECK NOTE

외국에 의료 서비스를 받을 목적으로 방문하는 사람들이 그 나라에 미칠 영향에 대해 묻고 있다. 의료 관광은 최근 이슈가 되고 있는 사회문제이므로 알려진 사실에 기초해서 본인의 생각을 말해야 한다. 보다 설득력 있는 답변이 되기 위해서는 '좋은 영향을 준다', 혹은 '좋지 않은 영향을 준다'라고 단편적인 사실을 말하는 것만으로는 불충분하다. 응답예 1과 2처럼 '경제적인 이익을 준다'라는 장점과 더불어 「〜は懸念される点もあります」(〜은 걱정되는 점도 있습니다), 「〜も考慮する必要があります」(〜도 고려

할 필요가 있습니다) 등 그로 인해 초래되는 악영향까지 언급하면 보다 균형 있는 답변을 만들 수 있다. 그러기 위해서는 구체적으로 어떤 영향이 예상되는지, 왜 그렇게 생각하는지를 논리적으로 설명하는 것이 중요하다. 따라서 평소에 사회적인 이슈 등에 관심을 가지고 뉴스나 신문 기사를 읽은 후에 본인의 의견을 정리해 두는 것이 좋다.

어휘ㅣ 医療(いりょう) 의료 サービス 서비스 受(う)ける (어떤 행위를) 받다 目的(もくてき) 목적 外国(がいこく) 외국 行(い)く 가다
観光(かんこう) 관광 受(う)け入(い)れる 받아들이다, 수용하다 国(くに) 나라 影響(えいきょう) 영향 与(あた)える (주의·영향 등을) 주다
経済的(けいざいてき)だ 경제적이다 利益(りえき) 이익 観光客(かんこうきゃく) 관광객 機関(きかん) 기관 収入(しゅうにゅう) 수입
増加(ぞうか) 증가 ~だけでなく ~뿐만 아니라 観光業(かんこうぎょう) 관광업 全体(ぜんたい) 전체 活性化(かっせいか) 활성화
繋(つな)がる 이어지다, 연결되다 一方(いっぽう)で 한편으로 懸念(けねん) 걱정, 근심 点(てん) 점 提供(ていきょう) 제공
~ことで ~함으로써 資源(しげん) 자원 過剰(かじょう)だ 과잉[과도]하다 負担(ふたん) 부담 リスク 리스크, 위험 したがって 따라서
悪影響(あくえいきょう) 악영향 出(で)る 나오다, 나타나다 バランス 밸런스, 균형 調整(ちょうせい) 조정 大切(たいせつ)だ 중요하다
様々(さまざま)だ 다양하다, 여러 가지다 大(おお)きい 크다 利用(りよう) 이용 ホテル 호텔 飲食店(いんしょくてん) 음식점
~など ~등 ~により ~에 의해[따라] 地域経済(ちいきけいざい) 지역 경제 潤(うるお)う (금전적으로) 윤택해지다
可能性(かのうせい) 가능성 存在(そんざい) 존재 国内(こくない) 국내 患者(かんじゃ) 환자 必要(ひつよう) 필요 不足(ふそく) 부족
質(しつ) 질 低下(ていか)する 저하되다 さらに 게다가, 또한 文化(ぶんか) 문화 言語(げんご) 언어 違(ちが)い 차이
コミュニケーション 커뮤니케이션, 의사소통 問題(もんだい) 문제 考慮(こうりょ) 고려

第6部 場面設定 | 상황 대응

問題 1

あなたは新聞を購読していますが、最近引っ越しをして住所を変更したにもかかわらずここ数日間新聞が届いていません。新聞の販売店に電話をかけ状況を説明し問題を解決してください。 답변 준비 시간 : 30秒

応答例

A1 もしもし、キム・ミンヒです。先週引っ越しをして住所を変更したのですが、ここ数日間新聞が届いていません。新しい住所は江西区禾谷洞です。確認していただけますか。できるだけ早く対応していただけると助かります。

A2 もしもし、韓国新聞社ですか。私、朝刊を購読しているキム・ミンヒと申します。先日、引っ越しをしてホームページから新しい住所に変更をお願いしたのですが、引っ越した後から新聞が届いていません。変更したのは先週の月曜日です。何か手違いが生じているのかもしれないので、一度ご確認いただけますでしょうか。以前の住所は江南区大峙洞で、現在の新しい住所は江西区禾谷洞です。あと、届かなかった分の新聞も送っていただけないでしょうか。お手数をおかけしますが、よろしくお願いいたします。

답변 시간 : 40秒 ······ 終わりです

Q 당신은 신문을 구독하고 있는데, 최근에 이사를 해서 주소를 변경했음에도 불구하고 요 며칠간 신문이 도착하지 않았습니다. 신문 판매점에 전화를 걸어 상황을 설명하고 문제를 해결하세요.

A1 여보세요, 김민희예요. 지난주에 이사를 해서 주소를 변경했는데요, 요 며칠간 신문이 도착하지 않았어요. 새 주소는 강서구 화곡동이에요. 확인해 주실 수 있어요? 되도록 빨리 대처해 주시면 도움이 되겠어요.

A2 여보세요, 한국 신문사인가요? 저 조간을 구독하고 있는 김민희라고 해요. 오전에 이사를 해서 홈페이지에서 새 주소로 변경을 부탁드렸는데요, 이사한 후부터 신문이 도착하지 않았어요. 변경한 건 지난주 월요일이에요. 뭔가 착오가 생기고 있는 건지 모르니까 한번 확인해 주실 수 있을까요? 이전 주소는 강남구 대치동이고, 현재 새 주소는 강서구 화곡동이에요. 그리고 도착하지 않은 분의 신문도 보내 주시지 않을래요? 수고스러우시겠지만 잘 부탁드립니다.

☑ CHECK NOTE

제6부는 상황에 맞는 답변을 하는 것이 포인트다. 문제는 이사로 인해 배달 착오가 생긴 신문 판매점에 확인 전화를 건 상황이다.

따라서 일단 「もしもし」(여보세요)로 대화를 시작한 후 곧바로 본론으로 들어가도 무방하다. 응답예 1의 「ここ数日間新聞が届いていません」(요 며칠간 신문이 도착하지 않았습니다), 응답예 2의 「引っ越した後から新聞が届いていません」(이사한 후부터 신문이 도착하지 않았습니다)처럼 현 상황에 대해 설명한 후 확인이나 후속 조치를 요청하면 된다. 이때는 「ご確認いただけますでしょうか」(확인해 주실 수 있을까요?), 「送っていただけないでしょうか」(보내 주시지 않을래요?)와 같이 겸양표현을 써서 말하면 된다.

어휘 | 新聞(しんぶん) 신문   購読(こうどく) 구독   最近(さいきん) 최근, 요즘   引(ひ)っ越(こ)し 이사   住所(じゅうしょ) 주소
変更(へんこう) 변경   ~にもかかわらず ~임에도 불구하고   ここ 요, 요새   数日(すうじつ) 수일, 며칠 *2·3일에서 5·6일 정도의 일수
~間(かん) ~간, ~동안   届(とど)く (보낸 물건이) 도착하다   販売店(はんばいてん) 판매점   電話(でんわ)をかける 전화를 걸다
説明(せつめい) 설명   問題(もんだい) 문제   解決(かいけつ) 해결   先週(せんしゅう) 지난주   新(あたら)しい 새롭다   確認(かくにん) 확인
~ていただけますか (남에게) ~해 받을 수 있습니까?, (남이) ~해 주실 수 있습니까?   できるだけ 가능한 한, 되도록   早(はや)く 빨리
対応(たいおう) 대응, 대처   助(たす)かる 도움이 되다   朝刊(ちょうかん) 조간   ~と申(もう)す ~라고 하다 *「~と言(い)う」의 겸양표현
先日(せんじつ) 요전, 일전   ホームページ 홈페이지   お+동사의 ます형+する[いたす] ~하다, ~해 드리다 *겸양표현   願(ねが)う 부탁하다
동사의 た형+後(あと) ~한 후   ~から ~부터   月曜日(げつようび) 월요일   何(なに)か 무엇인가, 뭔가   手違(てちが)い 착오
生(しょう)じる 생기다   ~かもしれない ~일지도 모른다   一度(いちど) (부사적으로) 한번, 일단   以前(いぜん) 전, 이전, 예전
現在(げんざい) 현재   あと 그리고   分(ぶん) 분, 몫   送(おく)る 보내다   手数(てすう)をかける 수고를 끼치다, 번거롭게 하다

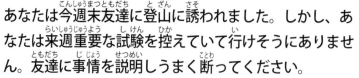

あなたは今週末友達に登山に誘われました。しかし、あなたは来週重要な試験を控えていて行けそうにありません。友達に事情を説明しうまく断ってください。

음원 150

답변 준비 시간 : 30秒

応答例

A1 誘ってくれてありがとう。でも、来週重要な試験があるんだ。それで、今週末は勉強しないといけないから、今回は行けそうにないな。申し訳ないけど、また次の機会でもいいかな。今度は僕から誘うようにするね。本当にごめん。

A2 そうなんだ。僕も登山好きだからぜひ行きたいんだけど、実は来週に重要な試験を控えていて、今ちょうど猛勉強しているところなんだ。だから本当に残念だけど、今回は行けそうにないよ。せっかくの機会なのにごめんね。もしよかったら、僕の試験が終わったら、リフレッシュがてら一緒に行こうよ。そろそろ紅葉の季節だから、紅葉で有名な高尾山はどうかな。僕、高尾山のふもとにあるおいしいそば屋さんも知ってるんだ。その時は僕が誘うね。

답변 시간 : 40秒 ······ 終わりです

Q 당신은 이번 주말에 친구에게 등산을 권유받았습니다. 그러나 당신은 다음 주에 중요한 시험을 앞두고 있어서 못 갈 것 같습니다. 친구에게 사정을 설명하고 잘 거절하세요.

A1 권유해 줘서 고마워. 하지만 다음 주에 중요한 시험이 있거든. 그래서 이번 주말에는 공부해야 하니까, 이번에는 못 갈 것 같아. 미안하지만 또 다음 기회라도 괜찮을까? 다음에는 내가 가자고 하도록 할게. 정말로 미안해.

A2 그렇구나. 나도 등산을 좋아해서 꼭 가고 싶은데, 실은 다음 주에 중요한 시험을 앞두고 있어서 지금 막 열심히 공부하고 있는 중이거든. 그래서 정말 아쉽지만 이번에는 못 갈 것 같아. 모처럼의 기회인데 미안해. 혹시 괜찮으면 내 시험이 끝나면 기분 전환 겸 같이 가자. 이제 슬슬 단풍의 계절이니까 단풍으로 유명한 다카오산은 어떨까? 나, 다카오산 기슭에 있는 맛있는 메밀국수집도 알고 있거든. 그때는 내가 가자고 할게.

✓ CHECK NOTE

친구 사이의 대화이므로 답변은 반말로 하는 것이 자연스럽다. 다만, 제안을 완곡하게 거절해야 하는 상황이므로 양해를 구하는 표현이 반드시 들어가야 한다. 스스럼없는 사이라고 해도 거절할 때는 「申し訳ないけど」(미안하지만), 「悪いんだけど」(미안하지만), 「ごめん」(미안해)과 같은 사과의 말을 한 다음 그럴 수밖에 없는 이유도 함께 밝히는 것이 바람직하다. 또한 여기에서 그치지 않고 스스로 대안을 제시하는 것도 좋다. 이때는 「もしよかったら〜はどう?」(혹시 괜찮으면 〜은 어때?)와 같은 표현을 사용하면 된다.

어휘 | 今週末(こんしゅうまつ) 이번 주말 登山(とざん) 등산 誘(さそ)う 권하다, 권유하다, 부르다 しかし 그러나
来週(らいしゅう) 다음 주 重要(じゅうよう)だ 중요하다 試験(しけん) 시험 控(ひか)える 앞두다
동사의 ます형+そうにない 〜할 것 같지 않다 事情(じじょう) 사정 説明(せつめい) 설명 うまく 잘, 목적한 대로 断(ことわ)る 거절하다
〜てくれる (남이 나에게) 〜해 주다 それで 그래서 〜ないといけない 〜하지 않으면 안 된다, 〜해야 한다 今回(こんかい) 이번

申(もう)し訳(わけ)ない 죄송하다, 면목 없다 また 또, 다시 次(つぎ) 다음 機会(きかい) 기회 ~かな (문말에 붙어서 의문의) ~할까?
今度(こんど) 이다음, 다음번 僕(ぼく) 나 *남자의 자칭 동사의 기본형+ようにする ~하도록 하다 本当(ほんとう)に 정말로
ごめん 미안 명사+好(ず)き ~을 좋아함 ぜひ 꼭, 제발, 아무쪼록 동사의 ます형+たい ~하고 싶다 実(じつ)は 실은 今(いま) 지금
ちょうど 막 猛勉強(もうべんきょう) 열심히 공부함 ~ているところだ ~하고 있는 중이다 だから 그래서, 그러니까
残念(ざんねん)だ 아쉽다, 유감스럽다 せっかく 모처럼 명사+な+のに ~는데(도) もし 만약, 혹시, 만일 よかったら 괜찮으면
終(お)わる 끝나다 ~たら ~하면 リフレッシュ 리프레시, 기분 전환 명사+がてら ~하는 김에, ~을 겸해
一緒(いっしょ)に 함께, 같이 そろそろ 이제 슬슬 紅葉(こうよう) 단풍 季節(きせつ) 계절 有名(ゆうめい)だ 유명하다
高尾山(たかおさん) 다카오산 *도쿄 하치오지시에 있는 산 ふもと 산기슭 おいしい 맛있다 そば 메밀국수
명사+屋(や) 그 직업을 가진 집[사람] 知(し)る 알다

⚠ 틀리기 쉬운 표현

勉強(べんきょう)している中(ちゅう)だ。 (X)

➡ 勉強(べんきょう)しているところだ。 (O) 공부하고 있는 중이다.

: 진행을 나타내는 표현이 잘못되었다. '공부하고 있는 중이다'와 같이 '지금 뭔가를 하고 있는 중'이라는 진행 상황을 말할 때, 명사에는 「~中(ちゅう)」(~중)을 붙여 「勉強中(べんきょうちゅう)」(공부 중)라고 하면 되지만 동사에는 이렇게 쓸 수 없다. 동사의 경우 진행을 나타내려면 「~ているところだ」(~하고 있는 중이다)라는 표현을 사용한다. 「ところ」는 '장소, 곳'이라는 뜻의 명사로도 쓰이지만, 「~ところだ」의 형태가 되면 '마침 그때'라는 뜻을 나타낸다. 아래 표에서처럼 「ところ」 앞에 오는 동사의 시제에 따라 그 의미가 조금씩 달라지므로 예문과 함께 익혀 두자.

동사의 기본형+ところだ	막 ~하려는 참이다	部屋(へや)を掃除(そうじ)するところだ。 막 방을 청소하려는 참이다.
~ているところだ	~하고 있는 중이다	今(いま)部屋(へや)を掃除(そうじ)しているところだ。 지금 방을 청소하고 있는 중이다.
동사의 た형+ところだ	막 ~한 참이다	今(いま)部屋(へや)を掃除(そうじ)したところだ。 지금 막 방을 청소한 참이다.

あなたは来月から人事異動のため、日本で働くことになりました。今までお世話になっていた上司に感謝の気持ちを伝えてください。 답변 준비 시간 : 30秒

음원 151

応答例

A1 田中部長、お疲れ様です。今お時間大丈夫ですか。実は、私来月から人事異動で日本で働くことになりました。東京支社で韓国担当の職員として勤務する予定です。これまでのご指導、本当にありがとうございました。部長のおかげで成長できました。今後も日本で頑張ります。

A2 田中部長、お疲れ様です。今少しお時間よろしいでしょうか。来月から人事異動で日本で働くことになりました。東京支社に韓国担当の職員として配属される予定です。予てから日本勤務に憧れていたのですが、これも部長が背中を押してくれたおかげだと思います。これまでのご指導とご支援、本当にありがとうございました。新しい環境でも、ここで学んだことを活かして頑張ります。また韓国に来る際に挨拶に伺います。今まで本当にありがとうございました。

답변 시간 : 40秒 …… 終わりです

Q 당신은 다음 달부터 인사 이동으로 인해 일본에서 일하게 되었습니다. 지금까지 신세를 지고 있던 상사에게 감사의 마음을 전하세요.

A1 다나카 부장님, 고생 많으십니다. 지금 시간 괜찮으세요? 실은 저 다음 달부터 인사 이동으로 일본에서 일하게 되었습니다. 도쿄지사에서 한국 담당 직원으로 근무할 예정입니다. 그동안의 지도 정말 감사했습니다. 부장님 덕분에 성장할 수 있었습니다. 앞으로도 일본에서 열심히 하겠습니다.

A2 다나카 부장님, 고생 많으십니다. 지금 잠시 시간 괜찮으실까요? 다음 달부터 인사 이동으로 일본에서 일하게 되었습니다. 도쿄지사에 한국 담당 직원으로 배속될 예정입니다. 전부터 일본 근무를 동경하고 있었습니다만, 이것도 부장님께서 격려해 준 덕분이라고 생각합니다. 그동안의 지도와 지원 정말로 감사했습니다. 새로운 환경에서도 여기서 배운 것을 활용하여 열심히 하겠습니다. 또 한국에 올 때 인사하러 찾아뵙겠습니다. 그동안 정말 감사했습니다.

☑ CHECK NOTE

직장 상사에게 인사 이동 소식을 알리면서 감사 인사를 해야 하는 상황이다. 따라서 어느 정도 격식을 차린 말투가 필요하므로, 올바른 경어를 구사하는 데 특히 신경을 써야 한다. 직장에서 손윗사람에게 말을 걸 때는 「今お時間大丈夫ですか」(지금 시간 괜찮습니까?), 「今少しお時間よろしいでしょうか」(지금 잠시 시간 괜찮으실까요?)처럼 상대방의 상황을 확인하고 양해를 구하는 것이 바람직하다. 감사 인사를 할 때도 구체적인 내용을 언급하는 것이 좋은데, 「おかげで」(덕분에), 「おかげだと思います」(덕분이라고 생각합니다)와 같은 표현을 사용하면 된다. 응답예 2의 「背中を押す」(등을 떠밀다, 격려하다)나 「挨拶に伺う」(인사하러 찾아

뵙다) 등도 자주 쓰는 표현이므로 함께 알아 두자.

어휘 | 来月(らいげつ) 다음 달 人事異動(じんじいどう) 인사 이동 日本(にほん) 일본 働(はたら)く 일하다
동사의 기본형+ことになる ~하게 되다 世話(せわ)になる 신세를 지다 上司(じょうし) 상사 感謝(かんしゃ) 감사
気持(きも)ち 마음, 기분 伝(つた)える 전하다 部長(ぶちょう) 부장 お疲(つか)れ様(さま)です 수고[고생] 많으십니다 今(いま) 지금
時間(じかん) 시간 大丈夫(だいじょうぶ)だ 괜찮다 実(じつ)は 실은 支社(ししゃ) 지사 担当(たんとう) 담당 職員(しょくいん) 직원
勤務(きんむ) 근무 予定(よてい) 예정 これまで 지금까지 指導(しどう) 지도 本当(ほんとう)に 정말로 おかげ 덕분
成長(せいちょう) 성장 今後(こんご) 금후, 앞으로 頑張(がんば)る 열심히 하다, 노력하다, 분발하다 少(すこ)し 잠시, 잠깐
よろしい 좋다, 괜찮다 *「よい」(좋다)의 공손한 표현 配属(はいぞく) 배속 予(かね)て 미리, 전부터, 진작부터 憧(あこが)れる 동경하다
背中(せなか)を押(お)す 격려하다 ~てくれる (남이 나에게) ~해 주다 支援(しえん) 지원 新(あたら)しい 새롭다 環境(かんきょう) 환경
学(まな)ぶ 배우다 活(い)かす 살리다, 활용하다 挨拶(あいさつ) 인사 동작성 명사+に ~하러 *동작의 목적
伺(うかが)う 찾아뵙다 *「訪(たず)ねる」(방문하다)의 겸양어

⚠ 틀리기 쉬운 표현

また韓国(かんこく)に来(く)る際(さい)に挨拶(あいさつ)にいらっしゃいます。 (X)

➡ また韓国(かんこく)に来(く)る際(さい)に挨拶(あいさつ)に伺(うかが)います。 (O) 또 한국에 올 때 인사하러 찾아뵙겠습니다.

: 동사가 잘못되었다. 상사에게 자신에 대해 말할 때는 스스로를 낮춰 말하는 겸양어를 사용해야 하므로 「伺(うかが)う」(찾아뵙다)를 써서 「伺(うかが)います」(찾아뵙겠습니다)라고 해야 한다. 「いらっしゃる」(계시다, 가시다, 오시다)는 상대방의 동작을 높이는 존경어이므로 화자의 동작에 대해서는 사용할 수 없다. 경어는 동작의 주체에 따라 존경어와 겸양어를 잘 구별해서 써야 하므로 익숙해질 때까지 연습해 두자.

음원 152

답변 준비 시간 : 30秒

応答例

A1

① 庭でボールで遊んでいる男の子と、その横にワンちゃんがいます。ワンちゃんは男の子と遊びたがっていますが、男の子は無視して一人で遊んでいます。

② 男の子がボールを投げた直後、ボールがワンちゃんの体に当たり、家の塀の方向に飛び出てしまいました。男の子はボールがどこへ行ったか捜しています。

③ ワンちゃんは塀に向かってワンワンと吠えています。男の子はその様子を見ながら、ボールが塀の向こうにあるのか気になって、門の方に歩いていきます。

④ 門を出ると、通りかかった人の頭にボールが当たったようで、その人は怒りながら男の子に文句を言っています。男の子は謝っていますが、ワンちゃんは隣でしっぽを振りながら何も知らないふりをしています。

A2

男の子とワンちゃんが家の庭にいます。男の子はボールで遊んでいます。ワンちゃんも一緒にボールで遊びたいようで、男の子の服を足で引っ張っています。しかし、男の子はその様子をわかっていながらも知らないふりをして、かまわず一人で遊んでいます。遊んでいた男の子が手を滑らして、ボールがワンちゃんの方に行ってしまいました。ボールはワンちゃんの体に当たり、家の塀の方に飛んでいきました。ワンちゃんは急にボールが体に当たってびっくりしています。男の子はボールの行方がどこか気になっています。ワンちゃんは、ボールが飛んで行った方の塀へ向かい、ワンワンと吠えています。男の子はそれを見て、ボールが向こう側に行ったのかなと思い、家の門の方へ行ってみました。家の門の外に出てみると、ボールは通行人の頭に当たってい

たようでした。その人は当_あたったボールを持_もって、痛_{いた}そうにしています。男_{おとこ}の子_こは自分_{じぶん}のせいでこうなったと気付_{きづ}き、謝_{あやま}っています。通行人_{つうこうにん}の男_{おとこ}の人_{ひと}は怒_{おこ}っている様子_{ようす}で、男_{おとこ}の子_こに文句_{もんく}を言_いっています。すまなそうにしている男_{おとこ}の子_この横_{よこ}に、ワンちゃんがついてきました。ワンちゃんは知_しらないふりをしながら、どこか嬉_{うれ}しそうにしっぽを振_ふっています。一緒_{いっしょ}に遊_{あそ}んでくれずに意地悪_{いじわる}をした男_{おとこ}の子_こが怒_{おこ}られているのを見_みて、気分_{きぶん}がいいようです。

답변 시간 : 90秒 …… 終わりです

A1

① 마당에 공으로 놀고 있는 남자아이와 그 옆에 강아지가 있습니다. 강아지는 남자아이와 놀고 싶어하지만 남자아이는 무시하고 혼자 놀고 있습니다.

② 남자아이가 공을 던진 직후, 공이 강아지의 몸에 맞아 집의 담 방향으로 나가고 말았습니다. 남자아이는 공이 어디로 갔는지 찾고 있습니다.

③ 강아지는 담을 향해 멍멍 짖고 있습니다. 남자아이는 그 모습을 보면서 공이 담 너머에 있는지 궁금해서 문 쪽으로 걸어 갑니다.

④ 문을 나서자 지나가던 사람의 머리에 공이 맞았는지, 그 사람은 화를 내면서 남자아이에게 불평하고 있습니다. 남자아이는 사과하고 있지만 강아지는 옆에서 꼬리를 흔들며 아무것도 모르는 척하고 있습니다.

A2

남자아이와 강아지가 집 마당에 있습니다. 남자아이는 공으로 놀고 있습니다. 강아지도 함께 공으로 놀고 싶은 듯이 남자아이의 옷을 발로 잡아당기고 있습니다. 그러나 남자아이는 그 모습을 알고 있으면서도 모른 척하고 개의치 않고 혼자서 놀고 있습니다. 놀고 있던 남자아이가 손이 미끄러져서 공이 강아지 쪽으로 가 버렸습니다. 공은 강아지의 몸에 맞고 집의 담 쪽으로 날아갑니다. 강아지는 갑자기 공이 몸에 맞아서 놀라고 있습니다. 남자아이는 공의 행방이 어딘지 궁금해 하고 있습니다. 강아지는 공이 날아간 쪽 담을 향해 멍멍 짖고 있습니다. 남자아이는 그것을 보고 공이 담 너머로 간 것일까, 라고 생각해서 집 문 쪽으로 가 보았습니다. 집의 문 밖으로 나와 보니, 공은 행인의 머리에 맞은 것 같았습니다. 그 사람은 맞은 공을 들고 아픈 것 같습니다. 남자아이는 자신 때문에 이렇게 되었다고 깨닫고 사과하고 있습니다. 행인인 남자는 화가 난 모습으로, 남자아이에게 불평하고 있습니다. 미안한 것 같은 남자아이 옆에 강아지가 따라왔습니다. 강아지는 모른 척하면서 어딘가 기쁜 듯이 꼬리를 흔들고 있습니다. 함께 놀아주지 않고 심술을 부린 남자아이가 혼나고 있는 것을 보고 기분이 좋은 것 같습니다.

☑ CHECK NOTE

제7부에서 높은 점수를 받으려면 그림 속의 포인트를 놓치지 않고 매끄러운 문장으로 연결해야만 한다. 응답예 1처럼 그림을 하나하나 구분해서 설명하거나, 응답예 2처럼 연속된 이야기로 말하는 것도 괜찮다. 그림의 상황을 보고 설명할 때는「~ようだ」(~인 것 같다),「~様子だ」(~하는 모습이다)와 같은 표현을 적절히 사용하는 것이 좋다. 주어진 시간 내에 그림에 나와 있는 내용을 최대한 많이 설명할 수 있도록 꾸준한 연습이 필요한 파트이다.

어휘 | 庭(にわ) 정원, 마당 ボール 공 遊(あそ)ぶ 놀다 男(おとこ)の子(こ) 남자아이 橫(よこ) 옆
ワンちゃん 강아지, 멍멍이 *개에 대해 친근감을 가지고 붙이는 애칭 いる (사람·동물이) 있다
동사의 ます형+たがる (제삼자가) ~하고 싶어 하다 無視(むし) 무시 一人(ひとり)で 혼자서 投(な)げる 던지다 直後(ちょくご) 직후
体(からだ) 몸 当(あ)たる 맞다 家(いえ) 집 塀(へい) 울타리, 담 方向(ほうこう) 방향 飛(と)び出(で)る 날아서 나가다
~てしまう ~해 버리다, ~하고 말다 捜(さが)す 찾다 向(む)かう 향하다 ワンワン 멍멍 吠(ほ)える (개·짐승 등이) 짖다
様子(ようす) 모습 동사의 ます형+ながら ~하면서 *동시동작 向(む)こう 맞은편, 건너편 気(き)になる 궁금하다 門(もん) 문
歩(ある)く 걷다 出(で)る 나서다, 나오다 通(とお)りかかる 마침 그곳을 지나가다 頭(あたま) 머리 怒(おこ)る 화를 내다
文句(もんく)を言(い)う 불평하다 謝(あやま)る 사과하다 隣(となり) 옆 しっぽ 꼬리 振(ふ)る 흔들다 何(なに)も (부정어 수반) 아무것도
知(し)る 알다 ~ふり ~체, ~척 服(ふく) 옷 足(あし) 발 引(ひ)っ張(ぱ)る 잡아당기다 しかし 그러나 わかる 알다, 이해하다

동사의 ます형+ながら(も) ～하면서도 *역접 かまわず 상관없이, 개의치 않고 滑(すべ)らす 미끄러뜨리다 飛(と)ぶ 날다
急(きゅう)に 갑자기 びっくりする 깜짝 놀라다 行方(ゆくえ) 행방 向(む)こう側(がわ) 저쪽, 반대쪽, 너머 ～てみる ～해 보다
通行人(つうこうにん) 통행인 持(も)つ 가지다, 들다 痛(いた)い 아프다 い형용사의 어간+そうにする ～인 것 같다, ～인 듯한 상태로 보이다
自分(じぶん) 자기, 자신, 나 せい 때문, 탓 こう 이렇게 気付(きづ)く 깨닫다, 알아차리다 すまない 미안하다 つく 따르다
嬉(うれ)しい 기쁘다 ～ずに ～하지 않고[말고] 意地悪(いじわる)をする 심술을 부리다 気分(きぶん) 기분

기출
문제
해설

05

第1部 自己紹介 | 자기소개
だい いち ぶ　じ こ しょうかい

問題1 お名前は何とおっしゃいますか。　답변 준비 시간 : 0秒
　　　　 なまえ　　なん

応答例

A1 カン・ミンホです。

A2 カン・ミンホと申します。
　　　　　　　　　　　もう

답변 시간 : 10秒 …… 終わりです

Q 성함은 어떻게 되십니까?

　A1 강민호입니다.

　A2 강민호라고 합니다.

☑ CHECK NOTE

본인 이름을 물었을 때 「私の名前は○○です」(제 이름은 ○○입니다)라고 말하는 경우가 많다. 문법적으로 맞는 표현이지만, 실제 회화에서는 보통 주어를 생략하고 말하기 때문에 「이름+です」(이름+입니다)라고 간결하게 대답하면 된다. 좀 더 공손하게 말하고 싶으면 「이름+と申します」(이름+라고 합니다)의 형태로 답하면 된다. 이때도 「私の名前は○○と申します」(제 이름은 ○○라고 합니다)라고 말하는 경우가 많은데, 실제 회화에서는 쓰지 않는 부자연스러운 표현이므로 「이름+と申します」(이름+라고 합니다) 만으로도 충분하다. 그리고 일본에서는 성(姓)만 말하는 것이 일반적이므로 「カンです/カンと申します」(강민호입니다/강민호라고 합니다)라고 답해도 된다.

어휘 | 名前(なまえ) 이름, 성명 *「お名前(なまえ)」 – 성함　何(なん)と 뭐라고　おっしゃる 말씀하시다 *「言(い)う」(말하다)의 존경어
~と申(もう)す ~라고 하다 *「~と言(い)う」의 겸양표현

196

問題2 どこに住んでいますか。 답변 준비 시간 : 0秒

음원 154

応答例

A1 一山 (イルサン) というところに住んでいます。

A2 一山 (イルサン) というところです。ソウルの北 (きた) の方 (ほう) にあるニュータウンです。

답변 시간 : 10秒 …… 終わりです

Q 어디에 살고 있습니까[삽니까]?

A1 일산이라는 곳에 살고 있습니다[삽니다].

A2 일산이라는 곳입니다. 서울의 북쪽에 있는 신도시입니다.

☑ CHECK NOTE

사는 곳을 답할 때는 「장소+です」(장소+입니다) 또는 「장소+に住んでいます」(장소+에 살고 있습니다[삽니다])라고 하면 된다. 이 때 「住む」(살다, 거주하다) 앞에는 조사 「~に」(~에)를 쓴다는 것과 서술어로는 상태를 나타내는 「~ている」의 형태로 쓴다는 점에 주의하자. 경우에 따라서는 「~というところ」(~라는 곳)라는 설명을 넣어서 좀 더 친절하게 설명할 수도 있다. 응답예 2처럼 비교적 잘 알려진 지명을 중심으로 「北の方、東の方、西の方、南の方」(북쪽, 동쪽, 서쪽, 남쪽)처럼 방향을 이용해 설명하면 좀 더 이해하기 쉬운 답변이 된다.

어휘 | どこ 어디 ~という ~라는 ところ 곳 ソウル 서울 北(きた) 북, 북쪽 方(ほう) 쪽, 방향 ニュータウン 뉴타운, 신도시

問題3 誕生日はいつですか。 답변 준비 시간 : 0秒

음원 155

応答例

A1 1 2月4日です。

A2 2000年1月9日生まれです。

답변 시간 : 10秒 …… 終わりです

Q 생일은 언제입니까?

A1 12월 4일입니다.

A2 2000년 1월 9일생입니다.

☑ CHECK NOTE

생일을 말하는 방법은 「생일(~월~일)+です」(생일(~월~일)+입니다), 「생일(~월~일)+生まれです」(생일(~월~일)+생입니다) 등이 있다. 이때 포인트는 일본어로 정확한 날짜를 발음해야 한다는 점이다. 특히 '1일~10일, 14일, 20일, 24일'은 「숫자+日」(숫자 +일)라고 읽지 않고 특수하게 읽으므로 따로 암기해 둘 필요가 있다. 월일만 말해도 상관없지만 응답예 2처럼 생년월일을 다 말해 도 좋다. (날짜 읽기는 P.19 참조)

어휘 | 誕生日(たんじょうび) 생일 いつ 언제 ~月(がつ) ~월 4日(よっか) 4일 9日(ここのか) 9일 生(う)まれ 출생, 태어남

問題 4 趣味(しゅみ)は何(なん)ですか。 　답변 준비 시간 : 0秒

음원 156

応答例

A1 音楽鑑賞(おんがくかんしょう)です。

A2 楽器(がっき)を演奏(えんそう)することが好(す)きで、週末(しゅうまつ)によくフルートを吹(ふ)いています。

답변 시간 : 10秒 ⋯⋯ 終わりです

Q 취미는 무엇입니까?

A1 음악감상입니다.

A2 악기를 연주하는 것을 좋아해서 주말에 종종 플루트를 불고 있습니다.

☑ CHECK NOTE

취미를 설명하는 표현에는 「명사＋です」(명사＋입니다), 혹은 「동사의 기본형＋ことです」(~하는 것입니다) 등이 있다. 응답예 2처럼 「~が好きで、~よく~ています」(~을 좋아해서 ~종종 ~하고 있습니다)라는 식으로 좀 더 세분하여 설명을 덧붙인다면 좋은 평가를 받을 수 있다. 참고로 평소에 자주 하는 습관은 「~ています」(~하고 있습니다)를 써서 말하면 된다. (취미표현은 P.21 참조)

어휘 | 趣味(しゅみ) 취미 音楽(おんがく) 음악 鑑賞(かんしょう) 감상 楽器(がっき) 악기 演奏(えんそう) 연주 週末(しゅうまつ) 주말 よく 곧잘, 종종, 자주 フルート 플루트 吹(ふ)く (악기 등을) 불다

だいにぶ　かんたん　おうとう

問題 1

かみ　なんまい
紙は何枚ありますか。

답변 준비 시간 : 3秒

음원 157

応答例

さんまい
A1 3枚です。

かみ　ぜんぶ　さんまい
A2 紙は全部で3枚あります。

답변 시간 : 6秒 …… 終わりです

Q 종이는 몇 장 있습니까?

A2 3장입니다.

A2 종이는 전부 해서 3장 있습니다.

☑ **CHECK NOTE**

なんまい
「何枚ありますか」(몇 장 있습니까?)라고 물었으므로, 응답예 1처럼 「숫자+枚です」(숫자+장입니다)라고 하는 것이 가장 간단한
まい
답변이다. 또는 응답예 2처럼 「全部で〜枚あります」(전부 해서 〜장 있습니다)라고 할 수도 있다. 이렇게 그림을 보고 물건의 개
ぜんぶ　まい
수를 세는 문제는 자주 출제되는 편이므로 숫자와 물건을 세는 단위 등을 잘 연습해 둘 필요가 있다. 특히 숫자와 단위를 결합해서
읽을 때 발음이 바뀌는 경우도 있으므로 주의가 필요하다.

어휘 | 紙(かみ) 종이　〜枚(まい) 〜장, 〜매　全部(ぜんぶ)で 전부 해서

어휘 & 표현 ◆ 조수사 ⑤

| ~枚(장·매) |

1枚	いちまい	5枚	ごまい	9枚	きゅうまい
2枚	にまい	6枚	ろくまい	10枚	じゅうまい
3枚	さんまい	7枚	ななまい	11枚	じゅういちまい
4枚	よんまい	8枚	はちまい	何枚	なんまい

問題2

箱はどこにありますか。

답변 준비 시간 : 3秒

応答例

A1 テーブルの上です。

A2 箱は丸いテーブルの上にあります。

답변 시간 : 6秒 …… 終わりです

Q 상자는 어디에 있습니까?

A1 테이블 위입니다.

A2 상자는 둥근 테이블 위에 있습니다.

☑ CHECK NOTE

사물의 위치를 나타내는 표현을 알고 있는지를 확인하는 문제이다. 「どこにありますか」(어디에 있습니까?)라는 질문에 대해서는 응답예 1처럼 「~の~です」((장소)의 (위치)입니다)와 같이 간결하게 답해도 되고, 응답예 2처럼 「~は~にあります」((사물)은 (장소+위치)에 있습니다)처럼 답해도 좋다. 이런 문제에 당황하지 않고 재빨리 답하기 위해서는 평소 「上、下、左、右」(위, 아래, 왼쪽, 오른쪽)처럼 위치를 나타내는 어휘에 대한 종합적인 학습이 필요하다.

어휘 | 箱(はこ) 상자 どこ 어디 ある (사물·식물이) 있다 丸(まる)い 둥글다 テーブル 테이블 上(うえ) 위

問題3

男<ruby>おとこ<rt></rt></ruby>の子<ruby>こ<rt></rt></ruby>たちは何<ruby>なに<rt></rt></ruby>をしていますか。

답변 준비 시간 : 3秒

応答例

A1 テニスをしています。

A2 男<ruby>おとこ<rt></rt></ruby>の子<ruby>こ<rt></rt></ruby>二人<ruby>ふたり<rt></rt></ruby>はコートでテニスをしています。

답변 시간 : 6秒 …… 終わりです

Q 남자아이들은 무엇을 하고 있습니까?

A1 테니스를 치고 있습니다.

A2 남자아이 둘은 코트에서 테니스를 치고 있습니다.

☑ CHECK NOTE

남자아이들의 행동에 대해 묻고 있다. 이런 문제에 답변을 할 때는 그림에 맞는 명사와 동사를 고른 후 질문과 같은 형태로 활용하면 된다. 그림 속의 두 아이는 네트를 사이에 두고 테니스를 치고 있으므로, 「テニスをする」(테니스를 치다)를 써서 「~ています」(~하고 있습니다)라는 정중 진행형으로 답하면 된다. 질문의 시제와 답변의 시제를 통일해야 한다는 점을 염두에 두고 답변하자.

어휘 | 男(おとこ)の子(こ) 남자아이 ~たち (사람이나 생물을 나타내는 말에 붙어) ~들 何(なに) 무엇 する 하다 二人(ふたり) 둘, 두 사람 コート 코트

❗ 틀리기 쉬운 표현

テニスを打<ruby>う<rt></rt></ruby>っています。 (X)

➡ テニスをしています。 (O) 테니스를 치고 있습니다.

: 동사가 잘못되었다. '테니스를 치다'라는 표현은 「テニスをする」라고 해야 한다. 「打<ruby>う<rt></rt></ruby>つ」는 '(대상물을) 치다, 때리다'라는 뜻으로, 「太鼓<ruby>たいこ<rt></rt></ruby>を打<ruby>う<rt></rt></ruby>つ」(북을 치다)처럼 쓴다. 참고로 '(어떤 스포츠를) 하다'라고 표현할 때는 동사 「する」를 사용하는 경우가 많으므로, 함께 기억해 두자.

バドミントンをする 배드민턴을 치다　　　ゴルフをする 골프를 치다

スキーをする 스키를 타다　　　スノーボードをする 스노보드를 타다

スケートをする 스케이트를 타다

음원 160

えい が かん　はい
映画館に入ってもいいですか。

답변 준비 시간 : 3秒

応答例

A1 いいえ、入ってはいけません。

A2 いいえ、今は映画館が掃除中ですので、入ってはいけません。

답변 시간 : 6秒 …… 終わりです

Q 영화관에 들어가도 됩니까?

A1 아니요, 들어가서는 안 됩니다.

A2 아니요, 지금은 영화관이 청소 중이기 때문에 들어가서는 안 됩니다.

☑ CHECK NOTE

「~てもいいですか」는 '~해도 됩니까?'라는 뜻으로 허락을 구할 때 사용하는 표현이다. 이에 대한 가장 간단한 답변은 「はい、いいです」(예, 됩니다)나 「いいえ、いけません」(아니요, 안 됩니다)이다. 이때 좀 더 구체적으로 '~해도 됩니다'라고 말하고 싶다면 동사의 て형을 활용해서 「~てもいいです」(~해도 됩니다)라고 하면 된다. 혹은 문제의 상황처럼 '~해서는 안 됩니다'라고 할 때는 「~てはいけません」(~해서는 안 됩니다)이라고 하면 된다. 응답예 1처럼 간략하게 답할 수도 있지만, 응답예 2의 「~ので」(~므로, ~이기 때문에)처럼 이유를 언급하면서 대답하면 더 높은 점수를 받을 수 있다.

어휘 | 映画館(えいがかん) 영화관　入(はい)る 들어가다　今(いま) 지금　掃除(そうじ) 청소　~中(ちゅう) ~중

어휘＆표현 ◆ 허가＆금지를 나타내는 표현

▶ ～てもいい : ～해도 된다 *허가

ここで写真を撮ってもいいです。 여기서 사진을 찍어도 됩니다.

期末テストでは辞書を持ち込んでもいいです。 기말고사에서는 사전을 지참해도 됩니다.

▶ ～てはいけない : ～해서는 안 된다 *금지

美術館の中では飲食をしてはいけません。 미술관 안에서는 음식을 먹어서는 안 됩니다.

明日の朝に会議があるから、遅刻しちゃいけないよ。 (*「～ちゃ」는 「～ては」의 축약형임)

내일 아침에 회의가 있으니까 지각해서는 안 돼.

第3部 敏速な応答 | 대화 완성

음원 161

私もその小説読んでみたかったんですが、後で貸してくれませんか。

답변 준비 시간 : 2秒

応答例

A1 いいですよ。この本とてもお勧めです。

A2 いいですけど、今読み始めたばかりなので、もう少し時間がかかりそうです。それでもいいですか。

답변 시간 : 15秒 …… 終わりです

Q 저도 그 소설 읽어 보고 싶었거든요, 나중에 빌려주지 않을래요?

A1 좋아요. 이 책 매우 추천해요.

A2 좋은데, 지금 막 읽기 시작했기 때문에 조금 더 시간이 걸릴 것 같아요. 그래도 괜찮아요?

☑ CHECK NOTE

「〜ませんか」는 '〜하지 않습니까?'라는 단순한 부정 의문의 뜻도 있지만, '〜하지 않겠습니까?, 〜하지 않을래요?'처럼 상대방에게 뭔가를 권유할 때 자주 사용하는 표현이다. 여자는 남자가 읽고 있는 책을 보면서 나중에 빌려줄 수 있는지 묻고 있으므로 빌려줄 생각이 있다면 「いいですよ」(좋아요)라고 하면 되고, 그렇지 않다면 「すみません、〜はちょっと…」(죄송해요, 〜은 좀…)와 같이 완곡하게 거절하는 것이 좋다. 가능하다면 단답형으로 답하지 말고 응답예 2처럼 현재 상황에 대해 설명하면서 구체적으로 답변하면 높은 점수를 받을 수 있다.

어휘 | 小説(しょうせつ) 소설　読(よ)む 읽다　後(あと)で 나중에　貸(か)す 빌려주다　〜てくれる (남이 나에게) 〜해 주다　いい 좋다
本(ほん) 책　とても 매우　お勧(すす)め 추천　今(いま) 지금　동사의 ます형+始(はじ)める 〜하기 시작하다
동사의 た형+ばかりだ 막 〜한 참이다　〜한 지 얼마 안 되다　명사+な+ので 〜므로, 〜이기 때문에　少(すこ)し 조금　かかる (시간이) 걸리다
동사의 ます형+そうだ 〜일[할] 것 같다

어휘&표현 ◆ 동작의 '시작·계속·종료'를 나타내는 표현

▶ **동사의 ます형+始める** : ～하기 시작하다 *동작의 시작을 나타냄

最近ダイエットのために、ジムに通い始めました。　최근 다이어트를 위해서 체육관을 다니기 시작했습니다.

天気予報は晴れだったのに、いきなり雨が降り始めた。

일기예보는 맑음이었는데 갑자기 비가 내리기 시작했다.

▶ **동사의 ます형+続ける** : 계속 ～하다 *동작의 계속을 나타냄

家賃を払い続けるより、買った方が得だと思う。　집세를 계속 내는 것보다 사는 편이 이득이라고 생각한다.

彼女がやってくるまで改札口の前で待ち続けた。

그녀가 (이쪽으로 향하여) 올 때까지 개찰구 앞에서 계속 기다렸다.

▶ **동사의 ます형+終わる** : 다 ～하다 *동작의 종료를 나타냄

その本はさっきちょうど読み終わりました。　그 책은 조금 전 막 다 읽었습니다.

みんなが食べ終わってから、一緒に行きましょう。　모두가 다 먹고 나서 같이 갑시다.

問題 2

来週から雨の降る日が多くなるそうです。

답변 준비 시간 : 2秒

음원 162

応答例

A1 そうなんですね。外にあまり出られないですね。

A2 私も天気予報で見ました。せっかく暖かくなったのでピクニックにでも行こうかと思っていたのに、当分の間は無理そうですね。

답변 시간 : 15秒 ‥‥‥ 終わりです

Q 다음 주부터 비가 오는 날이 많아진다고 해요.

A1 그렇군요. 밖에 별로 나가지 못하겠네요.

A2 저도 일기예보에서 봤어요. 모처럼 따뜻해졌기 때문에 피크닉이라도 갈까 하고 생각하고 있었는데, 당분간은 무리일 것 같네요.

☑ CHECK NOTE

「동사의 보통형+そうです」(~라고 합니다)는 전문을 나타내는 표현으로, 다음 주 날씨가 궂을 것이라는 소식을 전하고 있다. 이럴 때는 우선 「そうなんですね」(그렇군요), 「私も見ました/聞きました」(저도 봤어요/들었어요), 「それは大変ですね」(그건 큰일이겠네요)처럼 맞장구를 치거나 공감을 나타낸 후 구체적인 답변을 이어가는 것이 좋다. 응답예 1처럼 비가 오는 상황을 가정한 반응을 보이는 것도 좋지만, 고득점을 노린다면 응답예 2처럼 구체적으로 상황을 설명하거나 본인의 계획에 대해 이야기하는 것이 좋다. 참고로 이때의 「な형용사의 어간+そうです」는 '~인 것 같습니다, ~인 듯합니다, ~해 보입니다'라는 추측·양태의 의미로 문제와는 다른 용법으로 쓰인 것이다.(*접속 형태에 따라 뜻이 달라지는 「そうだ」 P.77 참조)

어휘 | 来週(らいしゅう) 다음 주 ~から ~부터 雨(あめ) 비 降(ふ)る (비·눈 등이) 내리다, 오다 日(ひ) 날 多(おお)い 많다
い형용사의 어간+くなる ~해지다 外(そと) 밖 あまり (부정어 수반) 그다지, 별로 出(で)る 나가다 天気予報(てんきよほう) 일기예보
見(み)る 보다 せっかく 모처럼 暖(あたた)かい 따뜻하다 ピクニック 피크닉 行(い)く 가다 思(おも)う 생각하다
当分(とうぶん)の間(あいだ) 당분간 無理(むり)だ 무리이다

すみませんが、この近くに郵便局はありますか。

답변 준비 시간 : 2秒

応答例

A1 すみません。私もよくわからないです。

A2 はい。この道をまっすぐ行って、信号を右に曲がったら、コンビニの向かい側にあります。

답변 시간 : 15秒 ······ 終わりです

Q 죄송한데요, 이 근처에 우체국은 있나요?

A1 죄송해요. 저도 잘 모르겠어요.

A2 예. 이 길을 곧장 가서 신호를 오른쪽으로 돌면 편의점 맞은편에 있어요.

☑ CHECK NOTE

근처에 우체국이 있는지 묻고 있다. 즉, 우체국까지 가는 길을 묻고 있는 것이므로, 이에 대한 답변은 길을 모르는 경우와 아는 경우의 두 가지로 할 수 있다. 응답예 1은 전자의 경우로, 「すみません」(죄송합니다)이라고 양해를 구한 후 모르겠다고 말하면 된다. 응답예 2는 후자의 경우로, 단순히 「〜にあります」(〜에 있습니다)라고 위치만 지정하지 말고 「〜をまっすぐ行って、信号を右に曲がったら、〜の向かい側にあります」(〜을 곧장 가서 신호를 오른쪽으로 돌면 〜의 맞은편에 있습니다)처럼 상세하게 경로를 설명하면 좀 더 좋은 평가를 받을 수 있다.

어휘 | 近(ちか)く 근처 郵便局(ゆうびんきょく) 우체국 よく 잘 わかる 알다, 이해하다 道(みち) 길 まっすぐ 곧장 行(い)く 가다 信号(しんごう) (교통 기관의) 신호 右(みぎ) 오른쪽 曲(ま)がる (방향을) 돌다 コンビニ 편의점 *「コンビニエンスストア」의 준말 向(む)かい側(がわ) 맞은편, 건너편

問題4

水族館<ruby>すいぞくかん</ruby>のチケットがあるんですが、一緒<ruby>いっしょ</ruby>に行<ruby>い</ruby>きませんか。
음원 164

답변 준비 시간 : 2秒

応答例

A1 いいですね。行<ruby>い</ruby>きましょう。

A2 そうですか。行<ruby>い</ruby>きたいです。だけど私今週<ruby>わたしこんしゅう</ruby>は忙<ruby>いそが</ruby>しいんですが、来週以降<ruby>らいしゅういこう</ruby>でも大丈夫<ruby>だいじょうぶ</ruby>ですか。

답변 시간 : 15秒 …… 終わりです

Q 수족관 티켓이 있는데, 같이 가지 않을래요?

A1 좋죠. 갑시다.

A2 그래요? 가고 싶어요. 그렇지만 저 이번 주는 바쁘거든요, 다음 주 이후라도 괜찮아요?

☑ CHECK NOTE

질문의 「~ませんか」(~하지 않겠습니까?, ~하지 않을래요?)는 상대방에게 뭔가를 권유할 때 쓰는 표현이다. 권유를 받아들일 때는 「いいですね」(좋죠)로 시작하면 되지만, 거절할 때는 「いいえ」(아니요)라고 딱 잘라서 말하는 것보다 「すみません」(죄송합니다)이라고 양해를 구하면서 그 이유를 설명하는 것이 바람직하다. 혹은 응답예 2의 「今週<ruby>こんしゅう</ruby>は忙<ruby>いそが</ruby>しいんですが、来週以降<ruby>らいしゅういこう</ruby>でも大丈夫<ruby>だいじょうぶ</ruby>ですか」(이번 주는 바쁘거든요, 다음 주 이후라도 괜찮아요?)처럼 구체적인 대안을 제시하는 것도 좋다.

어휘 | 水族館(すいぞくかん) 수족관 チケット 티켓 一緒(いっしょ)に 함께, 같이 行(い)く 가다 いい 좋다 ~ましょう ~합시다 동사의 ます형+たい ~하고 싶다 だけど 그러나, 그렇지만 *「だけれど」의 준말 今週(こんしゅう) 이번 주 忙(いそが)しい 바쁘다 来週(らいしゅう) 다음 주 以降(いこう) 이후 大丈夫(だいじょうぶ)だ 괜찮다

問題5

修理が終わるまで少し時間がかかりそうですが、よろしいでしょうか。 음원 165

답변 준비 시간 : 2秒

応答例

A1 はい、大丈夫です。どのくらいかかりますか。

A2 そうですか。仕事に行くのに車が必要なのですが、代車を借りるなどはできますでしょうか。

답변 시간 : 15秒 ⋯⋯ 終わりです

Q 수리가 끝날 때까지 조금 시간이 걸릴 것 같은데 괜찮으실까요?

A1 예, 괜찮아요. 얼마나 걸리나요?

A2 그래요? 일하러 가는 데 차가 필요한데, 다른 차를 빌리거나 할 수 있을까요?

☑ CHECK NOTE

카센터 직원과 손님의 대화로, 직원이 차를 수리하는 데 시간이 걸릴 것 같다며 양해를 구하고 있다. 직원은 「よろしいでしょうか」 (괜찮으실까요?)라고 손님에게 묻고 있으므로, 일단 이 질문에 대한 답변부터 해야 한다. 괜찮다면 「大丈夫です」(괜찮습니다)라고 하면 되고, 그렇지 않다면 딱 잘라서 「大丈夫じゃありません」(괜찮지 않습니다)라고 하기보다는 「そうですか」(그렇습니까?)와 같이 일단 상대방의 말에 반응을 보인 후 곤란한 이유나 대안 등을 제시하도록 한다. 대안을 요청할 때는 응답예 2처럼 「~できますでしょうか」(~할 수 있을까요?)와 같이 완곡한 표현을 쓰는 것이 좋다.

어휘 | 修理(しゅうり) 수리 終(お)わる 끝나다 少(すこ)し 조금 時間(じかん) 시간 かかる (시간이) 걸리다
동사의 ます형+そうだ ~일[할]것 같다 大丈夫(だいじょうぶ)だ 괜찮다 どのくらい 어느 정도 仕事(しごと) 일
동작성 명사+に ~하러 *동작의 목적 車(くるま) 자동차, 차 必要(ひつよう)だ 필요하다
代車(だいしゃ) 대차, 수리·차량 검사 중인 자동차 대신 사용하는 자동차 借(か)りる 빌리다

問題1 あなたは最近どんなジャンルの音楽を聞いていますか。簡単に説明してください。 답변 준비 시간 : 15秒

음원 166

応答例

A1 最近はJ-POPをよく聞いています。特に日本のバンドの曲が好きです。リラックスしたい時や、集中したい時に聞きます。最近は友達とカラオケに行って、一緒に好きなバンドの曲を歌うこともあります。

A2 最近はクラシック音楽に夢中になっています。特にベートーヴェンやモーツァルトの交響曲を聞いています。クラシック音楽を聞くと、ストレスが和らぎ、心が落ち着きます。家ではいつもスピーカーで流しています。週末にはオーケストラのコンサートに行くこともあります。

답변 시간 : 25秒 ...... 終わりです

Q 당신은 최근 어떤 장르의 음악을 듣고 있습니까? 간단하게 설명하세요.

A1 요즘은 제이팝을 자주 듣고 있습니다. 특히 일본 밴드의 곡을 좋아합니다. 릴랙스하고 싶을 때나 집중하고 싶을 때 듣습니다. 최근에는 친구와 노래방에 가서 함께 좋아하는 밴드의 곡을 부를 때도 있습니다.

A2 요즘은 클래식 음악에 푹 빠져 있습니다. 특히 베토벤이나 모차르트의 교향곡을 듣고 있습니다. 클래식 음악을 들으면 스트레스가 풀리고 마음이 차분해집니다. 집에서는 항상 스피커로 틀고 있습니다. 주말에는 오케스트라 콘서트에 가기도 합니다.

☑ CHECK NOTE

문제에 대한 답변을 할 때 가장 쉬운 방법은 질문의 문형을 응용하는 것이다. 이 문제 역시 「最近どんなジャンルの音楽を聞いていますか」(최근 어떤 장르의 음악을 듣고 있습니까?)라는 질문을 평서문으로 바꿔서 「最近は〜音楽を聞いています」(최근에는 〜 음악을 듣고 있습니다)라고 답변을 시작하면 된다. 어떤 장르의 음악을 듣는지를 밝혔다면 다음으로는 구체적으로 그 음악을 듣는 이유나 특히 좋아하는 곡 등에 대한 설명을 이어가는 것이 좋다. 일상적인 주제에 대해 답하는 문제는 자주 출제되는 편이므로 평소 관심사에 대한 단어를 익혀 두자.

어휘 | 最近(さいきん) 최근, 요즘 どんな 어떤 ジャンル 장르 音楽(おんがく) 음악 聞(き)く 듣다
J-POP(ジェーポップ) 제이팝, 일본의 대중음악 よく 자주 特(とく)に 특히 日本(にほん) 일본 バンド 밴드 曲(きょく) 곡
好(す)きだ 좋아하다 リラックス 릴랙스 時(とき) 때 集中(しゅうちゅう) 집중 友達(ともだち) 친구 カラオケ 노래방
一緒(いっしょ)に 함께, 같이 歌(うた)う (노래를) 부르다 クラシック 클래식 夢中(むちゅう)だ 열중하다, 몰두하다, 푹 빠지다
ベートーヴェン 베토벤 モーツァルト 모차르트 交響曲(こうきょうきょく) 교향곡 ストレス 스트레스
和(やわ)らぐ (바람·통증 등이) 가라앉다, 풀리다 心(こころ) 마음 落(お)ち着(つ)く (마음이) 가라앉다, 차분해지다 家(いえ) 집
スピーカー 스피커 流(なが)す (음악 등을) 흘려 보내다, 틀다 週末(しゅうまつ) 주말 オーケストラ 오케스트라 コンサート 콘서트

最近^{さいきん}はクラシック音楽^{おんがく}に夢中^{むちゅう}しています。 (X)

➡ 最近^{さいきん}はクラシック音楽^{おんがく}に夢中^{むちゅう}になっています。 (O) 요즘은 클래식 음악에 푹 빠져 있습니다.

: 동사가 잘못되었다. 「夢中^{むちゅう}」는 '열중함, 몰두함, 푹 빠짐'이라는 뜻으로, 「夢中^{むちゅう}だ/夢中^{むちゅう}になる」(열중하다/몰두하게 되다, 푹 빠지다)와 같은 형태로 쓴다. 뒤에 동사「する」를 붙여서 사용하지 않도록 주의하자.

問題2 あなたは写真展に行ったことがありますか。簡単に説明してください。

답변 준비 시간 : 15秒

 음원 167

応答例

A1 はい、あります。先月、近くの美術館で開催された写真展に行きました。テーマは「自然の美」で、美しい風景の写真がたくさん展示されていました。特に季節ごとの山の写真が印象的でした。また行きたいと思います。

A2 はい、去年の秋に、友達と一緒に写真展に行きました。その写真展は、世界中の都市の風景をテーマにしていました。ニューヨークやパリ、東京などの写真が展示されていて、各国の特徴について写真を通じて感じることができました。

답변 시간 : 25秒 ····· 終わりです

Q 당신은 사진전에 간 적이 있습니까? 간단하게 설명하세요.

A1 예, 있습니다. 지난달 근처 미술관에서 개최된 사진전에 갔습니다. 테마는 '자연의 미'로, 아름다운 풍경 사진이 많이 전시되어 있었습니다. 특히 계절별 산 사진이 인상적이었습니다. 또 가고 싶다고 생각합니다.

A2 예, 작년 가을에 친구와 같이 사진전에 갔습니다. 그 사진전은 전 세계의 도시 풍경을 테마로 하고 있었습니다. 뉴욕이나 파리, 도쿄 등의 사진이 전시되어 있어 각국의 특징에 대해서 사진을 통해 느낄 수 있었습니다.

☑ CHECK NOTE

사진전에 간 적이 있는지 여부를 묻는 문제이다. 「동사의 た형+ことがある」(~한 적이 있다)는 일상생활에서도 자주 사용 하는 표현이므로 접속 등이 틀리지 않도록 잘 연습해 두자. 간 적이 있다면 응답예 1처럼 「はい、あります」(예, 있습니다)라고 대답한 후에 사진전의 내용과 감상 등을 이야기하면 되고, 없다면 「いいえ、ありません」(아니요, 없습니다)이라고 답하면 된다. 또는 응답예 2 처럼 긍정의 대답 후 곧바로 경험한 바를 이야기해도 좋다. 마무리할 때는 희망을 나타내는 「동사의 ます형+たいと思います」(~ 하고 싶다고 생각합니다)와 같은 표현을 사용하면 자연스러운 답변을 만들 수 있다.

어휘 | 写真展(しゃしんてん) 사진전 **先月**(せんげつ) 지난달 **近**(ちか)く 근처 **美術館**(びじゅつかん) 미술관 **開催**(かいさい) 개최 **テーマ** 테마, 주제 **自然**(しぜん) 자연 **美**(び) 미, 아름다움 **風景**(ふうけい) 풍경 **たくさん** 많이 **展示**(てんじ) 전시 **特**(とく)に 특히 **季節**(きせつ) 계절 **~ごと** ~마다 **山**(やま) 산 **印象的**(いんしょうてき)だ 인상적이다 **去年**(きょねん) 작년 **秋**(あき) 가을 **友達**(ともだち) 친구 **世界中**(せかいじゅう) 전 세계 **都市**(とし) 도시 **ニューヨーク** 뉴욕 **パリ** 파리 **東京**(とうきょう) 도쿄 **各国**(かっこく) 각국 **特徴**(とくちょう) 특징 **~について** ~에 대해서 **~を通**(つう)じて ~을 통해서 **感**(かん)じる 느끼다

問題3 あなたは普段昼食のメニューをどのように決めますか。簡単に説明してください。 답변 준비 시간 : 15秒

음원 168

応答例

A1 普段は前日の夕食の残り物を使って昼食を作ります。簡単に作れるものを選んでいますが、栄養バランスを考えて、サラダやフルーツなどを追加することもあります。

A2 普段の昼食は前日に夕食の買い物をする時に一緒に考えています。パスタやチャーハンなど、簡単に作れるものをよく食べています。忙しい日は前日に準備しておくこともあります。また、その日の予定によっては外食することもあります。

답변 시간 : 25秒 ······ 終わりです

Q 당신은 평소 점심 메뉴를 어떻게 정합니까? 간단하게 설명하세요.

A1 평소에는 전날 저녁의 남은 것을 사용해서 점심을 만듭니다. 간단하게 만들 수 있는 것을 선택하고 있습니다만, 영양 밸런스를 고려해서 샐러드나 과일 등을 추가하는 경우도 있습니다.

A2 평소 점심은 전날에 저녁거리 장을 볼 때 함께 생각하고 있습니다. 파스타나 볶음밥 등 간단하게 만들 수 있는 것을 자주 먹고 있습니다. 바쁜 날은 전날에 준비해 두는 경우도 있습니다. 또한 그 날의 예정에 따라서는 외식하는 경우도 있습니다.

☑ CHECK NOTE

평소에 점심 메뉴를 어떻게 정하는지 묻고 있다. 이에 대한 답변 역시 질문을 응용해서 「普段は～を作ります」(평소에는 ～을 만듭니다), 「普段～ています」(평소 ～하고 있습니다)와 같은 표현으로 시작하면 된다. 일상적인 메뉴가 아닌 경우라면 「동사의 기본형 +こともあります」(～하는 경우도 있습니다)와 같은 표현을 이용해서 설명을 덧붙이는 것도 좋다. 이때 구체적인 음식의 명칭이나 조리 방법 등을 언급하면 훨씬 구체적이고 풍부한 내용의 답변이 될 것이다.

어휘 | 普段(ふだん) 평소, 평상시 昼食(ちゅうしょく) 주식, 점심 メニュー 메뉴 どのように 어떻게 決(き)める 정하다, 결정하다 簡単(かんたん)だ 간단하다 前日(ぜんじつ) 전일, (어떤 특정한 날의) 전날 夕食(ゆうしょく) 저녁, 저녁 식사 残(のこ)り物(もの) 남은 것 使(つか)う 쓰다, 사용하다 作(つく)る 만들다 選(えら)ぶ 고르다, 선택하다 栄養(えいよう) 영양 バランス 밸런스, 균형 考(かんが)える 생각하다 サラダ 샐러드 フルーツ 프루트, 과일 追加(ついか) 추가 買(か)い物(もの) 물건을 삼, 쇼핑, 장을 봄 パスタ 파스타 チャーハン 볶음밥 よく 자주 忙(いそが)しい 바쁘다 日(ひ) 날 準備(じゅんび) 준비 ～ておく ～해 놓다[두다] 予定(よてい) 예정 ～によっては ～에 의해서는[따라서는] 外食(がいしょく) 외식

215

問題 4 あなたは昔ながらの市場をよく利用しますか。簡単に説明してください。 답변 준비 시간 : 15秒

음원 169

応答例

A1 たまに利用します。最近ではオンラインで食材も買えますが、市場の方が新鮮な野菜や果物が手に入るので好きです。物を実際に手に取ってみて選ぶのも楽しいですし、地元の人との交流も楽しいです。

A2 昔ながらの市場はよく利用します。特に週末に家族と一緒に行くことが多いです。市場では新鮮な野菜や果物、魚、肉が手に入り、スーパーよりも品質が良いのでよく買い物をしています。また、市場の活気ある雰囲気が好きです。

답변 시간 : 25秒 ······ 終わりです

Q 당신은 재래 시장을 자주 이용합니까? 간단하게 설명하세요.

A1 가끔 이용합니다. 최근에는 온라인으로 식재료도 살 수 있지만, 시장 쪽이 신선한 채소나 과일이 구해지기 때문에 좋아합니다. 물건을 실제로 손에 들어 보고 고르는 것도 즐겁고, 지역민과의 교류도 즐겁습니다.

A2 재래 시장은 자주 이용합니다. 특히 주말에 가족과 함께 가는 경우가 많습니다. 시장에서는 신선한 채소와 과일, 생선, 고기가 구해지고 슈퍼보다도 품질이 좋기 때문에 자주 장을 보고 있습니다. 또한 시장의 활기 있는 분위기를 좋아합니다.

☑ CHECK NOTE

재래 시장을 자주 이용하는지 묻고 있으므로, 우선 이용하는지 여부를 밝힌 후 만약 이용한다면 어느 정도의 빈도로 가는지를 말하면 된다. 이때 가는 빈도에 따라「ほとんど利用しません/たまに利用します/よく利用します」(거의 이용하지 않습니다/가끔 이용합니다/자주 이용합니다)와 같이 답변할 수 있다. 보다 구체적인 답변을 만들기 위해서는 왜 가는지, 어떤 점이 좋은지 등에 대해서도 언급하는 것이 좋다. 이때는「~の方が~ので好きです」(~쪽이 ~이기 때문에 좋아합니다),「~ことが多いです」(~하는 경우가 많습니다)와 같은 표현을 쓸 수 있다.

어휘 | 昔(むかし)ながら 옛날 그대로 市場(いちば) 시장 よく 자주 利用(りよう) 이용 たまに 가끔 最近(さいきん) 최근, 요즘 オンライン 온라인 食材(しょくざい) 식재료 買(か)う 사다 方(ほう) 편, 쪽 新鮮(しんせん)だ 신선하다 野菜(やさい) 채소, 야채 果物(くだもの) 과일 手(て)に入(はい)る 손에 들어오다, 구해지다 好(す)きだ 좋아하다 物(もの) 물건 実際(じっさい)に 실제로 取(と)る 들다, 쥐다 選(えら)ぶ 고르다, 선택하다 楽(たの)しい 즐겁다 地元(じもと) 그 지방, 그 지역 人(ひと) 사람 交流(こうりゅう) 교류 特(とく)に 특히 週末(しゅうまつ) 주말 家族(かぞく) 가족 一緒(いっしょ)に 함께, 같이 魚(さかな) 생선 肉(にく) 고기 品質(ひんしつ) 품질 買(か)い物(もの) 물건을 삼, 쇼핑, 장을 봄 活気(かっき) 활기 雰囲気(ふんいき) 분위기

問題 5 あなたは仕事や勉強をする時、午前と午後のうちどちらの方が集中できますか。簡単に説明してください。 답변 준비 시간 : 15秒

음원 170

応答例

A1 午前中の方が集中できます。朝は頭がすっきりしていて、仕事がより捗る感じがします。午後になると疲れが出てきて集中力が落ちるので、できるだけ効率が良い午前にするようにしています。

A2 どちらかというと午後の方が集中しやすいです。午前中は頭がまだぼんやりしていることが多く、仕事の効率も少し悪い気がします。午後になると、体も頭もエンジンがかかり、長時間集中しやすくなります。

답변 시간 : 25秒 …… 終わりです

Q 당신은 일이나 공부를 할 때 오전과 오후 중 어느 쪽이 집중할 수 있습니까? 간단하게 설명하세요.

A1 오전 중의 쪽이 집중할 수 있습니다. 아침은 머리가 맑아서 일이 보다 진척되는 느낌이 듭니다. 오후가 되면 피로해져서 집중력이 떨어지므로 되도록 효율이 좋은 오전에 하도록 하고 있습니다.

A2 어느 쪽이냐 하면 오후 쪽이 집중하기 쉽습니다. 오전 중은 머리가 아직 멍한 경우가 많아, 일의 효율도 조금 나쁜 느낌이 듭니다. 오후가 되면 몸도 머리도 발동이 걸려 장시간 집중하기 쉬워집니다.

☑ CHECK NOTE

「AとBのうちどちらの方が〜できますか」(A와 B 중 어느 쪽이 (더) 〜할 수 있습니까?)와 같은 문형의 질문에는 둘 중 하나를 선택하는 답변을 해야 한다. 문제에서는 '오전'과 '오후' 중 언제가 집중이 잘 되는지를 물었으므로, 응답예 1의 「〜の方が集中できます」(〜쪽이 (더) 집중할 수 있습니다), 응답예 2의 「どちらかというと〜の方が集中しやすいです」(어느 쪽이냐 하면 〜쪽이 (더) 집중하기 쉽습니다)와 같이 답변하면 된다. 그러고 나서 이유를 말하거나 부연설명을 곁들이면 되는데, 선택한 사항에 대해서만 말하지 말고 다른 조건과 비교하면서 이야기를 전개하는 것도 좋다.

어휘 | 仕事(しごと) 일 勉強(べんきょう) 공부 午前(ごぜん) 오전 午後(ごご) 오후 〜うち 〜중, 〜가운데 どちら 어느 쪽
集中(しゅうちゅう) 집중 〜中(ちゅう) 〜중 朝(あさ) 아침 頭(あたま) 머리 すっきり 개운한 모양 より 보다
捗(はかど)る 진척되다, 순조롭게 진행되다 感(かん)じ 느낌 *「感(かん)じがする」– 느낌이 들다
疲(つか)れ 피로 *「疲(つか)れが出(で)る」– 피로해지다 集中力(しゅうちゅうりょく) 집중력 落(お)ちる 떨어지다
できるだけ 가능한 한, 되도록 効率(こうりつ) 효율 동사의 기본형+ようにしている 〜하도록 하고 있다
どちらかというと 어느 쪽이냐 하면 동사의 ます형+やすい 〜하기 쉽다 ぼんやり 멍한 모양
エンジンがかかる 발동이 걸리다, 일을 할 마음이 나다 長時間(ちょうじかん) 장시간

問題1 中高生の髪型の規制を無くす必要があるという意見がありますが、あなたはこの意見に同意しますか。あなたの考えを話してください。

음원 171

답변 준비 시간 : 30秒

応答例

A1 私は同意します。髪型は個人の自由だと思うからです。規制が厳しすぎると、学生たちの個性が無くなる恐れがあります。学校は学生が自由に過ごせるような環境を作ることも重要です。なので、好きな髪型にすることができるようになれば、自己肯定感も高まり、より楽しい学校生活を過ごせるようになると思います。

A2 髪型の厳しい規制を無くすことには賛成ですが、それでも一定のガイドラインは必要だと思います。中高生にとって髪型は、自分らしさを表現する重要な手段であると言えます。しかし、完全に自由にすれば学校の規律や秩序が乱れる可能性があります。したがって、過度に派手な髪型や、他人に不快感を与えるスタイルは避けるなど、基本的なガイドラインを作り、学生たちに指導すべきだと思います。つまり、適度な自由と規律のバランスを取ることが大切だということです。

답변 시간 : 50秒 ‥‥‥ 終わりです

Q 중고생의 두발 규제를 없앨 필요가 있다는 의견이 있습니다만, 당신은 이 의견에 동의합니까? 당신의 생각을 말하세요.

A1 저는 동의합니다. 헤어스타일은 개인의 자유라고 생각하기 때문입니다. 규제가 너무 엄하면 학생들의 개성이 없어질 우려가 있습니다. 학교는 학생이 자유롭게 지낼 수 있을 만한 환경을 만드는 것도 중요합니다. 그래서 좋아하는 헤어스타일로 할 수 있게 되면 자기 긍정감도 높아지고 보다 즐거운 학교 생활을 보낼 수 있게 될 것이라고 생각합니다.

A2 헤어스타일의 엄한 규제를 없애는 것에는 찬성이지만, 그래도 일정한 가이드라인은 필요하다고 생각합니다. 중고생에게 있어 헤어스타일은 나다움을 표현하는 중요한 수단이라고 할 수 있습니다. 그러나 완전히 자유롭게 한다면 학교 규율과 질서가 흐트러질 가능성이 있습니다. 따라서 과도하게 화려한 헤어스타일이나 타인에게 불쾌감을 주는 스타일은 피하는 등 기본적인 가이드라인을 만들어 학생들에게 지도해야 한다고 생각합니다. 즉, 적당한 자유와 규율의 균형을 맞추는 것이 중요하다는 것입니다.

☑ CHECK NOTE

제5부는 긴 답변을 요구하는 문제가 출제되므로, 우선 본인의 의견을 정한 후 그 이유를 나열하면서 시간을 채워야 한다. 여기서는 중고생의 두발 규제 완화에 대해 「同意しますか」(동의합니까?)라고 물었으므로, 일단 동의하는지 아닌지부터 결정해야 한다. 응답

예 1처럼 동의할 수도 있고, 응답예 2처럼 중립적인 입장에서 두 의견을 조율해서 말할 수도 있다. 또한 구체적인 내용을 말하기 위해서 만약에 그렇게 되면 어떤 상황이 벌어질지에 대해서도 생각해 보자. 이때는 「規制が厳しすぎると」(규제가 너무 엄하면), 「完全に自由にすれば」(완전히 자유롭게 한다면)와 같이 가정형을 사용해 상황을 가정한 후 설명을 이어가면 된다. 이유를 말할 때는 「～から」(～니까), 「～ので」(～므로, ～이기 때문에) 등의 표현을 적절히 쓰면 된다. 구체적인 설명을 하고 나면 결론을 말해야 하는데 그때는 「したがって」(따라서), 「つまり」(즉)와 같은 접속사를 사용하는 것이 좋다.

어휘 | 中高生(ちゅうこうせい) 중고생 髪型(かみがた) 머리 모양, 헤어스타일 規制(きせい) 규제 無(な)くす 없애다
必要(ひつよう) 필요 意見(いけん) 의견 同意(どうい) 동의 個人(こじん) 개인 自由(じゆう) 자유 厳(きび)しい 엄격하다
い형용사의 어간＋すぎる 너무 ～하다 学生(がくせい) 학생 ～たち (사람이나 생물을 나타내는 말에 붙어) ～들 個性(こせい) 개성
無(な)くなる 없어지다 ～恐(おそ)れがある ～할 우려가 있다 学校(がっこう) 학교 自由(じゆう)だ 자유롭다
過(す)ごす (시간을) 보내다, 지내다 環境(かんきょう) 환경 作(つく)る 만들다 重要(じゅうよう)だ 중요하다 なので 그래서, 그렇기 때문에
好(す)きだ 좋아하다 ～ようになる ～하게(끔) 되다 自己肯定感(じここうていかん) 자기 긍정감, 자신을 있는 그대로 받아들이는 것
高(たか)まる (정도가) 높아지다, 고조되다 より 보다 楽(たの)しい 즐겁다 賛成(さんせい) 찬성 それでも 그래도 一定(いってい) 일정
ガイドライン 가이드라인, 지침 ～にとって ～에(게) 있어서 自分(じぶん) 자기, 자신, 나 ～らしさ ～다움, ～스러움 表現(ひょうげん) 표현
手段(しゅだん) 수단 完全(かんぜん)だ 완전하다 規律(きりつ) 규율 秩序(ちつじょ) 질서 乱(みだ)れる 흐트러지다
可能性(かのうせい) 가능성 過度(かど)だ 과도하다 派手(はで)だ 화려하다 他人(たにん) 타인, 남 不快感(ふかいかん) 불쾌감
与(あた)える (주의・영향 등을) 주다 スタイル 스타일 避(さ)ける 피하다 基本的(きほんてき)だ 기본적이다 指導(しどう) 지도
동사의 기본형＋べきだ (마땅히) ～해야 한다 *단, 「する」(하다)는 「するべきだ」, 「すべきだ」 모두 가능함 適度(てきど)だ 적당하다
バランス 밸런스, 균형 取(と)る 취하다 大切(たいせつ)だ 중요하다

問題2 あなたはサプリメントを必ず取るべきだと思いますか。あなたの考えを話してください。

음원 172

답변 준비 시간 : 30秒

応答例

A1 サプリメントは必ずしも取らなくてもいいと思います。サプリメントで栄養素を補うより、バランスの取れた食事を心がけることの方が優先されるべきです。食材にどのような栄養素が含まれているかを考えて食べることで、より健康的な食事をすることができると思います。ただし、特定の栄養素が不足している場合はサプリメントが役に立つこともあります。したがって、本当に必要な時のみ取ることが理想的だと思います。

A2 サプリメントを取るべきかどうかは個人の健康状態や食生活に因ると思います。理想としては、バランスの取れた食事から必要な栄養素を摂取することがいいと言えます。しかし、人によっては、食事だけで全ての栄養素を十分に取ることが難しい場合もあります。毎回必要な栄養素を取れているか確認したり、自分で食材を用意したりするのも簡単ではないと思います。さらには、特定の栄養素が必要な場合、食事を通じて必要量を摂取するのが効率が悪い場合もあります。そのような場合には、サプリメントが不足している栄養素を補う助けとなります。

답변 시간 : 50秒 …… 終わりです

Q 당신은 건강보조식품을 꼭 섭취해야 한다고 생각합니까? 당신의 생각을 말하세요.

A1 건강보조식품은 반드시 섭취하지 않아도 된다고 생각합니다. 건강보조식품으로 영양소를 보충하는 것보다 균형 잡힌 식사를 유념하는 것 쪽이 우선되어야 합니다. 식재료에 어떤 영양소가 포함되어 있는지를 고려해서 먹음으로써 보다 건강에 좋은 식사를 할 수 있다고 생각합니다. 다만 특정 영양소가 부족한 경우에는 건강보조식품이 도움이 될 수도 있습니다. 따라서 정말 필요한 때만 섭취하는 것이 이상적이라고 생각합니다.

A2 건강보조식품을 섭취해야 하는지 어떤지는 개인의 건강 상태나 식생활에 달려 있다고 생각합니다. 이상으로는 균형 잡힌 식사에서 필요한 영양소를 섭취하는 것이 좋다고 할 수 있습니다. 그러나 사람에 따라서는 식사만으로 모든 영양소를 충분히 섭취하는 것이 어려운 경우도 있습니다. 매번 필요한 영양소를 섭취하고 있는지 확인하거나 스스로 식재료를 준비하거나 하는 것도 간단하지 않다고 생각합니다. 게다가 특정 영양소가 필요한 경우 식사를 통해 필요량을 섭취하는 것이 효율이 나쁜 경우도 있습니다. 그런 경우에는 건강보조식품이 부족한 영양소를 보충하는 데 도움이 됩니다.

☑ CHECK NOTE

어떤 주제에 대한 의견을 묻는 문제이다. 「~べきだと思いますか」(~해야 한다고 생각합니까?)라고 물었으므로, 이에 대한 답변은 「~べきだと思う」(~해야 한다고 생각한다)라는 표현을 그대로 써도 좋고, 「~なくてもいい」(~하지 않아도 된다), 「~ことがいい」(~하는 것이 좋다)라고 해도 된다. 이때 본인의 의견이 찬성인지 아니면 반대인지, 혹은 중립적인 입장인지를 먼저 밝히고 나서 그에 대한 근거나 이유를 제시하도록 한다. 구체적인 설명을 할 때는 「そのような」(그러한), 「このように」(이렇게)와 같은 지시어를 적절히 쓰면 여러 가지 예를 들 수 있어서 효과적이다. 또한 앞에 나온 내용에 대해 단서를 달거나 반대 내용을 말할 때는

「ただし」(다만, 단), 「しかし」(그러나), 결론을 말하기 전에는 「したがって」(따라서)와 같은 접속사를 쓰면 된다.

어휘 | サプリメント 서플리먼트, 건강보조식품 必(かなら)ず 반드시, 꼭 取(と)る 섭취하다
동사의 기본형+べきだ (마땅히) ～해야 한다 *단, 「する」(하다)는 「するべきだ」「すべきだ」 모두 가능함
必(かなら)ずしも (부정어 수반) 반드시, 꼭 *부분 부정을 나타낼 때 사용 ～なくてもいい ～하지 않아도 된다 栄養素(えいようそ) 영양소
補(おぎな)う 보충하다 ～より ～보다 バランス 밸런스, 균형 取(と)れる (균형이) 잡히다, 유지되다 食事(しょくじ) 식사
心(こころ)がける 유념하다, 명심하다 優先(ゆうせん) 우선 食材(しょくざい) 식재료 どのような 어떤 含(ふく)む 포함하다
健康的(けんこうてき)だ 건강적이다, 건강에 좋다 동사의 기본형+ことができる ～할 수 있다 ただし 다만, 단
特定(とくてい) 특정 不足(ふそく) 부족 役(やく)に立(た)つ 도움이 되다 ～のみ ～만, ～뿐 理想的(りそうてき)だ 이상적이다
～かどうかは ～일지 어떨지는, ～인지 어떤지는 個人(こじん) 개인 健康(けんこう) 건강 状態(じょうたい) 상태
食生活(しょくせいかつ) 식생활 因(よ)る 기인하다, 달려 있다 摂取(せっしゅ) 섭취 ～だけ ～만, ～뿐 全(すべ)て 모두, 전부
十分(じゅうぶん)に 충분히 難(むずか)しい 어렵다 毎回(まいかい) 매회, 매번 確認(かくにん) 확인
～たり～たりする ～하거나 ～하거나 하다 自分(じぶん)で 직접, 스스로 用意(ようい) 준비 簡単(かんたん)だ 간단하다
さらには 게다가 ～を通(つう)じて ～을 통해서 効率(こうりつ) 효율 悪(わる)い 나쁘다 そのような 그러한 助(たす)け 도움

⚠ 틀리기 쉬운 표현

サプリメントは必(かなら)ず取(と)らなくてもいいと思(おも)います。 (X)

➡ サプリメントは必(かなら)ずしも取(と)らなくてもいいと思(おも)います。 (O)

건강보조식품은 반드시 섭취하지 않아도 된다고 생각합니다.

: 부사가 잘못되었다. 「必(かなら)ず」와 「必(かなら)ずしも」는 둘 다 '반드시, 꼭'이라는 뜻이지만 그 쓰임에는 차이가 있다. 「必(かなら)ず」는 긍정문에 써서 어떤 일이 일어날 것이라는 확신을 나타내고, 「必(かなら)ずしも」는 부정문에 써서 '어떤 것이 항상 그런 것은 아니다'라는 뜻을 나타낸다.

試合(しあい)の前日(ぜんじつ)には、必(かなら)ず早寝(はやね)するようにしている。 시합 전날에는 반드시 일찍 자도록 하고 있다.
割引(わりびき)されたものを買(か)うことが必(かなら)ずしも経済的(けいざいてき)だとは言(い)えない。
할인된 것을 사는 것이 반드시 경제적이라고는 할 수 없다.

221

問題3 昔に比べて中古品の取引が活発に行われていますが、その原因は何だと思いますか。あなたの考えを話してください。

음원 173

답변 준비 시간 : 30秒

応答例

A1 近年、中古品の取引が増えたのは、エコ意識の高まりが一つの原因だと思います。昔よりリサイクルやリユースなどが推奨されるようになり、既存のものをもう一度活用する機会が増えてきました。その中で人々が中古品を買うことにも抵抗が無くなってきたのだと考えられます。また、オンラインマーケットの普及も大きな要因だと言えます。より手軽に取引できるため、多くの人が利用するようになったのだと思います。

A2 中古品の取引が活発になった原因としては、まず、経済的な理由が大きいです。新品を買うよりも中古品を購入する方がコストを抑えられるため、多くの消費者が中古品を選ぶようになったのだと思います。また、オンラインでの取引も原因として挙げられます。欲しいものをオンラインプラットフォームで手軽に探すことができ、価格やものの状態なども容易に比較できるようになりました。また、逆に要らなくなったものを中古品として売ることも簡単にできるので、たくさんの人が利用するようになったのだと思います。

답변 시간 : 50秒 ‥‥‥ 終わりです

Q 예전에 비해 중고품 거래가 활발하게 행해지고 있습니다만, 그 원인은 무엇이라고 생각합니까? 당신의 생각을 말하세요.

A1 근래 중고품 거래가 늘어난 것은 에코 의식의 고조가 하나의 원인이라고 생각합니다. 옛날보다 재활용이나 재사용 등이 권장되게 되면서 기존의 것을 한번 더 활용할 기회가 많아졌습니다. 그런 가운데 사람들이 중고품을 사는 것에도 저항감이 없어지게 된 것이라고 생각됩니다. 또한 온라인 마켓의 보급도 큰 요인이라고 할 수 있습니다. 보다 손쉽게 거래할 수 있기 때문에 많은 사람들이 이용하게 된 것이라고 생각합니다.

A2 중고품 거래가 활발해진 원인으로는 먼저 경제적인 이유가 큽니다. 신품을 사는 것보다 중고품을 구입하는 쪽이 비용을 억제할 수 있기 때문에 많은 소비자가 중고품을 선택하게 된 것이라고 생각합니다. 또한 온라인 거래도 원인으로 들 수 있습니다. 갖고 싶은 것을 온라인 플랫폼에서 손쉽게 찾을 수 있고, 가격이나 물건의 상태 등도 용이하게 비교할 수 있게 되었습니다. 또 역으로 필요 없어진 것을 중고품으로 파는 것도 간단하게 할 수 있기 때문에 많은 사람이 이용하게 되었다고 생각합니다.

☑ CHECK NOTE

중고품 거래가 활발한 원인에 대해 묻고 있다. 구체적으로 원인을 설명하기 위해서는 「~が一つの原因だと思います」(~가 하나의 원인이라고 생각합니다), 「~原因としては~理由が大きいです」(~원인으로는 ~이유가 큽니다), 「~原因として挙げられます」(~원인으로 들 수 있습니다)와 같은 표현을 적절히 사용하면 된다. 또한 질문에서 「昔に比べて」(예전에 비해)라고 했으므로 과거와 현재의 상황을 비교해서 이야기하는 것도 좋다. 변화를 나타내는 표현으로는 「~ようになった」(~하게 되었다), 「~できるようになった」(~할 수 있게 되었다) 등이 있다. 이때 「~ため(に)」(~때문(에)), 「~によって」(~에 의해서)와 같이 그렇게 된 이유를 덧붙여 설명하면 보다 설득력이 있는 답변이 된다.

어휘 | 昔(むかし) 옛날, 예전　～に比(くら)べて ～에 비해서　中古品(ちゅうこひん) 중고품　取引(とりひき) 거래
活発(かっぱつ)だ 활발하다　原因(げんいん) 원인　近年(きんねん) 근년, 근래　増(ふ)える 늘다, 늘어나다　エコ意識(いしき) 에코 의식
高(たか)まり 고조(되는 것)　リサイクル 재활용　リユース 재사용　推奨(すいしょう) 권장　既存(きそん) 기존　活用(かつよう) 활용
機会(きかい) 기회　人々(ひとびと) 사람들　抵抗(ていこう) 저항, 반발심, 저항감　無(な)くなる 없어지다
オンラインマーケット 온라인 마켓　普及(ふきゅう) 보급　大(おお)きな 큰　要因(よういん) 요인　手軽(てがる)だ 손쉽다
利用(りよう) 이용　経済的(けいざいてき)だ 경제적이다　新品(しんぴん) 신품　購入(こうにゅう) 구입　コスト 코스트, 비용
抑(おさ)える 억제하다　消費者(しょうひしゃ) 소비자　選(えら)ぶ 고르다, 선택하다　挙(あ)げる (예로서) 들다　欲(ほ)しい 원하다, 갖고 싶다
オンラインプラットフォーム 온라인 플랫폼　探(さが)す 찾다　価格(かかく) 가격　状態(じょうたい) 상태
容易(ようい)だ 용이하다, 손쉽다　比較(ひかく) 비교　逆(ぎゃく)に 역으로, 반대로　要(い)る 필요하다　売(う)る 팔다
簡単(かんたん)だ 간단하다

問題4 都市開発の現場で、昔の人が使っていた土器などが発見された場合、そのまま開発を続けるべきだと思いますか。それとも中断するべきだと思いますか。あなたの考えを話してください。 答변 준비 시간 : 30초

음원 174

応答例

A1 必ず中断するべきだと思います。なぜならば、土器などの歴史的な遺物は重要な文化遺産になるからです。もし都市開発の途中で発見された場合、専門家による調査を行い、遺物を保護しなければなりません。保護したり確認したりせずにそのまま開発を続ければ、貴重な歴史的資料が失われることになるでしょう。したがって、文化遺産の保護が最優先で行われるべきだと思います。

A2 都市開発現場で歴史的な遺物が発見された場合、中断して適切な調査を行うべきだと思います。文化遺産は、その地域の歴史や文化を理解するための重要な手がかりとなり得ます。中には歴史の証拠として、重大な価値を持つものもあります。そのため、開発を一度中断し、専門家による徹底的な調査と保存活動を行うべきです。遺物を適切に管理し、歴史研究の資料として活用すれば、後世にもその価値を伝えることができます。地域の発展に都市開発も大事ですが、遺物を安全に保存することがまず重要だということです。

답변 시간 : 50초 …… 終わりです

Q 도시개발 현장에서 옛날 사람이 쓰던 토기 등이 발견된 경우, 그대로 개발을 계속해야 한다고 생각합니까? 아니면 중단해야 한다고 생각합니까? 당신의 생각을 말하세요.

A1 반드시 중단해야 한다고 생각합니다. 왜냐하면 토기 등의 역사적인 유물은 중요한 문화유산이 되기 때문입니다. 만약 도시개발 도중에 발견된 경우, 전문가에 의한 조사를 실시하고 유물을 보호해야 합니다. 보호하거나 확인하거나 하지 않고 그대로 개발을 계속하면 귀중한 역사적 자료가 유실되겠지요. 따라서 문화유산의 보호가 최우선으로 행해져야 한다고 생각합니다.

A2 도시개발 현장에서 역사적인 유물이 발견된 경우, 중단하고 적절한 조사를 실시해야 한다고 생각합니다. 문화유산은 그 지역의 역사와 문화를 이해하기 위한 중요한 단서가 될 수 있습니다. 그 중에는 역사의 증거로서 중대한 가치를 가지는 것도 있습니다. 그 때문에 개발을 일단 중단하고 전문가에 의한 철저한 조사와 보존 활동을 행해야 합니다. 유물을 적절하게 관리하여 역사 연구의 자료로 활용한다면 후세에도 그 가치를 전할 수 있습니다. 지역 발전에 도시개발도 중요합니다만 유물을 안전하게 보존하는 것이 우선 중요하다는 것입니다.

☑ CHECK NOTE

어떤 주제에 대한 의견을 묻는 문제이다. 「~べきだと思いますか。それとも~」(~해야 한다고 생각합니까? 아니면~)라고 물었으므로, 문제에 대한 답변은 제시된 '개발 유지'와 '중단' 중 하나를 선택해야 한다. 그대로 개발을 계속해야 한다고 생각한다면 「そのまま開発を続けるべきだと思います」(그대로 개발을 계속해야 한다고 생각합니다)처럼 말하면 되고, 중단해야 한다고 생각한다면 「中断するべきだと思います」(중단해야 한다고 생각합니다)라고 하면 된다. 보다 설득력 있는 답변을 위해서는 개발을 했을 때와 중단했을 때 각각 어떤 일이 일어날지에 대해서도 생각해 본다. 아직 일어나지 않은 일을 가정해서 말할 때는 「동사의 ます형+得る」(~할 수 있다), 「~でしょう」(~일 것입니다, ~이겠죠)와 같은 표현을 적절히 사용하면 된다.

어휘 | 都市(とし) 도시　開発(かいはつ) 개발　現場(げんば) 현장　昔(むかし) 옛날　人(ひと) 사람　使(つか)う 쓰다, 사용하다
土器(どき) 토기　発見(はっけん) 발견　場合(ばあい) 경우　そのまま 그대로　続(つづ)ける 계속하다
동사의 기본형+べきだ (마땅히) ~해야 한다 *단, 「する」(하다)는 「するべきだ」「すべきだ」 모두 가능함　それとも 아니면, 혹은
中断(ちゅうだん) 중단　必(かなら)ず 반드시, 꼭　なぜならば 왜냐하면　~など ~등　歴史的(れきしてき)だ 역사적이다
遺物(いぶつ) 유물　文化遺産(ぶんかいさん) 문화유산　もし 만약, 혹시, 만일　途中(とちゅう) 도중　専門家(せんもんか) 전문가
~による ~에 의한[따른]　調査(ちょうさ) 조사　行(おこな)う 하다, 행하다, 실시하다　保護(ほご) 보호
~なければならない ~하지 않으면 안 된다, ~해야 한다　~たり~たりする ~하거나 ~하거나 하다　確認(かくにん) 확인
~ずに ~하지 않고[말고] *「~ずに」가 「~する」(~하다)에 접속할 때는 「~せずに」가 됨　貴重(きちょう)だ 귀중하다
資料(しりょう) 자료　失(うしな)う 잃다　最優先(さいゆうせん) 최우선　適切(てきせつ)だ 적절하다　地域(ちいき) 지역
理解(りかい) 이해　重要(じゅうよう)だ 중요하다　手(て)がかり 단서　동사의 ます형+得(う·え)る ~할 수 있다　証拠(しょうこ) 증거
重大(じゅうだい)だ 중대하다　価値(かち) 가치　持(も)つ 가지다　そのため 그 때문에　一度(いちど) (시험삼아) 한번, 일단
徹底的(てっていてき)だ 철저하다　保存(ほぞん) 보존　活動(かつどう) 활동　管理(かんり) 관리　研究(けんきゅう) 연구
活用(かつよう) 활용　後世(こうせい) 후세　伝(つた)える 전하다　発展(はってん) 발전　大事(だいじ)だ 중요하다
安全(あんぜん)だ 안전하다　まず 우선, 먼저

問題1

음원 175

あなたは今年の夏休みに友達と一緒にキャンプをしたい
です。一緒に行くように友達を誘ってください。

답변 준비 시간 : 30秒

応答例

A1 ねえ、今年の夏休みにキャンプに行かない? いい場所を見つけたんだ。結構山の中にあっ
て、自然がすごくきれいなんだよ。近くに川も流れているから、涼しくてキャンプにぴった
りだと思うんだ。最近遊びに行けていないし、久しぶりに自然の中でリラックスできたらい
いんじゃないかな。一緒に行こうよ。

A2 元気? そう言えば今回の夏休み、予定あったりする? 実は、キャンプに行こうと思ってるん
だけど、一緒にどうかな? 前から行こうって言ってたのに、ずっと行けてなかったから、こ
の機会にと思ってさ。私が知っているキャンプ場があるんだけど、そこならバーベキューと
かキャンプファイヤーもできるし、夜には星もきれいに見えるんだ。自然に囲まれてキャン
プできるなんて最高じゃない? あと何人か誘って行けば、すごく楽しいと思うんだ。どう?
一緒に行かない?

답변 시간 : 40秒 ······ 終わりです

Q 당신은 올 여름방학에 친구와 함께 캠핑을 하고 싶습니다. 같이 가도록 친구에게 권하세요.

A1 저기, 올 여름방학에 캠핑하러 가지 않을래? 좋은 장소를 찾았거든. 꽤 산속에 있어서 자연이 정말 예뻐. 근처에 강도 흐르고
있으니까 시원해서 캠핑에 딱이라고 생각하거든. 요즘 놀러 가지 못했고, 오랜만에 자연 속에서 릴랙스할 수 있으면 좋지 않
을까? 같이 가자.

A2 잘 지내지? 그러고 보니 이번 여름방학, 예정 있거나 해? 실은 캠핑하러 가려고 생각하고 있는데 같이 어떨까? 전부터 가자
고 했는데 계속 못 가고 있었으니까 이번 기회에, 라고 생각해서. 내가 아는 캠핑장이 있는데 거기라면 바비큐라든지 캠프파
이어도 할 수 있고 밤에는 별도 예쁘게 보이거든. 자연에 둘러싸여서 캠핑할 수 있다니 최고 아니야? 몇 명인가 더 불러서 가
면 굉장히 즐거울 거라고 생각하거든. 어때? 같이 가지 않을래?

☑ CHECK NOTE

제6부에서는 주어진 상황에 맞는 답변을 하는 것이 중요하다. 문제의 경우 친구끼리 대화하는 상황이므로, 기본적으로 반말투로 답변하는 것이 자연스럽다. 친구에게 캠핑을 같이 가자고 권유해야 한다면, 무작정 가자고 할 것이 아니라 친구가 가고 싶어할 만한 요소들을 제시해 줘야 한다. 어떤 캠핑장에 갈 것인지, 그 캠핑장에는 어떤 매력이 있는지, 무엇을 할 수 있는지 등을 구체적으로 설명하면서 답변을 만들어 보자. 매력에 대해 설명할 때는 「ぴったりだと思う」(딱이라고 생각해), 「〜とか〜もできる」(〜라든지 〜도 할 수 있어), 「〜なんて最高じゃない?」(〜하다니 최고 아니야?)처럼 말할 수 있다. 이런 장점들을 나열한 뒤 함께 가자고 권유할 때는 「〜ない?」(〜하지 않을래?), 「〜のはどう?」(〜하는 건 어때?), 「〜のはどうかな?」(〜하는 건 어떨까?) 등과 같이 다양한 표현을 쓸 수 있다. 또한 「一緒に行こうよ」(같이 가자)처럼 권유형 뒤에 강조를 뜻하는 「よ」를 붙이는 것도 좋다.

어휘 | 今年(ことし) 올해 夏休(なつやす)み 여름방학 友達(ともだち) 친구 一緒(いっしょ)に 함께, 같이 キャンプ 캠핑(=キャンピング)
〜ように 〜하도록 誘(さそ)う 권하다, 권유하다, 부르다 ねえ (여성어) 저기, 있잖아 *다정하게 말을 걸거나 다짐할 때 하는 말
동작성 명사/동사의 ます형+に 〜하러 *동작의 목적 場所(ばしょ) 장소, 곳 見(み)つける 찾(아내)다, 발견하다 結構(けっこう) 꽤, 상당히
山(やま) 산 中(なか) 안, 속 自然(しぜん) 자연 すごく 굉장히 きれいだ 예쁘다. 아름답다 近(ちか)く 근처 川(かわ) 강, 하천
流(なが)れる 흐르다 涼(すず)しい 시원하다 ぴったり 꼭, 딱 *꼭 들어맞는 모양 遊(あそ)ぶ 놀다 〜し 〜고
久(ひさ)しぶりだ 오랜만이다 リラックス 릴랙스 〜かな (문말에 붙여서 의문의) 〜할까? 元気(げんき)だ 건강하다, 잘 지내다
そう言(い)えば 그러고 보니 今回(こんかい) 이번 予定(よてい) 예정 実(じつ)は 실은 前(まえ) 전, 이전, 예전 〜のに 〜는데(도)
ずっと 쭉, 계속 この 이(번) 機会(きかい) 기회 〜さ (문절의 단락에 붙여서) 가벼운 다짐을 나타냄 バーベキュー 바비큐
キャンプファイヤー 캠프파이어 夜(よる) 밤 星(ほし) 별 見(み)える 보이다 囲(かこ)む 둘러싸다 〜なんて 〜하다니
最高(さいこう) 최고 あと (부사적으로) 앞으로, 더 何人(なんにん) 몇 명 楽(たの)しい 즐겁다

問題2

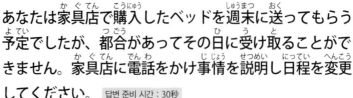

あなたは家具店で購入したベッドを週末に送ってもらう予定でしたが、都合があってその日に受け取ることができません。家具店に電話をかけ事情を説明し日程を変更してください。 답변 준비 시간 : 30秒

음원 176

応答例

A1 もしもし、パク・ソクジュンです。先日購入したベッドの配送についてなのですが、週末に急に予定ができて受け取ることができないんです。申し訳ないのですが、配送日を来週の平日に変更していただくことは可能でしょうか。すみませんが、よろしくお願いします。

A2 もしもし、先日ベッドを購入したパク・ソクジュンと申します。もともと週末に配送をお願いしていたのですが、急な予定が入ってしまい、受け取ることが難しそうです。お手数をおかけして申し訳ありませんが、配送日を変更していただけないでしょうか。来週の平日の夕方であればいつでも大丈夫です。もし午前中なら、月曜日か火曜日は都合がいいのですが、どうでしょうか。お手数をおかけしますが、確認していただけると助かります。よろしくお願いいたします。

답변 시간 : 40秒 ······ 終わりです

Q 당신은 가구점에서 구입한 침대를 주말에 보내 달라고 할 예정이었지만, 사정이 있어서 그날에 받을 수 없습니다. 가구점에 전화를 걸어 사정을 설명하고 일정을 변경하세요.

A1 여보세요, 박석준입니다. 일전에 구입한 침대 배송에 대해서 말인데요, 주말에 갑자기 예정이 생겨서 받을 수 없거든요. 죄송하지만 배송일을 다음 주 평일로 변경해 주시는 것은 가능할까요? 죄송합니다만 잘 부탁합니다.

A2 여보세요, 일전에 침대를 구입한 박석준이라고 합니다. 원래 주말에 배송을 부탁드렸었는데 급한 예정이 잡혀 버려서 받기가 어려울 것 같습니다. 번거롭게 해 드려 죄송합니다만, 배송일을 변경해 주시지 않을래요? 다음 주 평일 저녁때면 언제라도 괜찮아요. 만약 오전 중이라면 월요일이나 화요일은 사정이 좋은데 어떠실까요? 수고스러우시겠지만 확인해 주시면 감사하겠습니다. 잘 부탁드립니다.

☑ CHECK NOTE

일상생활에서 흔히 접할 수 있는 대화로, 전화로 일정 조정을 요청해야 하는 상황이다. 문제는 가구점에 전화를 걸어 구입한 침대의 배송 일정을 변경해야 하는 상황이므로, 모르는 직원과 대화한다는 가정 하에 답변을 만들어가는 것이 자연스럽다. 전화상의 대화이므로 먼저 「もしもし」(여보세요)라고 한 뒤 용건에 대해 밝힐 필요가 있다. 이때는 「先日ベッドを購入した」(일전에 침대를 구입했다)와 같이 상대에게 자신이 누구인지를 설명하고 나서 본론에 들어가면 된다. 부탁할 때도 단순히 요구 조건만 이야기할 것이 아니라 「週末に急に予定ができて受け取ることができないんです」(주말에 갑자기 예정이 생겨서 받을 수 없거든요)와 같이 그렇게 할 수밖에 없는 부득이한 사정에 대해서 설명하는 것이 좋다. 응답예 2처럼 겸양표현을 사용해서 부탁하면 더 높은 점수를 받을 수 있다.

어휘 | 家具店(かぐてん) 가구점 購入(こうにゅう) 구입 ベッド 침대 週末(しゅうまつ) 주말 送(おく)る 보내다
~てもらう (남에게) ~해 받다, (남이) ~해 주다 予定(よてい) 예정 *『予定(よてい)が入(はい)る』 – 예정이 잡히다 都合(つごう) 형편, 사정
日(ひ) 날 受(う)け取(と)る 받다, 수취하다 電話(でんわ)をかける 전화를 걸다 事情(じじょう) 사정 説明(せつめい) 설명
日程(にってい) 일정 変更(へんこう) 변경 もしもし 여보세요 *전화할 때 쓰임 先日(せんじつ) 요전, 일전 配送(はいそう) 배송
~について ~에 대해서 急(きゅう)に 갑자기 できる 생기다 申(もう)し訳(わけ)ない 미안하다, 면목 없다 配送日(はいそうび) 배송일
来週(らいしゅう) 다음 주 平日(へいじつ) 평일 ~ていただく (남에게) ~해 받다, (남이) ~해 주시다 *『~てもらう』((남에게) ~해 받다, (남이) ~해 주다)의 겸양표현 可能(かのう) 가능 すみません 죄송합니다 よろしく 잘
お+동사의 ます형+いたす ~하다, ~해 드리다 *겸양표현 願(ねが)う 부탁하다 ~と申(もう)す ~라고 하다 *『~と言(い)う』의 겸양표현
もともと 원래 急(きゅう)だ 급하다 ~てしまう ~해 버리다, ~하고 말다 難(むずか)しい 어렵다
い형용사의 어간+そうだ ~할 것 같다, ~해 보이다 *추측·양태 手数(てすう)をかける 수고를 끼치다, 번거롭게 하다
夕方(ゆうがた) 해질녘, 저녁때 いつでも 언제라도 大丈夫(だいじょうぶ)だ 괜찮다 もし 만약, 혹시, 만일 午前(ごぜん) 오전
~中(ちゅう) ~중 ~なら ~라면 月曜日(げつようび) 월요일 ~か ~이나 火曜日(かようび) 화요일 確認(かくにん) 확인
助(たす)かる 도움이 되다

기출문제

05

問題3

あなたは上司の引っ越しパーティーに行きましたが、誤ってカップを割ってしまいました。上司に謝って問題を解決してください。 답변 준비 시간 : 30秒

応答例

A1 高橋部長、すみません。先程うっかりカップを割ってしまいました。大変申し訳ありません。新しいカップをすぐに買いますので、お許しください。ご迷惑をおかけして本当にすみませんでした。

A2 高橋部長、大変恐縮ですが、実は、先程カップを割ってしまいました。カップをまとめて運んでいる途中で、足を滑らせてしまい、落としてしまいました。お気に入りのカップだとお聞きしたのにもかかわらず、私の不注意のせいで割ってしまい、大変申し訳ございません。すぐに弁償いたします。もし今手に入らないものでしたら、それ相当のもの、もしくは現金でお支払いさせていただきたいです。誠に申し訳ございませんでした。

답변 시간 : 40秒 ...... 終わりです

Q 당신은 상사의 집들이에 갔는데 실수로 컵을 깨고 말았습니다. 상사에게 사과하고 문제를 해결하세요.

A1 다카하시 부장님, 죄송합니다. 조금 전에 무심코 컵을 깨고 말았습니다. 대단히 죄송합니다. 새 컵을 바로 살 테니 용서해 주세요. 폐를 끼쳐서 정말 죄송했습니다.

A2 다카하시 부장님, 대단히 송구합니다만, 실은 조금 전에 컵을 깨고 말았습니다. 컵을 모아서 나르고 있는 도중에, 발을 헛디뎌서 떨어뜨려 버렸습니다. 마음에 드는 컵이라고 들었는데도 불구하고 제 부주의 때문에 깨 버려서 대단히 죄송합니다. 바로 변상해 드리겠습니다. 만약 지금 구해지지 않는 것이라면 그에 상당한 것 또는 현금으로 지불하고 싶습니다. 대단히 죄송했습니다.

☑ CHECK NOTE

상사의 집들이에 갔다가 실수로 컵을 깨서 사과하고 용서를 구하는 상황이다. 따라서 답변은 존경표현과 겸양표현을 적절히 섞어서 격식 차린 말로 해야 한다. 우선「すみません」(죄송합니다),「大変申し訳ありません」(대단히 죄송합니다) 등과 같은 사과의 뜻을 전한 뒤 그 이유에 대해서도 정중히 설명하도록 한다. 설명할 때는「うっかり~てしまいました」(무심코 ~해 버렸습니다),「私の不注意のせいで~」(제 부주의 때문에~)와 같은 표현을 써서 고의가 아니었다는 점을 강조하는 것이 좋다. 응답예 2처럼 단순히 사과에 그치지 않고 구체적인 변상 내용까지 밝힌다면 좀 더 고득점을 노릴 수 있다.

어휘 | 上司(じょうし) 상사 引(ひ)っ越(こ)し 이사 パーティー 파티 집들이 誤(あやま)る 실수하다 カップ 컵 割(わ)る 깨뜨리다, 깨다
謝(あやま)る 사과하다 問題(もんだい) 문제 解決(かいけつ) 해결 部長(ぶちょう) 부장 すみません 죄송합니다
先程(さきほど) 아까, 조금 전 *「さっき」보다 공손한 표현 うっかり 무심코 大変(たいへん) 대단히, 매우
申(もう)し訳(わけ)ない 죄송하다, 면목 없다 新(あたら)しい 새롭다 すぐに 곧, 바로 買(か)う 사다
お+동사의 ます형+ください ~해 주십시오, ~하십시오 *존경표현 許(ゆる)す 용서하다 迷惑(めいわく)をかける 폐를 끼치다

お＋동사의 ます형＋する ～하다, ～해 드리다 *겸양표현 本当(ほんとう)に 정말로 恐縮(きょうしゅく) 송구함 実(じつ)は 실은
まとめる 한데[하나로] 모으다 運(はこ)ぶ 옮기다, 운반하다, 나르다 途中(とちゅう) 도중 足(あし)を滑(すべ)らせる 발을 헛디디다
落(お)とす 떨어뜨리다 お気(き)に入(い)り 마음에 듦 聞(き)く 듣다 ～にもかかわらず ～임에도 불구하고 不注意(ふちゅうい) 부주의
せい 때문, 탓 弁償(べんしょう) 변상 もし 만약, 혹시, 만일 手(て)に入(はい)る 손에 들어오다, 구해지다 相当(そうとう) 상당, 해당
もしくは 혹은, 또는 現金(げんきん) 현금 支払(しはら)い 지불 동사의 사역형＋ていただく ～하다 *「する」(하다)의 겸양표현
誠(まこと)に 참으로, 대단히

어휘＆표현 ◆ 겸양표현 ②

▶ **동사의 사역형＋ていただく : ～하다**

  *동사의 사역형에 「～ていただく」((남에게) ～해 받다, (남이) ～해 주시다)를 접속한 형태로 사전에 어떤 승인이
  나 허락을 구할 때뿐만 아니라 본인이 하고자 하는 행동을 말할 때에도 사용됨

  こちら、コピーを取(と)らせていただいても、よろしいですか。 이거 복사를 해도 되겠습니까?

  ご結婚(けっこん)おめでとうございます。喜(よろこ)んで出席(しゅっせき)させていただきます。

  결혼 축하드립니다. 기꺼이 참석하겠습니다.

 ①  ②  ③  ④

음원 178

답변 준비 시간 : 30秒

応答例

A1

① お母さんが息子の部屋のドアを開けています。部屋の中で子供が勉強している姿が見えます。その姿を見てお母さんは微笑んでいます。

② お母さんは勉強を頑張っている子供のために、何か料理を作ってあげることにしました。勉強をしている子供を想像しながら、作っています。

③ 完成した料理を持って子供の部屋に入っていきました。その時子供は入ってくるお母さんに気付いて、びっくりしています。何かを急いで隠しているようです。

④ お母さんは、漫画を隠していたのを見つけました。子供は勉強していなかったことがばれて、謝っています。

A2

お母さんが子供の部屋の前に立って、部屋の中を見ています。部屋では子供が勉強している後姿が見えます。お母さんは子供が勉強しているのを確認し、気分良さそうにしています。お母さんは勉強を一生懸命頑張っている子供のために、何かをしてあげることにしました。考えた末に、男の子が好きなホットケーキを作ってあげることにしました。材料を混ぜて生地を作り、フライパンで焼いています。ホットケーキが完成し、お皿に載せて子供のところに持っていきます。そして部屋に入ろうとすると、なぜか子供は急に慌て出しました。お母さんが部屋に入ってきたのに気付いて、急いで何かを参考書の下に隠しているようでした。子供が勉強をしていると思っていたお母さんも、その少しおかしな行動に気が付きました。お母さんが子供のところに来て、何をそんなにびっくりして隠そうとしていたのか、探しました。そうすると、参考書の中から漫画

が出てきました。お母さんはせっかく頑張っているからおやつを作ってきたのに、実は子供は勉強をしているふりをして、本当は遊んでいたことを知って、少し呆れているようです。男の子も、内緒で漫画を読んでいたことが悪かったと感じ、恥ずかしそうにしています。

A1

① 어머니가 아들의 방문을 열고 있습니다. 방 안에서 아이가 공부하고 있는 모습이 보입니다. 그 모습을 보고 어머니는 미소 짓고 있습니다.

② 어머니는 공부를 열심히 하는 아이를 위해 뭔가 요리를 만들어 주기로 했습니다. 공부를 하고 있는 아이를 상상하면서 만들고 있습니다.

③ 완성된 요리를 가지고 아이의 방으로 들어갔습니다. 그때 아이는 들어오는 어머니를 알아채고 깜짝 놀라고 있습니다. 뭔가를 급하게 숨기는 것 같습니다.

④ 어머니는 만화를 숨기고 있던 것을 발견했습니다. 아이는 공부하지 않고 있었던 것이 들통나서 사과하고 있습니다.

A2

어머니가 아이 방 앞에 서서 방 안을 보고 있습니다. 방에서는 아이가 공부하고 있는 뒷모습이 보입니다. 어머니는 아이가 공부하고 있는 것을 확인하고 기분이 좋은 것 같습니다. 어머니는 공부를 열심히 하는 아이를 위해서 뭔가를 해 주기로 했습니다. 생각한 끝에 남자아이가 좋아하는 핫케이크를 만들어 주기로 했습니다. 재료를 섞어 반죽을 만들고 프라이팬에 굽고 있습니다. 핫케이크가 완성되어 접시에 얹어 아이가 있는 곳으로 가져갑니다. 그리고 방에 들어가려고 하자, 웬일인지 아이는 갑자기 당황하기 시작했습니다. 어머니가 방에 들어온 것을 알아채고 서둘러 무언가를 참고서 밑에 감추고 있는 것 같았습니다. 아이가 공부를 하고 있다고 생각했던 어머니도 그 조금 이상한 행동을 알아챘습니다. 어머니가 아이가 있는 곳에 와서 무엇을 그렇게 깜짝 놀라서 숨기려고 했는지 찾았습니다. 그러자 참고서 안에서 만화가 나왔습니다. 어머니는 모처럼 열심히 하고 있어서 간식을 만들어 왔는데, 실은 아이는 공부를 하는 척하고, 사실은 놀고 있었다는 것을 알고 조금 어이가 없는 것 같습니다. 남자아이도 몰래 만화를 읽고 있던 것이 잘못했다고 느껴, 부끄러운 것 같습니다.

☑ CHECK NOTE

연속된 그림을 보고 이야기를 구성하는 문제로, 응답예 1처럼 그림을 하나하나 따로 설명해도 되고, 응답예 2처럼 연속된 문장으로 답해도 된다. 이때는 「～ようだ」(～인 것 같다), 「～そうにする」(～인 것 같다, ～인 듯한 상태로 보이다)처럼 추측을 나타내는 표현을 적절히 사용하는 것이 좋다. 제7부의 포인트는 그림을 보지 않은 사람에게도 내용이 제대로 전달되도록 구체적으로 설명하는 것이다. 그림에 담긴 정보를 최대한 상세하게 설명할 수 있도록 노력하자.

어휘 | お母(かあ)さん 어머니 息子(むすこ) (자신의) 아들 部屋(へや) 방 ドア 도어, 문 開(あ)ける 열다 中(なか) 안, 속
子供(こども) 아이 勉強(べんきょう) 공부 姿(すがた) 모습 見(み)える 보이다 微笑(ほほえ)む 미소 짓다
頑張(がんば)る 열심히 하다, 노력하다, 분발하다 명사+の+ために ～을 위해서 何(なに)か 무엇인가, 뭔가 料理(りょうり) 요리
作(つく)る 만들다 ～てあげる (내가 남에게, 남이 남에게) ～해 주다 동사의 보통형+ことにする ～하기로 하다 想像(そうぞう) 상상
동사의 ます형+ながら ～하면서 *동시동작 完成(かんせい) 완성 持(も)つ 가지다 入(はい)る 들어가다 気付(きづ)く 깨닫다, 알아차리다
びっくりする 깜짝 놀라다 急(いそ)ぐ 서두르다 隠(かく)す 숨기다 漫画(まんが) 만화 見(み)つける 찾(아내)다, 발견하다
ばれる 들키다, 들통나다 謝(あやま)る 사과하다 前(まえ) (공간적인) 앞 立(た)つ 서다 後姿(うしろすがた) 뒷모습 確認(かくにん) 확인
気分(きぶん) 기분 い형용사의 어간+そうにする ～인 것 같다, ～인 듯한 상태로 보이다 一生懸命(いっしょうけんめい) 열심히
考(かんが)える 생각하다 동사의 た형+末(すえ)に ～한 끝에 好(す)きだ 좋아하다 ホットケーキ 핫케이크 材料(ざいりょう) 재료
混(ま)ぜる 섞다 生地(きじ) 반죽 フライパン 프라이팬 焼(や)く 굽다 皿(さら) 접시 載(の)せる 위에 놓다, 얹다
なぜか 웬일인지, 어쩐지 急(きゅう)に 갑자기 慌(あわ)てる 당황하다 동사의 ます형+出(だ)す ～하기 시작하다
参考書(さんこうしょ) 참고서 下(した) 아래, 밑 おかしな 우스운, 이상한 行動(こうどう) 행동 気(き)が付(つ)く 깨닫다, 알아차리다
そんなに 그렇게(나) 探(さが)す 찾다 そうすると 그러자 せっかく 모처럼 おやつ 간식 実(じつ)は 실은 ～ふり ～체, ～척

233

本当(ほんとう) 사실 遊(あそ)ぶ 놀다 知(し)る 알다 못(あき)れる 어이[어처구니]없다, 기가 막히다, 질리다
内緒(ないしょ) 내막적으로[몰래] 함 悪(わる)い 나쁘다, 잘못하다 感(かん)じる 느끼다 恥(は)ずかしい 부끄럽다

기출
문제
해설

06

第1部 自己紹介 | 자기소개

問題1 お名前は何とおっしゃいますか。 답변 준비 시간 : 0秒

음원 179

応答例

A1 ジョ・スビンです。

A2 ジョ・スビンと申します。

답변 시간 : 10秒 …… 終わりです

Q 성함은 어떻게 되십니까?

A1 조수빈입니다.

A2 조수빈이라고 합니다.

☑ CHECK NOTE

본인 이름을 물었을 때 「私の名前は○○です」(제 이름은 ○○입니다)라고 말하는 경우가 많다. 문법적으로 맞는 표현이지만, 실제 회화에서는 보통 주어를 생략하고 말하기 때문에 「이름＋です」(이름＋입니다)라고 간결하게 대답하면 된다. 좀 더 공손하게 말하고 싶으면 「이름＋と申します」(이름＋라고 합니다)의 형태로 답하면 된다. 이때도 「私の名前は○○と申します」(제 이름은 ○○라고 합니다)라고 말하는 경우가 많은데, 실제 회화에서는 쓰지 않는 부자연스러운 표현이므로 「이름＋と申します」(이름＋라고 합니다) 만으로도 충분하다. 그리고 일본에서는 성(姓)만 말하는 것이 일반적이므로 「ジョです/ジョと申します」(조수빈입니다/조수빈이 라고 합니다)라고 답해도 된다.

어휘 | 名前(なまえ) 이름, 성명 *「お名前(なまえ)」– 성함　何(なん)と 뭐라고　おっしゃる 말씀하시다 *「言(い)う」(말하다)의 존경어
～と申(もう)す ～라고 하다 *「～と言(い)う」의 겸양표현

問題2 どこに住んでいますか。 답변 준비 시간 : 0秒

음원 180

応答例

A1 全羅道(チョルラド)の全州(チョンジュ)に住んでいます。

A2 済州島(チェジュとう)に住んでいます。海(うみ)と山(やま)がとてもきれいな場所(ばしょ)です。

답변 시간 : 10秒 ······ 終わりです

Q 어디에 살고 있습니까[삽니까]?

  A1 전라도 전주에 살고 있습니다[삽니다].

  A2 제주도에 살고 있습니다[삽니다]. 바다와 산이 매우 예쁜 곳입니다.

☑ CHECK NOTE

사는 곳을 답할 때는 「장소＋です」(장소＋입니다), 혹은 「장소＋に住んでいます」(장소＋에 살고 있습니다[삽니다])라고 하면 된다. 이때 조사 「〜に」(〜에)를 사용한다는 것과 서술어로는 상태를 나타내는 「〜ている」의 형태로 쓴다는 점에 주의하자. 응답예 1처럼 장소만 말하는 것도 괜찮지만, 응답예 2처럼 자신이 사는 곳에 대한 구체적인 설명을 덧붙이면 더 좋은 평가를 받을 수 있다.

어휘 | どこ 어디 海(うみ) 바다 山(やま) 산 とても 매우 きれいだ 예쁘다 場所(ばしょ) 장소, 곳

기출문제

06

237

問題3 誕生日はいつですか。 답변 준비 시간 : 0秒

음원 181

応答例

A1 3月3日です。

A2 1９ ８8年11月23日です。

답변 시간 : 10秒 …… 終わりです

Q 생일은 언제입니까?

A1 3월 3일입니다.

A2 1988년 11월 23일입니다.

☑ CHECK NOTE

생일을 말하는 방법은 「생일(~월 ~일)+です」(생일(~월 ~일)+입니다), 「생일(~월 ~일)+生まれです」(생일(~월~일)+생입니다) 등이 있다. 이때 중요한 것은 날짜를 정확하게 일본어로 발음하는 것이다. 특히 '1일~10일, 14일, 20일, 24일'은 「숫자+日」(숫자+일)로 읽지 않고 특수하게 읽으므로 구분해서 익혀 두어야 한다. (날짜 읽기는 P.19 참조)

어휘 | 誕生日(たんじょうび) 생일 いつ 언제 ~月(がつ) ~월 3日(みっか) 3일 ~年(ねん) ~년 ~日(にち) ~일

음원 182

問題4 趣味(しゅみ)は何(なん)ですか。　답변 준비 시간 : 0秒

応答例

A1 絵(え)を描(か)くことです。

A2 創作活動(そうさくかつどう)です。絵(え)を描(か)くことも好(す)きですし、作詞(さくし)や作曲(さっきょく)もたまにすることがあります。

답변 시간 : 10秒 ······ 終わりです

Q 취미는 무엇입니까?

A1 그림을 그리는 것입니다.

A2 창작 활동입니다. 그림을 그리는 것도 좋아하고 작사나 작곡도 가끔 할 때가 있습니다.

☑ CHECK NOTE

취미를 설명할 때는 명사를 써서 「명사＋です」(명사＋입니다)라고 하거나 동사를 써서 「동사의 기본형＋ことです」(~하는 것입니다)라고 답하면 된다. 응답예 1처럼 단순히 취미가 무엇인지 말하는 것도 괜찮지만, 가능하다면 응답예 2처럼 구체적으로 어떤 취미 활동을 언제 하는지 등의 부연설명을 곁들이면 더 좋다. 이때는 「동사의 기본형＋ことがあります」(~하는 경우가 있습니다, ~할 때가 있습니다)와 같은 표현을 사용하면 된다. (취미표현은 P.21 참조)

어휘 | 趣味(しゅみ) 취미　絵(え) 그림　描(か)く (그림을) 그리다　創作(そうさく) 창작　活動(かつどう) 활동　好(す)きだ 좋아하다
~し ~고　作詞(さくし) 작사　作曲(さっきょく) 작곡　たまに 가끔　する 하다

기출문제

06

問題 1

ネクタイはいくらですか。

답변 준비 시간 : 3秒

음원 183

応答例

A1 3,600円です。
さんぜんろっぴゃくえん

A2 ネクタイは3,600円で売られています。
さんぜんろっぴゃくえん う

답변 시간 : 6秒 ······ 終わりです

Q 넥타이는 얼마입니까?

A1 3,600엔입니다.

A2 넥타이는 3,600엔에 팔리고 있습니다.

✓ CHECK NOTE

「〜はいくらですか」(〜은 얼마입니까?)처럼 숫자나 금액으로 답변하는 문제는 자주 출제되므로 평소에 정확하게 숫자 읽는 법을 숙지해 두어야 한다. 특히 금액을 나타내는 「〜円」(〜엔)과 결합하여 특수하게 발음하는 경우는 따로 암기해 두어야 한다. 넥타이 가격인 '3,600'에서 '3,000'은 탁음으로 「さんぜん」, '600'은 반탁음으로 「ろっぴゃく」라고 읽어야 한다. (숫자 읽기는 P.23 참조)

어휘 | ネクタイ 넥타이 いくら 얼마 売(う)る 팔다

> ❗ 틀리기 쉬운 표현
>
> 3,600円に売られています。(X)
> さんぜんろっぴゃくえん う
>
> ➡ 3,600円で売られています。(O) 3,600엔에 팔리고 있습니다.
> さんぜんろっぴゃくえん う
>
> : 조사가 잘못되었다. 「〜に」(〜에)는 장소나 시간을 나타내는 조사로, '〜에 (팔다/사다)'처럼 기준이나 수량을 나타낼 때는 조사 「〜で」를 써야 한다.

음원 184

問題2

ここで何_{なに}を売_うっていますか。

답변 준비 시간 : 3秒

応答例

A1 魚_{さかな}を売_うっています。

A2 魚屋_{さかなや}さんで男_{おとこ}の人_{ひと}が3種類_{さんしゅるい}の魚_{さかな}を売_うっています。

답변 시간 : 6秒 ······ 終わりです

Q 여기에서 무엇을 팔고 있습니까?

   A1 생선을 팔고 있습니다.

   A2 생선 가게에서 남자가 세 종류의 생선을 팔고 있습니다.

☑ CHECK NOTE

「何_{なに}を売_うっていますか」(무엇을 팔고 있습니까?)라고 묻고 있는데, 이때 포인트는 질문에 사용된 동사와 시제를 그대로 활용하는 것이다. 따라서 이 문제의 경우에는 「~を売っています」(~을 팔고 있습니다)라고 답하면 된다. 고득점을 노린다면 그림을 잘 보고 어디에서 누가 몇 종류의 생선을 팔고 있는지 등 좀 더 구체적으로 답변하는 것이 좋다.

어휘 | ここ 여기 売_うる 팔다 魚_{さかな} 생선 魚屋_{さかなや}さん 생선 가게 *「명사+屋_や」는 '그 직업을 가진 집[사람]'을 나타내는데, 뒤에 「さん」을 붙이면 공손한 표현이 됨 男_{おとこ}の人_{ひと} 남자 種類_{しゅるい} 종류

問題 3

どちらの方が重いですか。

답변 준비 시간 : 3秒

음원 185

応答例

A1 リンゴの方が重いです。

A2 イチゴよりリンゴの方が重いです。

답변 시간 : 6秒 …… 終わりです

Q 어느 쪽이 무겁습니까?

A1 사과 쪽이 무겁습니다.

A2 딸기보다 사과 쪽이 무겁습니다.

☑ CHECK NOTE

「どちらの方が~ですか」(어느 쪽이 (더) ~입니까?)는 비교를 묻는 질문이다. 가장 간단한 답변은 「명사+です」(명사+입니다)인데, 이것만으로는 좋은 점수를 받기 어렵다. 높은 점수를 받기 위해서는 「~の方が~です」(~쪽이 (더) ~입니다)의 형태로 답하는 것이 좋다. 문제에서는 어느 쪽이 무거운지를 묻고 있으므로, 가벼운 쪽이나 물건의 개수 등 질문과 동떨어진 대답을 해서는 안 된다. 또한 답변 시 「~の方がもっと~です」처럼 「もっと」를 사용하면 '훨씬 더'라는 의미가 추가되어 부적절하다. 만약 비교 대상을 나타내고 싶다면 응답예 2처럼 「~より」(~보다)라는 조사를 쓰는 것이 적절하다.

어휘 | どちら 어느 쪽 重(おも)い 무겁다 リンゴ 사과 イチゴ 딸기

女の子は今何をしていますか。

답변 준비 시간 : 3秒

応答例

A1 手を洗っています。

A2 女の子は今洗面台で手を洗っています。

답변 시간 : 6秒 ······ 終わりです

Q 여자아이는 지금 무엇을 하고 있습니까?

A1 손을 씻고 있습니다.

A2 여자아이는 지금 세면대에서 손을 씻고 있습니다.

☑ CHECK NOTE

「何をしていますか」(무엇을 하고 있습니까?)라고 물었으므로, 그림 속 행동에 맞는 명사와 동사를 조합해서 답변을 만들어내야 한다. 거기에 질문의 시제에 맞게 「~ています」(~하고 있습니다)라고 정중 진행형을 써서 답하면 된다. 이때도 더 구체적인 정보까지 담아서 답하면 고득점을 노릴 수 있는데, 응답예 2처럼 '누가', '어디서'는 간단하면서도 쉽게 만들 수 있는 표현들이다.

어휘 | 女(おんな)の子(こ) 여자아이　手(て) 손　洗(あら)う 씻다　今(いま) 지금　洗面台(せんめんだい) 세면대

第3部 敏速な応答 | 대화 완성

問題 1

野球を見に行ったことがありますか。

답변 준비 시간 : 2秒

음원 187

応答例

A1 はい、1年ほど前に行ったことがあります。

A2 いいえ、一度もないです。行ってみたいのですが、一緒に行く人がいないんですよ。

답변 시간 : 15秒 …… 終わりです

Q 야구를 보러 간 적이 있어요?

　A1 예, 1년쯤 전에 간 적이 있어요.

　A2 아니요, 한 번도 없어요. 가 보고 싶은데, 같이 갈 사람이 없거든요.

☑ CHECK NOTE

야구를 보러 간 적이 있는지 경험의 유무를 묻는 문제이다. 본인의 경험에 대해서는 「동사의 た형+ことがある/ない」(~한 적이 있다/없다) 표현을 사용해서 말할 수 있다. 이와 같은 질문의 경우 「はい、あります/いいえ、ありません」(예, 있습니다/아니요, 없습니다)처럼 단답형으로 답하는 것이 가장 간단하지만, 그것만으로는 좋은 점수를 받기 힘들다. 가능하다면 보러 간 시기나 상황이나 같이 간 사람 등 구체적인 경험 등을 설명하는 것이 좋다. 응답예 2처럼 경험이 없다고 답변한다면, 뒤에 희망을 나타내는 「~てみたいです」(~해 보고 싶습니다)와 같은 표현을 덧붙여서 대답하는 것도 좋다.

어휘 | 野球(やきゅう) 야구　見(み)る 보다　동사의 ます형+に ~하러 *동작의 목적　行(い)く 가다　~年(ねん) ~년　~ほど ~정도, ~쯤
一度(いちど) 한 번　一緒(いっしょ)に 함께, 같이　人(ひと) 사람

嬉しそうですね。何かいいことがありましたか。

답변 준비 시간 : 2秒

応答例

A1 はい、試験に合格したんです。

A2 ええ、今日は天気もいいですし、ずっとテスト期間だったので久しぶりに外に出たんです。

답변 시간 : 15秒 ······ 終わりです

Q 기분 좋아 보이네요. 뭔가 좋은 일이 있었나요?

A1 예, 시험에 합격했거든요.

A2 네, 오늘은 날씨도 좋고 계속 시험 기간이었기 때문에 오랜만에 밖에 나왔거든요.

☑ CHECK NOTE

기분이 좋아 보이는 상대에게 무슨 좋은 일이 있었는지를 묻고 있다. 따라서 이에 대한 답변으로는 「何かいいこと」(뭔가 좋은 일)에 해당하는 구체적인 내용이 와야 한다. 어떤 일이 있었다고 상대방에게 알려 줄 때는 「〜んです(よ)」(〜했거든요)와 같은 표현을 쓰면 되는데, 단순히 「〜ました/〜でした」(〜했습니다/〜였습니다)라고 하는 것보다 이유나 근거 등에 대해 설명하는 뉘앙스가 포함되어 있다. 응답예 2처럼 이유나 배경에 대해서도 언급한다면 더 좋은 점수를 받을 수 있다. 여러 가지를 나열할 때는 「〜し、」(〜고)라는 표현을 사용하는 것도 좋다.

어휘 | 嬉(うれ)しい 기쁘다 い형용사의 어간+そうだ 〜인[할] 것 같다, 〜해 보이다 何(なに)か 무엇인가, 뭔가 いい 좋다
試験(しけん) 시험 合格(ごうかく) 합격 天気(てんき) 날씨 今日(きょう) 오늘 ずっと 쭉, 계속 テスト 시험 期間(きかん) 기간
久(ひさ)しぶりだ 오랜만이다 外(そと) 밖 出(で)る 나가다, 나오다

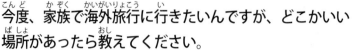

問題3

今度、家族で海外旅行に行きたいんですが、どこかいい
場所があったら教えてください。

답변 준비 시간 : 2秒

応答例

A1 ヨーロッパはどうでしょうか。色んな国を回れますよ。

A2 家族連れなら、あまり遠くない所もいいかもしれないですね。この前、台湾に行ったんです
けど、結構よかったですよ。

답변 시간 : 15秒 …… 終わりです

Q 이번에 가족끼리 해외여행을 가고 싶은데, 어디 좋은 장소가 있으면 가르쳐 주세요.

A1 유럽은 어떨까요? 여러 나라를 돌아다닐 수 있어요.

A2 가족과 함께라면 그다지 멀지 않은 곳도 좋을지도 모르겠네요. 일전에 대만에 갔었는데 꽤 좋았어요.

☑ CHECK NOTE

제3부의 경우 질문에서 요구하는 답이 무엇인지 짧은 시간 안에 정확하게 파악하는 것이 포인트다. 가족과의 해외여행에 적합한 장소를 추천해 달라고 말하고 있으므로, 추천하고자 하는 장소를 떠올렸다면 「〜はどうでしょうか」(〜은 어떨까요?), 「〜もいいかもしれないですね」(〜도 좋을지도 모르겠네요)와 같은 표현을 써서 말하면 된다. 단순히 추천하는 것보다는 응답예 2의 「〜たんですけど、結構よかったですよ」(〜했는데 꽤 좋았어요)처럼 본인의 경험을 덧붙이는 것도 좋다. 이처럼 종조사 「よ」를 붙이면 상대방에게 본인이 알고 있는 정보를 제공하거나 주관적인 의견을 말한다는 뉘앙스가 추가되므로 좀 더 설득력 있는 답변을 만들 수 있다.

어휘 | 今度(こんど) 이번 家族(かぞく)で 가족끼리 海外旅行(かいがいりょこう)に行(い)く 해외여행을 가다
동작성 명사+に 〜하러 *동작의 목적 行(い)く 가다 동사의 ます형+たい 〜하고 싶다 場所(ばしょ) 장소, 곳 〜たら 〜하면
教(おし)える 가르치다, 알려 주다 ヨーロッパ 유럽 色(いろ)んな 여러 가지, 다양한 国(くに) 나라 回(まわ)る (여기저기) 돌다, 돌아다니다
家族(かぞく) 가족 〜連(づ)れ 〜동행, 〜동반 あまり (부정어 수반) 그다지, 별로 遠(とお)い 멀다 所(ところ) 곳, 장소
この前(まえ) 요전, 일전 台湾(たいわん) 대만 結構(けっこう) 꽤, 상당히

ファーストフードはよく食(た)べますか。

답변 준비 시간 : 2秒

음원 190

応答例

A1 いいえ、あまり食(た)べないです。

A2 いいえ、ほとんど食(た)べることがないですね。ファーストフードみたいに脂(あぶら)っこい食(た)べ物(もの)が苦(にが)手(て)なんです。

답변 시간 : 15秒 ‥‥‥ 終わりです

Q 패스트푸드는 자주 먹어요?

A1 아니요, 별로 먹지 않아요.

A2 아니요, 거의 먹는 일이 없네요. 패스트푸드처럼 기름진 음식을 잘 못 먹어서요.

☑ CHECK NOTE

패스트푸드를 자주 먹는지 묻고 있으므로 우선 자주 먹는지, 아니면 먹지 않는지 여부를 답해야 한다. 먹지 않는 편이라면 응답예 2처럼 그 이유에 대해서도 말하는 것이 좋다. 이유를 나타낼 때는 「~ので」(~므로, ~이기 때문에), 「~から」(~니까), 「~ため(に)」(~때문(에)) 등의 다양한 접속표현을 사용해도 좋고, 「苦手(にがて)だ」(잘 못하다, 서투르다)라는 な형용사를 이용하여 「~が苦手(にがて)です」(~을 잘 못 먹습니다)라고 표현할 수도 있다. 또한 자주 먹는다면 얼마나 자주 먹는지, 그 이유는 무엇인지, 어떻게 즐기는지 등을 추가해서 말하면 된다. 이때는 「동사의 보통형+ことがある」(~하는 경우가 있다, ~할 때가 있다)라는 표현을 응용해서 「동사의 보통형+ことが多(おお)い」(~하는 경우가 많다, ~할 때가 많다)와 같은 표현을 쓰면 된다.

어휘 | ファーストフード 패스트푸드　よく 자주　食(た)べる 먹다　あまり (부정어 수반) 그다지, 별로　ほとんど 거의
~みたいに ~같이, ~처럼　脂(あぶら)っこい 기름지다　食(た)べ物(もの) 음식

3か月間契約されると個人トレーニングを無料で3回受けられますが、どうなさいますか。

답변 준비 시간 : 2秒

応答例

A1 では、お願いします。いくらですか。

A2 うーん、個人トレーニングは必要ないです。1か月間だけだといくらになりますか。

답변 시간 : 15秒 …… 終わりです

Q 3개월간 계약하시면 개인 트레이닝을 무료로 3번 받을 수 있는데, 어떻게 하시겠어요?

A1 그럼, 부탁해요. 얼마인가요?

A2 음-, 개인 트레이닝은 필요 없어요. 한 달 동안만이면 얼마가 되나요?

☑ CHECK NOTE

체육관 등의 가입 조건에 대한 대화로, 직원은 무료 개인 트레이닝을 내세워 '3개월 계약'을 권유하고 있다. 「どうなさいますか」(어떻게 하시겠습니까?)라는 질문에 대해서는 응답예 1처럼 「では、お願いします」(그럼, 부탁합니다)라고 하거나, 응답예 2처럼 「うーん、必要ないです」(음-, 필요 없습니다)라고 대답하는 것이 일반적이다. 고득점을 노린다면 수업료는 얼마인지, 다른 조건의 경우 어떻게 되는지 등 관련 질문을 하면서 커뮤니케이션 능력을 어필하는 것도 좋다. 참고로 「うん」(응)은 짧게 발음하면 긍정이나 확인의 의미를 나타내지만, 「うーん」(음-)처럼 길게 발음하면 곤란하거나 망설이는 모양을, 「ううん」(아니)이라고 하면 부정의 뜻을 나타내므로 확실하게 구분해서 사용하도록 한다.

어휘 | ～か月(げつ) ～개월 ～間(かん) ～간, ～동안 契約(けいやく) 계약 個人(こじん) 개인 トレーニング 트레이닝
無料(むりょう) 무료 ～回(かい) ～회, ～번 受(う)ける (어떤 행위를) 받다 どう 어떻게 なさる 하시다 *「する」(하다)의 존경어 では 그럼
お+동사의 ます형+する ～하다, ～해 드리다 *겸양표현 いくら 얼마 ～だけ ～만, ～뿐

어휘&표현 ◆ 존경어

상대방의 행동을 높이는 표현을 존경어라고 한다. 아래 표를 참고하여 연습해 두자.

보통어	존경어
いる (사람이) 있다	いらっしゃる 계시다
行く 가다	いらっしゃる・おいでになる 가시다
来る 오다	いらっしゃる・おいでになる・お見えになる 오시다
言う 말하다	おっしゃる 말씀하시다
する 하다	なさる 하시다
食べる/飲む 먹다/마시다	召し上がる 드시다
見る 보다	ご覧になる 보시다
知る 알다	ご存じだ 아시다
くれる (남이 나에게) 주다	くださる (남이 나에게) 주시다
寝る 자다	お休みになる 주무시다
着る (옷을) 입다	お召しになる (옷을) 입으시다

問題1 あなたは踊りが上手ですか。簡単に説明してください。 답변 순비 시간 : 15秒

음원 192

応答例

A1 いいえ、踊りは苦手です。リズムに合わせて動くのが難しく、何度も練習してもうまく踊れません。友達とたまにダンスイベントに行くことがありますが、見ている方が楽しいです。

A2 はい、踊りは得意な方です。特にヒップホップダンスが好きで、小学生の頃から習っています。今も週に2回ダンス教室に通っています。音楽に合わせて体を動かすのがストレス解消になります。最近は踊っている様子を動画で撮ってSNSに上げています。

답변 시간 : 25秒 ...... 終わりです

Q 당신은 춤을 잘 춥니까? 간단하게 설명하세요.

A1 아니요, 춤은 잘 못 춥니다. 리듬에 맞춰 움직이는 것이 어려워서 몇 번이나 연습해도 잘 못 춥니다. 친구와 가끔 댄스 이벤트에 갈 때가 있습니다만, 보고 있는 편이 즐겁습니다.

A2 예, 춤은 잘 추는 편입니다. 특히 힙합 댄스를 좋아해서 초등학생 때부터 배우고 있습니다. 지금도 주에 두 번 댄스교실에 다니고 있습니다. 음악에 맞춰 몸을 움직이는 것이 스트레스 해소가 됩니다. 요즘은 춤추고 있는 모습을 동영상으로 찍어서 SNS에 올리고 있습니다.

☑ CHECK NOTE

「~が上手ですか」(~을 잘합니까?)라고 물었으므로, 일단 「はい/いいえ」(예/아니요)로 대답을 시작해야 한다. 응답예 1처럼 「いいえ」(아니요)라고 부정한 경우에는 「苦手だ」(잘 못하다, 서투르다)라는 표현을 써서 어떤 점이 어려운지 등을 설명하면 된다. 응답예 2처럼 「はい」(예)라고 답했다면 「得意だ」(잘하다, 능숙하다)라는 표현을 써서 특히 어떤 춤을 잘 추는지, 평소 어떻게 즐기는지 등을 설명하면 된다. 여기서 주의해야 할 점은 본인의 능력이 높다고 말할 때는 「上手だ」(잘하다, 능숙하다)가 아닌 「得意だ」(잘하다, 능숙하다)를 사용해야 한다. 자세한 것은 LEVEL UP 어휘&표현을 참고하자.

어휘 | 踊(おど)り 춤 リズム 리듬 合(あ)わせる 맞추다 動(うご)く 움직이다 難(むずか)しい 어렵다 何度(なんど)も 몇 번이나, 여러 번
練習(れんしゅう) 연습 うまく 잘, 목적한 대로 踊(おど)る 춤추다 友達(ともだち) 친구 たまに 가끔 ダンス 댄스 イベント 이벤트
方(ほう) 편, 쪽 楽(たの)しい 즐겁다 特(とく)に 특히 ヒップホップ 힙합 好(す)きだ 좋아하다 小学生(しょうがくせい) 초등학생
頃(ころ) 때, 시절, 무렵 習(なら)う 배우다, 익히다 今(いま)も 지금도 週(しゅう) 주, 7일간 ~回(かい) ~회, ~번
教室(きょうしつ) (기술 등을 가르치는) 교실 通(かよ)う (자주) 다니다 音楽(おんがく) 음악 体(からだ) 몸 動(うご)かす 움직이다
ストレス 스트레스 解消(かいしょう) 해소 様子(ようす) 모습 動画(どうが) 동영상 撮(と)る (사진 등을) 찍다, 촬영하다
SNS(エスエヌエス) SNS 上(あ)げる 올리다

어휘&표현 ◆ 「上手だ/得意だ」 ↔ 「下手だ/苦手だ」

「上手だ」와 「得意だ」는 둘 다 '잘하다, 능숙하다'라는 뜻인데, 그 쓰임에는 차이가 있다. 「上手だ」는 주로 외국어나 악기, 요리 등 기술이나 능력에 대해 잘하거나 능숙하다고 말할 때 사용한다. 이때 자신의 능력에 대해 말할 때는 쓰지 않는 것이 좋은데, 문법적인 오류는 아니지만 자신의 능력에 대해 「上手だ」를 사용할 경우 다소 거만하다는 인상을 주기 때문이다. 이에 비해 「得意だ」는 기술이나 능력이 높다는 의미 외에도 그 대상을 하는 행위 자체를 좋아하거나 자신이 있다는 뜻을 나타내므로, 자신의 능력을 평가하는 경우에 사용해도 무방하다. 예문과 함께 확인해 보자.

彼はピアノが上手だ。 그는 피아노를 잘 친다.

田中さんは英語が上手だ。 다나카 씨는 영어를 잘한다.

私は料理が得意だ。 나는 요리를 잘한다. (*이때 「上手だ」라고 하지 않도록 주의할 것)

彼女は数学が得意だ。 그녀는 수학을 잘한다.

(*수학 등 교과, 공부에 대해서 말할 때는 「上手だ」를 쓰지 않고 「得意だ」를 씀)

「下手だ」와 「苦手だ」도 둘 다 '잘 못하다, 서투르다'라는 뜻인데, 그 쓰임에는 차이가 있다. 「下手だ」는 「上手だ」의 반의어로 주로 외국어나 악기, 요리 등 기술이나 능력에 대해 못하거나 서투르다고 말할 때 사용한다. 이때 「上手だ」와는 달리 「下手だ」는 자신의 능력에 대해 평가할 때도 사용할 수 있다. 한편 「苦手だ」는 기술이나 능력이 부족하다는 의미 외에도 그 대상을 하는 것을 싫어하거나 심리적인 저항감이 있다는 뉘앙스도 있다. 또한 '다루기 어려워서[거북해서] 싫다, 대하기 어색하다, 불편하다'라는 의미까지 폭넓게 나타낼 수 있다. 예문과 함께 확인해 보자.

私は絵を描くのが下手だ。 나는 그림을 그리는 것을 잘 못한다.

彼は歌が下手だ。 그는 노래를 잘 못 부른다.

私は踊りを踊るのが苦手だ。 나는 춤을 추는 것을 잘 못한다.

(*이때 「下手だ」를 써도 되는데, 이 경우 '다루기 어려워서[거북해서] 싫다'라는 의미는 없고, 단순히 '기술이나 능력이 부족하다'라는 뜻만 나타내게 됨)

私は虫が苦手だ。 나는 벌레가 질색이다.

あなたは初(はじ)めて会(あ)う人(ひと)とうまく話(はな)せますか。簡単(かんたん)に説明(せつめい)してください。

답변 준비 시간 : 15秒

음원 193

応答例

A1 初対面(しょたいめん)の人(ひと)と話(はな)すのは少(すこ)し苦手(にがて)です。どうしても緊張(きんちょう)してしまい、うまく言葉(ことば)が出(で)てこないことが多(おお)いです。でも、できるだけ笑顔(えがお)で接(せっ)するように心(こころ)がけています。

A2 初(はじ)めて会(あ)った人(ひと)とでもうまく話(はな)せる方(ほう)だと思(おも)います。新(あたら)しい出会(であ)いが好(す)きで、初対面(しょたいめん)だとしても積極的(せっきょくてき)に話(はな)しかけることが多(おお)いです。話(はなし)をする時(とき)は、共通(きょうつう)の話題(わだい)を見(み)つけるようにしています。そうすることでお互(たが)いに会話(かいわ)が盛(も)り上(あ)がります。

답변 시간 : 25秒 …… 終わりです

Q 당신은 처음 만나는 사람과 잘 이야기할 수 있습니까? 간단하게 설명하세요.

A1 초면인 사람과 이야기하는 것은 조금 거북합니다. 아무래도 긴장해 버려서 말이 잘 안 나오는 경우가 많습니다. 하지만 되도록 미소로 대하도록 유념하고 있습니다.

A2 처음 만난 사람과도 잘 이야기할 수 있는 편이라고 생각합니다. 새로운 만남을 좋아해서 초면이라고 해도 적극적으로 말을 거는 경우가 많습니다. 이야기를 할 때는 공통의 화제를 찾도록 하고 있습니다. 그렇게 함으로써 서로 대화가 활기를 띠게 됩니다.

☑ CHECK NOTE

처음 만나는 사람과도 스스럼없이 이야기를 잘 나눌 수 있는지 묻고 있다. 먼저 그런 편인지 아닌지를 답변한 후에 구체적으로 이야기에 살을 붙이도록 하자. 응답예 1처럼 못한다고 한 경우에는 「동사의 보통형+ことが多(おお)い」(~하는 경우가 많다, ~할 때가 많다)와 같은 표현을 사용해서 본인의 상황에 대해 설명하면 된다. 그러고 나서 그런 단점을 보완하기 위해서 어떤 노력을 하고 있는지에 대해서는 「できるだけ~ように心(こころ)がけています」(되도록 ~하도록 유념하고 있습니다)와 같이 덧붙이면 자연스러운 답변을 만들 수 있다. 응답예 2처럼 잘한다고 한 경우에는 잘할 수 있는 이유에 대해 「~ようにしています」(~하도록 하고 있습니다)와 같은 표현을 사용해서 설명하면 된다.

어휘 | 初(はじ)めて 처음(으로) 会(あ)う 만나다 人(ひと) 사람 うまく 잘, 목적한 대로 話(はな)す 말하다, 이야기하다
初対面(しょたいめん) 초대면, 초면 苦手(にがて)だ 잘 못하다, 서투르다, 거북하다 どうしても 아무리 해도, 아무래도
緊張(きんちょう) 긴장 ~てしまう ~해 버리다, ~하고 말다 言葉(ことば) 말 出(で)る 나오다 できるだけ 가능한 한, 되도록
笑顔(えがお) 웃는 얼굴 接(せっ)する 접하다, 응대하다, 대하다 ~ように ~하도록 心(こころ)がける 유념하다, 명심하다
新(あたら)しい 새롭다 出会(であ)い 만남 好(す)きだ 좋아하다 ~としても ~라고 해도 積極的(せっきょくてき)だ 적극적이다
話(はな)しかける 말을 걸다 話(はなし) 이야기 共通(きょうつう) 공통 話題(わだい) 화제 見(み)つける 찾(아내)다, 발견하다
동사의 기본형+ようにしている ~하도록 하고 있다 ~ことで ~함으로써 お互(たが)いに 서로 会話(かいわ) 회화, 대화
盛(も)り上(あ)がる (기세·분위기 등이) 고조되다

問題3 あなたは約束の時間を守る方ですか。簡単に説明してください。

답변 준비 시간 : 15秒

음원 194

応答例

A1 はい、時間を守ることを大切にしています。時間に遅れるのは相手に失礼だと思います。なので、約束の時間に遅れないように、早めに行動することを心がけています。

A2 私は時間をきちんと守る方です。時間を守ることは、人間関係において信頼の基本となり得るため、決められた時間に間に合うよう常に気を付けています。万が一、遅れそうな場合には、必ず事前に連絡し、状況を相手に説明するべきだと思います。

답변 시간 : 25秒 …… 終わりです

Q 당신은 약속 시간을 지키는 편입니까? 간단하게 설명하세요.

A1 예, 시간을 지키는 것을 중요하게 여기고 있습니다. 시간에 늦는 것은 상대에게 실례라고 생각합니다. 그래서 약속 시간에 늦지 않도록 일찌감치 행동하는 것을 유념하고 있습니다.

A2 저는 시간을 정확히 지키는 편입니다. 시간을 지키는 것은 인간관계에 있어서 신뢰의 기본이 될 수 있기 때문에 정해진 시간에 늦지 않도록 항상 주의하고 있습니다. 만일 늦을 것 같은 경우에는 반드시 사전에 연락하고 상황을 상대에게 설명해야 한다고 생각합니다.

☑ CHECK NOTE

약속 시간을 잘 지키는 편인지 묻고 있으므로, 일단 어느 편에 속하는 답변을 할지 선택해야 한다. 질문에 있는 표현을 활용해 「동사의 기본형+方です」(~하는 편입니다)처럼 답해도 좋고, 「~を大切にしています」(~을 중요하게 여기고 있습니다)와 같은 표현을 사용하는 방법도 있다. 이어서 구체적인 내용을 이어나가야 하는데, 어떤 점에 특히 유의하고 있는지를 말하는 것도 좋다. 이때는 「~ことを心がけています」(~하는 것을 유념하고 있습니다), 「~よう(に)気を付けています」(~하도록 주의하고 있습니다), 「~べきだと思います」(~해야 한다고 생각합니다)와 같은 표현을 사용하면 된다.

어휘 | 約束(やくそく) 약속 時間(じかん) 시간 守(まも)る 지키다 方(ほう) 편, 쪽 大切(たいせつ)だ 중요하다
遅(おく)れる 늦다, 늦어지다 相手(あいて) 상대 失礼(しつれい)だ 실례이다 早(はや)めに 일찌감치 行動(こうどう) 행동
心(こころ)がける 유념하다, 명심하다 きちんと 정확히 人間関係(にんげんかんけい) 인간관계 〜において 〜에 있어서, 〜에서
信頼(しんらい) 신뢰 基本(きほん) 기본 동사의 ます형+得(う·え)る 〜할 수 있다 〜ため(に) 〜때문(에) 決(き)める 정하다, 결정하다
間(ま)に合(あ)う 시간에 맞게 대다, 늦지 않다 〜よう(に) 〜하도록 常(つね)に 늘, 항상 気(き)を付(つ)ける 조심하다, 주의하다
万(まん)が一(いち) 만에 하나, 만일 동사의 ます형+そうだ 〜일[할] 것 같다 *추측·양태 必(かなら)ず 반드시, 꼭 事前(じぜん)に 사전에
連絡(れんらく) 연락 状況(じょうきょう) 상황 説明(せつめい) 설명
동사의 기본형+べきだ (마땅히) 〜해야 한다 *단, 「する」(하다)는 「するべきだ」「すべきだ」모두 가능함

問題 4 あなたは定期的に歯医者に行きますか。簡単に説明してください。

답변 준비 시간 : 15秒

음원 195

応答例

A1 いいえ、あまり定期的には行っていません。歯が痛くなった時だけ行きます。忙しくてなかなか歯医者に行く時間が取れないので、日頃から歯磨きをきちんとするようにしています。

A2 はい、定期的に歯医者に通うようにしています。6か月に一度ぐらいのペースで検診とクリーニングを受けています。溜まった歯石を取ったり、虫歯や歯周病の早期発見もできたりするので定期的に行くことは大事だと思います。

답변 시간 : 25秒 ‥‥‥ 終わりです

Q 당신은 정기적으로 치과에 갑니까? 간단하게 설명하세요.

A1 아니요, 그다지 정기적으로는 가지 않고 있습니다. 이가 아파졌을 때만 갑니다. 바빠서 좀처럼 치과에 갈 시간을 낼 수 없기 때문에 평소부터 양치질을 제대로 하도록 하고 있습니다.

A2 예, 정기적으로 치과에 다니도록 하고 있습니다. 6개월에 한 번 정도의 페이스로 검진과 스케일링을 받고 있습니다. 쌓인 치석을 제거하거나 충치나 치주 질환의 조기 발견도 할 수 있거나 하기 때문에 정기적으로 가는 것은 중요하다고 생각합니다.

☑ CHECK NOTE

「定期的に歯医者に行きますか」(정기적으로 치과에 갑니까?)라고 물었으므로, 먼저 「はい/いいえ」(예/아니요)로 답변을 시작해야 한다. 응답예 1처럼 질문의 문형을 응용해서 「いいえ、あまり定期的には行っていません」(아니요, 그다지 정기적으로는 가지 않고 있습니다)이라고 하거나, 응답예 2처럼 「はい、定期的に~ようにしています」(예, 정기적으로 ~하도록 하고 있습니다)라고 답할 수도 있다. 그러고 나서 정기적으로 가지 않는다면 그 이유나 대안에 대해서 말하면 되고, 정기적으로 간다면 얼마 만에 한 번씩 가는지, 어떤 치료를 받는지, 정기적으로 가면 좋은 점 등에 대해 말하면 된다. 일상생활과 관련된 주제는 자주 출제되기 때문에 「歯医者」(치과), 「歯磨き」(양치질), 「虫歯」(충치)와 같은 어휘는 바로 입에서 나올 수 있도록 연습해 두는 것이 좋다.

어휘 | 定期的(ていきてき)だ 정기적이다　歯医者(はいしゃ) 치과　あまり (부정어 수반) 그다지, 별로　痛(いた)い 아프다
い형용사의 어간+くなる ~해지다　忙(いそが)しい 바쁘다　なかなか (부정어 수반) 좀처럼　取(と)れる 얻을 수 있다　日頃(ひごろ) 평소
歯磨(はみが)き 양치질　きちんと 제대로, 확실히　동사의 기본형+ようにしている ~하도록 하고 있다　通(かよ)う (자주) 다니다
~か月(げつ) ~개월　一度(いちど) 한 번　ペース 페이스　検診(けんしん) 검진　クリーニング 클리닝, 스케일링
受(う)ける (어떤 행위를) 받다　溜(た)まる 쌓이다　歯石(しせき) 치석　取(と)る 없애다, 제거하다　~たり~たりする ~하거나 ~하거나 하다
虫歯(むしば) 충치　歯周病(ししゅうびょう) 치주 질환　早期(そうき) 조기　発見(はっけん) 발견　大事(だいじ)だ 중요하다

問題5 あなたはメモを取る時、紙に書きますか。それとも携帯電話などの電子製品を使いますか。簡単に説明してください。 答변 준비 시간 : 15秒

음원 196

応答例

A1 紙に書くことが多いです。手で実際に書くことで内容がより頭の中で整理され、記憶にも残りやすくなるような気がします。さらに図や絵なども自由に追加できるので、紙の方が気に入っています。

A2 メモを取る時は、主にスマートフォンのメモアプリを利用しています。スマホは常に持ち歩いているので、いつどこでもメモを取ることができます。また、メモをクラウド上で同期化することで、他のデバイスからもアクセスできるのがとても便利です。

答변 시간 : 25秒 …… 終わりです

Q 당신은 메모를 할 때 종이에 씁니까? 아니면 휴대전화 등의 전자제품을 사용합니까? 간단하게 설명하세요.

A1 종이에 쓰는 경우가 많습니다. 손으로 실제로 씀으로써 내용이 보다 머릿속에서 정리되고 기억에도 남기 쉬워지는 느낌이 듭니다. 게다가 도표나 그림 등도 자유롭게 추가할 수 있기 때문에 종이 쪽이 마음에 듭니다.

A2 메모를 할 때는 주로 스마트폰의 메모 앱을 이용하고 있습니다. 스마트폰은 항상 가지고 다니기 때문에 언제 어디서나 메모를 할 수 있습니다. 또한 메모를 클라우드 상에서 동기화함으로써 다른 장치에서도 접속할 수 있는 것이 매우 편리합니다.

☑ CHECK NOTE

「それとも」(그렇지 않으면, 아니면, 혹은, 또는)는 둘 중 하나를 고를 때 쓰는 접속사로, 문제에서는 메모를 할 때 종이와 전자제품 가운데 어느 것을 쓰는지 묻고 있다. 응답예 1의 「動詞の基本形+ことが多いです」(~하는 경우가 많습니다)처럼 한쪽을 선택한 후 「~ので~方が気に入っています」(~하기 때문에 ~쪽이 마음에 듭니다)처럼 그 이유를 밝히면서 마무리하면 된다. 또는 응답예 2처럼 「主に~を利用しています」(주로 ~을 이용합니다)와 같은 표현을 써도 좋다. 이유나 장점을 여러 개 나열할 때는 「さらに」(게다가), 「また」(또한), 「それから」(그리고)와 같은 접속사를 적절히 사용하면서 문장을 자연스럽게 연결해야 한다.

어휘 | メモを取(と)る 메모하다 時(とき) 때 紙(かみ) 종이 書(か)く (글씨·글을) 쓰다 携帯電話(けいたいでんわ) 휴대전화 電子製品(でんしせいひん) 전자제품 手(て) 손 実際(じっさい)に 실제로 ~ことで ~함으로써 内容(ないよう) 내용 より 보다 頭(あたま) 머리 中(なか) 안, 속 整理(せいり) 정리 記憶(きおく) 기억 残(のこ)る 남다 動詞のます형+やすい ~하기 쉽다 気(き)がする 생각[느낌]이 들다 図(ず) 도표 絵(え) 그림 自由(じゆう)だ 자유롭다 追加(ついか) 추가 気(き)に入(い)る 마음에 들다 主(おも)に 주로 スマートフォン 스마트폰 アプリ 앱 *「アプリケーション(ソフト)」의 준말 利用(りよう) 이용 スマホ 스마트폰 *「スマートフォン」의 준말 常(つね)に 항상 持(も)ち歩(ある)く 들고[가지고] 다니다 クラウド 클라우드 ~上(じょう) ~상 同期化(どうきか) 동기화 他(ほか) 다른 (것) デバイス 디바이스, 장치, 기기 アクセス 액세스, 접근, 접속 便利(べんり)だ 편리하다

問題1 あなたはバス専用車線を今より増やすべきだと思いますか。あなたの
考えを話してください。 답변 준비 시간 : 30秒

음원 197

応答例

A1 バス専用車線は増やすべきだと思います。なぜなら車線を増やすことで、交通渋滞を緩和することができるからです。これにより、バスのスムーズな運行が可能になります。自家用車を利用するよりバスの方が渋滞することなく移動できるようになれば、より多くの人がバスを交通手段として選びます。またバスを利用する人が増えれば、都市の交通問題の解決に繋がるだけでなく、環境保護にも貢献できると思います。

A2 バス専用車線を増やすことは、都市交通の効率化のために非常に重要です。まず、バス専用車線を設ければ、その車線には一般車両が入れないため、バスの定時運行が可能になります。これにより、予定通りに目的地に到着できるようになり、より多くの人がバスを利用するようになると思います。また、バスの利用が増えることで、一般車両の渋滞が軽減される効果も期待できます。バス専用車線の設置により一般車両用のスペースが狭くなるという声もありますが、自動車の利用自体が減ることによる渋滞緩和の方が大きなメリットだと思います。

답변 시간 : 50秒 ······ 終わりです

Q 당신은 버스 전용 차선을 지금보다 늘려야 한다고 생각합니까? 당신의 생각을 말하세요.

A1 버스 전용 차선은 늘려야 한다고 생각합니다. 왜냐하면 차선을 늘림으로써 교통 정체를 완화할 수 있기 때문입니다. 이로 인해 버스의 순조로운 운행이 가능해집니다. 자가용을 이용하는 것보다 버스 쪽이 정체하는 일 없이 이동할 수 있게 되면, 보다 많은 사람이 버스를 교통 수단으로 선택할 것입니다. 또한 버스를 이용하는 사람이 늘어나면 도시의 교통 문제 해결로 이어질 뿐만 아니라 환경 보호에도 공헌할 수 있다고 생각합니다.

A2 버스 전용 차선을 늘리는 것은 도시 교통의 효율화를 위해서 매우 중요합니다. 먼저 버스 전용 차선을 설치하면 그 차선에는 일반 차량이 들어갈 수 없기 때문에 버스의 정시 운행이 가능해집니다. 이로 인해 예정대로 목적지에 도착할 수 있게 되어 보다 많은 사람이 버스를 이용하게 될 것이라고 생각합니다. 또한 버스 이용이 늘어남으로써 일반 차량의 정체가 경감되는 효과도 기대할 수 있습니다. 버스 전용 차선의 설치로 인해 일반 차량용 공간이 좁아질 것이라는 의견도 있습니다만, 자동차의 이용 자체가 줄어듦에 따른 정체 완화 쪽이 큰 장점이라고 생각합니다.

☑ CHECK NOTE

버스 전용 차선의 확대에 대한 생각을 묻는 문제이다. 「〜べきだと思いますか」(〜해야 한다고 생각합니까?)와 같은 질문에는 일단 「〜べきだと思います」(〜해야 한다고 생각합니다), 「〜べきだとは思いません」(〜해야 한다고는 생각하지 않습니다), 「〜なくてもいいと思います」(〜하지 않아도 된다고 생각합니다)와 같이 본인의 견해를 밝힌 후에 구체적인 내용을 추가하는 것이 좋다. 이때는 그렇게 생각하게 된 이유나 예상되는 효과 등에 대해 말하는 것도 좋은데, 응답예 1처럼 가정형을 사용해서 「バスを利用する人が増えれば」(버스를 이용하는 사람이 늘어나면)처럼 말할 수도 있고, 응답예 2처럼 「バスの利用が増えることで」(버스 이용이 늘어남으로써), 「バス専用車線の設置により」(버스 전용 차선의 설치로 인해)와 같이 그로 인해 초래되는 결과에 대해 말할 수도 있다. 고득점을 노린다면 다양한 표현을 자유자재로 구사할 수 있도록 평소부터 연습해 두는 것이 중요하다.

어휘 | バス 버스　専用(せんよう) 전용　車線(しゃせん) 차선　今(いま) 지금　〜より 〜보다　増(ふ)やす 늘리다
동사의 기본형+べきだ (마땅히) 〜해야 한다 *단, 「する」(하다)는 「するべきだ」, 「すべきだ」 모두 가능함　なぜなら 왜냐하면
〜ことで 〜함으로써　交通(こうつう) 교통　渋滞(じゅうたい) 정체, 밀림　緩和(かんわ) 완화　〜により 〜에 의해[따라]
スムーズだ 원활하다, 순조롭다　運行(うんこう) 운행　可能(かのう) 가능　自家用車(じかようしゃ) 자가용, 자기 소유의 자동차
利用(りよう) 이용　多(おお)く 많음　人(ひと) 사람　手段(しゅだん) 수단　選(えら)ぶ 고르다, 선택하다　増(ふ)える 늘다, 늘어나다
都市(とし) 도시　解決(かいけつ) 해결　繋(つな)がる 이어지다, 연결되다　〜だけでなく 〜뿐만 아니라　環境(かんきょう) 환경
保護(ほご) 보호　貢献(こうけん) 공헌　効率化(こうりつか) 효율화　명사+の+ために 〜을 위해서　非常(ひじょう)に 대단히, 매우
重要(じゅうよう)だ 중요하다　まず 우선, 먼저　設(もう)ける 만들다, 설치하다, 마련하다　一般(いっぱん) 일반　車両(しゃりょう) 차량
入(はい)る 들어가다　定時(ていじ) 정시　予定(よてい) 예정　명사+通(どお)り 〜대로　目的地(もくてきち) 목적지　到着(とうちゃく) 도착
동사의 기본형+ようになる 〜하게(끔) 되다　軽減(けいげん) 경감　効果(こうか) 효과　期待(きたい) 기대　設置(せっち) 설치
スペース 스페이스, 공간　狭(せま)い 좁다　い형용사 어간+くなる 〜해지다　〜という 〜라는　声(こえ) 소리, 사람들의 생각[의견]
自動車(じどうしゃ) 자동차, 차　自体(じたい) 자체　減(へ)る 줄다, 줄어들다　〜による 〜에 의한[따른]　大(おお)きな 큰　メリット 장점

問題2 あなたは公共の場に喫煙スペースを設置することに賛成ですか、反対ですか。あなたの考えを話してください。 답변 준비 시간 : 30秒

음원 198

応答例

A1 賛成です。なぜなら、喫煙者の立場も考慮しなければならないからです。路上喫煙などの問題が発生するのは、適切な喫煙スペースが設けられていないことが多いからです。喫煙者がタバコを吸うこと自体は問題がないので、非喫煙者への影響を軽減する方向で改善することが適切だと考えられます。なので、ちゃんとした喫煙スペースがあれば、公共の場での無秩序な喫煙を防ぐことができると思います。

A2 公共の場に喫煙スペースを設置することには反対です。公共の場での喫煙は非喫煙者にも少なからず健康的なリスクをもたらします。もし喫煙スペースを設けたとしても、完全に煙を外部に流出しないようにすることは難しいです。ましてや屋外の喫煙スペースは、特別に仕切りがない場合もあります。そのような状況で、公共の場を利用する人たちは副流煙を吸ってしまうことになります。そのため、喫煙スペースは減少させ、禁煙に向けての対策を考える方向で政策を作るべきだと思います。

답변 시간 : 50秒 …… 終わりです

Q 당신은 공공장소에 흡연 공간을 설치하는 것에 찬성입니까, 반대입니까? 당신의 생각을 말하세요.

A1 찬성입니다. 왜냐하면 흡연자의 입장도 고려해야 하기 때문입니다. 노상 흡연 등의 문제가 발생하는 것은 적절한 흡연 공간이 마련되어 있지 않은 경우가 많기 때문입니다. 흡연자가 담배를 피우는 것 자체는 문제가 없기 때문에 비흡연자에 대한 영향을 경감하는 방향으로 개선하는 것이 적절하다고 생각됩니다. 그래서 제대로 된 흡연 공간이 있으면 공공장소에서의 무질서한 흡연을 막을 수 있다고 생각합니다.

A2 공공장소에 흡연 공간을 설치하는 것에는 반대입니다. 공공장소에서의 흡연은 비흡연자에게도 적잖이 건강적인 위험을 초래합니다. 만약 흡연 공간을 마련한다고 해도 완전히 연기를 외부로 유출하지 않도록 하는 것은 어렵습니다. 하물며 옥외 흡연 공간은 특별히 칸막이가 없는 경우도 있습니다. 그러한 상황에서 공공장소를 이용하는 사람들은 담배 연기를 마셔 버리게 됩니다. 그 때문에 흡연 공간은 줄이고 금연을 향한 대책을 생각하는 방향으로 정책을 만들어야 한다고 생각합니다.

☑ CHECK NOTE

「～に賛成ですか、反対ですか」(~에 찬성입니까, 반대입니까?)와 같이 어떤 주제에 대해 찬성과 반대를 묻는 문제는 제5부에서 많이 출제되는 유형이다. 찬성할 경우에는 「賛成する」(찬성한다), 「賛成だ」(찬성이다), 반대할 경우에는 「反対する」(반대한다), 「反対だ」(반대이다)처럼 말하면 된다. 그렇게 생각하는 구체적인 판단의 근거나 이유에 대해서는 「～からです」(~때문입니다), 「なぜなら～」(왜냐하면~)와 같은 표현을 사용하면 된다. 자신의 입장을 밝히는 것에만 그치지 않고 응답예 2처럼 「もし～たとしても～ことは難しいです」(만약 ~한다고 해도 ~하는 것은 어렵습니다)와 같이 반대 입장의 견해에 대해서도 언급한다면 더 좋은 평가를 받을 수 있다.

어휘 | 公共(こうきょう) 공공 場(ば) 자리, 장소 喫煙(きつえん) 흡연 スペース 스페이스, 공간 設置(せっち) 설치 賛成(さんせい) 찬성 反対(はんたい) 반대 なぜなら 왜냐하면 喫煙者(きつえんしゃ) 흡연자 立場(たちば) 입장 考慮(こうりょ) 고려 ～なければならない ~하지 않으면 안 된다, ~해야 한다 路上(ろじょう) 노상 発生(はっせい) 발생 適切(てきせつ)だ 적절하다

設(もう)ける 만들다, 설치하다, 마련하다 タバコ 담배 吸(す)う (담배를) 피우다 非喫煙者(ひきつえんしゃ) 비흡연자
影響(えいきょう) 영향 軽減(けいげん) 경감 方向(ほうこう) 방향 改善(かいぜん) 개선 なので 그래서, 그렇기 때문에
ちゃんと 제대로, 확실히 無秩序(むちつじょ)だ 무질서하다 防(ふせ)ぐ 막다 少(すく)なからず 적잖이, 많이, 몹시
健康的(けんこうてき)だ 건강적이다, 건강에 좋다 リスク 리스크, 위험 もたらす 가져오다, 초래하다 もし 만약, 혹시, 만일
～としても ～라고 해도 完全(かんぜん)だ 완전하다 煙(けむり) 연기 外部(がいぶ) 외부 流出(りゅうしゅつ) 유출
難(むずか)しい 어렵다 ましてや 더구나, 하물며 *「まして」의 힘줌말 屋外(おくがい) 옥외, 집 또는 건물의 밖 特別(とくべつ)だ 특별하다
仕切(しき)り 칸막이 そのような 그러한 状況(じょうきょう) 상황 副流煙(ふくりゅうえん) 부류연, 타고 있는 담배에서 나는 연기
～てしまう ～해 버리다, ～하고 말다 そのため 그 때문에 減少(げんしょう) 감소 禁煙(きんえん) 금연
～に向(む)けての ～을 향한[목표로 한] 対策(たいさく) 대책 政策(せいさく) 정책 동사의 기본형+べきだ (마땅히) ～해야 한다

問題3 早期教育が子供たちの知的能力を伸ばすという意見がありますが、あなたはこの意見に同意しますか。あなたの考えを話してください。

음원 199

답변 준비 시간 : 30秒

応答例

A1 同意します。幼少期には様々な刺激を受けることで、脳の発達が促進されやすくなります。また、早期教育の目的は基礎的な学力をしっかりと身に付けることです。小学校から始まる授業を受ける際、基礎がしっかりしていればつまずく心配がなく、その後もより早く習得できるようになります。理解度が高ければ学習意欲が高まり、さらなる能力の向上も期待できると思います。

A2 早期教育は子供たちの知的能力を伸ばすかもしれませんが、全般的にはいい結果をもたらすわけではないと思います。反対する理由として、まず教育が目指すべき方向性が挙げられます。教育は、時期が早ければ早いほど良いというわけではなく、それぞれの学習段階に適切な時期がある程度存在します。時期的に早すぎる内容を学んだとすれば、完全に理解することは難しく、逆に子供の学習意欲が減少する恐れもあります。それよりは、子供が楽しみながら、自ら考える力を育てられるような環境を作ってあげることの方が重要だと思います。

답변 시간 : 50秒 …… 終わりです

Q 조기교육이 아이들의 지적 능력을 키운다는 의견이 있습니다만, 당신은 이 의견에 동의합니까? 당신의 생각을 말하세요.

A1 동의합니다. 유소년기에는 다양한 자극을 받음으로써 뇌 발달이 촉진되기 쉬워집니다. 또한 조기교육의 목적은 기초적인 학력을 제대로 익히는 것입니다. 초등학교부터 시작되는 수업을 받을 때 기초가 튼튼하면 좌절할 걱정이 없고, 그 후에도 보다 빨리 습득할 수 있게 됩니다. 이해도가 높으면 학습 의욕이 높아져서 한층 더 능력 향상도 기대할 수 있을 것이라고 생각합니다.

A2 조기교육은 아이들의 지적 능력을 키워 줄지도 모르지만, 전반적으로는 좋은 결과를 가져오는 것은 아니라고 생각합니다. 반대하는 이유로, 먼저 교육이 지향해야 할 방향성을 들 수 있습니다. 교육은 시기가 빠르면 빠를수록 좋다는 것이 아니라 각각의 학습 단계에 적절한 시기가 어느 정도 존재합니다. 시기적으로 너무 이른 내용을 배웠다고 하면 완전히 이해하기는 어렵고, 역으로 아이의 학습 의욕이 감소할 우려도 있습니다. 그것보다는 아이가 즐기면서 스스로 생각하는 힘을 기를 수 있는 환경을 만들어 주는 편이 중요하다고 생각합니다.

☑ CHECK NOTE

「この意見に同意しますか」(이 의견에 동의합니까?)라고 물었으므로, 먼저 동의하는지 아닌지에 대한 생각을 밝히는 것이 좋다. 응답예 1처럼 「同意します」(동의합니다)라고 직접적으로 말해도 좋지만, 응답예 2처럼 「〜かもしれませんが、〜わけではないと思います。反対する理由として〜」(〜일지도 모르지만, (전부) 〜인 것은 아니라고 생각합니다. 반대하는 이유로〜)와 같이 반대 의견에 대해 언급한 뒤 자신의 의견에 대해 이야기하면 좀 더 좋은 평가를 받을 수 있다. 구체적으로 그렇게 생각한 이유나 배경에 대해 설명할 때는 「期待できると思います」(기대할 수 있을 것이라고 생각합니다), 「〜恐れもあります」(〜할 우려도 있습니다), 「〜の方が重要だと思います」(〜편[쪽]이 (더) 중요하다고 생각합니다)와 같은 표현을 적절히 사용하면 된다.

어휘 | 早期(そうき) 조기　教育(きょういく) 교육　子供(こども) 아이　~たち (사람이나 생물을 나타내는 말에 붙어) ~들
知的(ちてき) 지적　能力(のうりょく) 능력　伸(の)ばす 성장시키다, 기르다　~という ~라는　意見(いけん) 의견　同意(どうい) 동의
幼少期(ようしょうき) 유소년기　様々(さまざま)だ 다양하다, 여러 가지다　刺激(しげき) 자극　受(う)ける 받다　~ことで ~함으로써
脳(のう) 뇌　発達(はったつ) 발달　促進(そくしん) 촉진　동사의 ます형+やすい ~하기 쉽다　目的(もくてき) 목적
基礎的(きそてき)だ 기초적이다　学力(がくりょく) 학력　しっかり 제대로, 확실히
身(み)に付(つ)ける 몸에 익히다, (지식 등을) 익히다, 습득하다　小学校(しょうがっこう) 초등학교　始(はじ)まる 시작되다
授業(じゅぎょう) 수업　際(さい) 때　つまずく (중도에) 실패하다, 좌절하다　心配(しんぱい) 걱정　その後(ご) 그 후　より 보다
早(はや)く 일찍　習得(しゅうとく) 습득　동사의 기본형+ようになる ~하게(끔) 되다　理解度(りかいど) 이해도　学習(がくしゅう) 학습
意欲(いよく) 의욕　高(たか)まる (정도와 수준이) 높아지다, 고조되다　さらなる 한층 더, 더욱 더　向上(こうじょう) 향상　期待(きたい) 기대
~かもしれない ~일지도 모른다　全般的(ぜんぱんてき)だ 전반적이다　結果(けっか) 결과　もたらす 가져오다, 초래하다
~わけではない (전부) ~인 것은 아니다　反対(はんたい) 반대　理由(りゆう) 이유　目指(めざ)す 목표로 하다, 지향하다
동사의 기본형+べき (마땅히) ~해야 할 *단, 「する」(하다)는 「するべき」「すべき」모두 가능함　方向性(ほうこうせい) 방향성
挙(あ)げる (예로서) 들다　時期(じき) 시기　早(はや)い 이르다, 빠르다　~ば ~ほど ~하면 ~할수록　それぞれ 각각　段階(だんかい) 단계
ある 어느　程度(ていど) 정도　存在(そんざい) 존재　い형용사의 어간+すぎる 너무 ~하다　内容(ないよう) 내용　学(まな)ぶ 배우다
完全(かんぜん)だ 완전하다　難(むずか)しい 어렵다　逆(ぎゃく)に 역으로, 반대로　減少(げんしょう) 감소　恐(おそ)れ 우려
楽(たの)しむ 즐거워하다　동사의 ます형+ながら ~하면서 *동시동작　自(みずか)ら 몸소, 친히, 스스로　力(ちから) 힘　育(そだ)てる 키우다
環境(かんきょう) 환경　作(つく)る 만들다　~てあげる (내가 남에게) ~해 주다　重要(じゅうよう)だ 중요하다

問題4 昔に比べて人の平均寿命が延びた背景には何があると思いますか。あなたの考えを話してください。 答변 준비 시간 : 30秒

음원 200

応答例

A1 医療技術の進歩が大きいと思います。昔は怪我や病気になったとしても治療できるところがほとんどありませんでした。そのような状況で健康を維持して、長く生きることは困難でした。しかし、現代医学の発展により、新しい治療法や予防法が普及するようになりました。これが平均寿命の延びに繋がったのだと思います。

A2 人の平均寿命が延びた背景には、まず、医療技術の進歩があると思います。新しい治療法や薬の開発により、以前は致命的だった病気が治療できるようになりました。また、予防医学の発展により、病気の早期発見と早期治療が可能になりました。以前は治療が困難だった病気でも、ワクチンを受けるだけで完全に予防できるようにもなりました。さらには、過去に比べて、病気に関する知識や、健康維持のための情報をより容易に知ることができるようになりました。これらの要因が組み合わさり、平均寿命が延びたのだと思います。

답변 시간 : 50秒 ······ 終わりです

Q 옛날에 비해 사람의 평균 수명이 길어진 배경에는 무엇이 있다고 생각합니까? 당신의 생각을 말하세요.

A1 의료 기술의 진보가 크다고 생각합니다. 옛날에는 부상이나 병이 났다고 해도 치료할 수 있는 곳이 거의 없었습니다. 그러한 상황에서 건강을 유지하고 오래 사는 것은 곤란했습니다. 그러나 현대 의학의 발전에 의해 새로운 치료법이나 예방법이 보급되게 되었습니다. 이것이 평균 수명의 연장으로 이어진 것이라고 생각합니다.

A2 사람의 평균 수명이 길어진 배경에는 우선 의료 기술의 진보가 있다고 생각합니다. 새로운 치료법이나 약의 개발로 이전에는 치명적이었던 병을 치료할 수 있게 되었습니다. 또한 예방 의학의 발전에 의해 병의 조기 발견과 조기 치료가 가능해졌습니다. 이전에는 치료가 곤란했던 병이라도 백신을 맞는 것만으로 완전히 예방할 수 있게도 되었습니다. 게다가 과거에 비해 병에 관한 지식이나 건강 유지를 위한 정보를 보다 손쉽게 알 수 있게 되었습니다. 이러한 요인들이 조합되어 평균 수명이 길어진 것이라고 생각합니다.

☑ CHECK NOTE

평균 수명이 길어진 배경에 대해 묻고 있다. 앞에 「昔に比べて」(옛날에 비해)라는 표현이 있으므로, 과거와 현재의 변화를 비교하는 형식으로 답변을 구성하는 것이 좋다. 응답예 1처럼 먼저 과거의 상황에 대해 언급한 다음 「しかし、現代医学の発展により、~ようになりました」(그러나 현대 의학의 발전에 의해 ~하게 되었습니다)처럼 본인의 의견을 제시하면 논리적인 답변을 만들 수 있다. 응답예 2처럼 과거와 현재를 비교할 때는 「以前は~」(이전에는~), 「過去に比べて~」(과거에 비해~)와 같은 표현을 사용하면 된다.

어휘 | 昔(むかし) 옛날, 예전 ~に比(くら)べて ~에 비해서 平均寿命(へいきんじゅみょう) 평균 수명 延(の)びる 길어지다, 연장되다
背景(はいけい) 배경 医療(いりょう) 의료 技術(ぎじゅつ) 기술 進歩(しんぽ) 진보 大(おお)きい 크다 怪我(けが) 부상
病気(びょうき)になる 병이 나다[들다] ~としても ~라고 해도 治療(ちりょう) 치료 ほとんど 거의, 대부분 そのような 그러한
状況(じょうきょう) 상황 健康(けんこう) 건강 維持(いじ) 유지 長(なが)い 길다 生(い)きる (생존해서) 살다 困難(こんなん)だ 곤란하다
現代(げんだい) 현대 医学(いがく) 의학 発展(はってん) 발전 ~により ~에 의해[따라] 新(あたら)しい 새롭다
治療法(ちりょうほう) 치료법 予防法(よぼうほう) 예방법 普及(ふきゅう)する 보급되다 동사의 기본형+ようになる ~하게(끔) 되다

延(の)び 연장 繋(つな)がる 이어지다, 연결되다 薬(くすり) 약 開発(かいはつ) 개발 以前(いぜん) 전, 이전, 예전
致命的(ちめいてき)だ 치명적이다 病気(びょうき) 병 予防医学(よぼういがく) 예방 의학 早期発見(そうきはっけん) 조기 발견
早期治療(そうきちりょう) 조기 치료 ワクチンを受(う)ける 백신을 맞다 さらには 게다가 知識(ちしき) 지식
명사+の+ための ~을 위한 情報(じょうほう) 정보 より 보다 容易(ようい)だ 용이하다, 손쉽다 知(し)る 알다 これら 이들, 이것들
要因(よういん) 요인 組(く)み合(あ)わさる (두 가지 이상이 모여 한덩어리로) 엮이다, 짜이다, 조합되다

問題1

음원 201

あなたは景品でコーヒーメーカーをもらいましたが、あまりコーヒーが好きではありません。コーヒーが好きな友達にコーヒーメーカーを譲ってください。

답변 준비 시간 : 30秒

応答例

A1 はなちゃん、私この前、景品でコーヒーメーカーをもらったんだけど、実は私あまりコーヒーを飲まないんだ。はなちゃんコーヒー好きだって聞いたから、もしよかったら使ってもらえないかな。

A2 ねえ、前イベント行ったじゃん? そこで福引をやってたから引いてみたの。そしたらなんと2等が当たったんだよ。なんだけど景品でもらったのがコーヒーメーカーだったの。私コーヒー苦手で、使わないの。だから、誰かにあげようかと思っていたんだけど、もらってくれない? いつもコーヒー飲んでるからちょうどいいかなと思ってさ。有名なブランドで、結構値段もするいいものなんだって。どう?

답변 시간 : 40秒 ……終わりです

Q 당신은 경품으로 커피메이커를 받았습니다만, 그다지 커피를 좋아하지 않습니다. 커피를 좋아하는 친구에게 커피메이커를 양도하세요.

A1 하나야, 나 요전에 경품으로 커피메이커를 받았는데, 실은 나 그다지 커피를 마시지 않거든. 하나가 커피 좋아한다고 들어서, 혹시 괜찮으면 써 주지 않을래?

A2 있잖아, 전에 이벤트 갔었잖아? 거기서 제비뽑기를 하고 있어서 뽑아 봤어. 그랬더니 어쩜 2등이 당첨된 거야. 그런데 경품으로 받은 게 커피메이커였어. 나 커피 잘 못 마셔서 안 쓰거든. 그래서 누군가에게 줄까 생각하고 있었는데, 받아 주지 않을래? 항상 커피 마시니까 마침 좋을 것 같다고 생각해서 말이야. 유명한 브랜드고 가격도 꽤 하는 괜찮은 거래. 어때?

☑ CHECK NOTE

경품으로 받은 커피메이커를 친구에게 주려고 하는 상황이다. 두 사람은 친구 사이라는 설정이므로 반말로 답변을 하는 것이 자연스럽다. 커피메이커를 그냥 주겠다고 하는 것보다는 「コーヒー好きだって聞いたから、もしよかったら使ってもらえないかな」(커피 좋아한다고 들어서, 혹시 괜찮으면 써 주지 않을래?), 「いつもコーヒー飲んでるからちょうどいいかなと思って」

(항상 커피 마시니까 마침 좋을 것 같다고 생각해서)처럼 상대방을 배려하는 내용을 덧붙이면 더 좋다. 또한 일본어의 수수동사 표현을 숙지해 두는 것도 중요한데, 내가 상대방에게 해 줄 때는 「〜てあげる」, 상대방이 나에게 해 줄 때는 「〜てくれる」로 구분해서 써야 한다는 점에 주의하자.

어휘 | 景品(けいひん) 경품 コーヒーメーカー 커피메이커 もらう (남에게) 받다 あまり (부정어 수반) 그다지, 별로 好(す)きだ 좋아하다
友達(ともだち) 친구 譲(ゆず)る (희망자에게) 팔다, 양도하다 〜ちゃん (인명 또는 사람을 나타내는 명사에 붙여서) 친근감을 주는 호칭
この前(まえ) 일전, 요전 実(じつ)は 실은 コーヒー 커피 飲(の)む 마시다 好(す)きだ 좋아하다 〜って ①〜라고 ②〜대, 〜래
聞(き)く 듣다 もし 만약, 혹시, 만일 よかったら 괜찮으면 使(つか)う 쓰다, 사용하다
〜てもらえない? (남에게) 〜해 받을 수 없어?, (남이) 〜해 주지 않을래? 〜かな (「〜ないかな」의 형태로) (소망의) 〜하지 않을까?, 〜할 수 없을까? ねえ 있잖아, 저기 *다정하게 말을 걸거나 다짐하거나 할 때 하는 말 イベント 이벤트, 행사
〜じゃん [속어] 〜잖아 *문장 끝에서) 자신의 의견을 강조하거나 힘주어 말할 때 사용하는 표현
福引(ふくびき) 제비뽑기, 추첨으로 경품을 나누어 줌, 또 그 추첨 やる 하다 引(ひ)く 뽑다 そしたら 그렇게 하니까, 그러자
なんと 어쩜 *놀라거나 감탄했을 때 하는 말 〜等(とう) 〜등 当(あ)たる 당첨되다 苦手(にがて)だ 잘 못하다, 질색이다
だから 그래서, 그러니까 誰(だれ)か 누군가 〜てくれない? (남이 나에게) 〜해 주지 않을래? いつも 항상 ちょうど 마침, 딱
いい 좋다 有名(ゆうめい)だ 유명하다 ブランド 브랜드 結構(けっこう) 꽤, 상당히 値段(ねだん) 가격

265

問題2

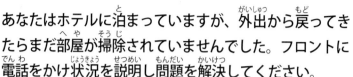

あなたはホテルに泊まっていますが、外出から戻ってきたらまだ部屋が掃除されていませんでした。フロントに電話をかけ状況を説明し問題を解決してください。

음원 202

답변 준비 시간 : 30秒

応答例

A1 もしもし、今日の朝9時頃に、部屋の掃除をお願いしたのですが、今帰って来たらまだ掃除されていなかったです。部屋番号は802です。すみませんが、対応していただけますか。よろしくお願いします。

A2 もしもし、1625号室です。先程3時頃に外出する際に、部屋の掃除を電話でお願いしたのですが、先程戻ってきたらまだ掃除がされていませんでした。チェックインの際にも、掃除が必要だということを伝えていたので、何か手違いがあったのかもしれません。この後の予定もありまして、今日必ず掃除していただけるとありがたいのですが。もしも可能であれば今からでも来ていただけると嬉しいです。どうかよろしくお願いいたします。

답변 시간 : 40秒 ······ 終わりです

Q 당신은 호텔에 묵고 있습니다만, 외출에서 돌아오니 아직 방이 청소되어 있지 않았습니다. 프런트에 전화를 걸어 상황을 설명하고 문제를 해결하세요.

A1 여보세요, 오늘 아침 9시쯤에 방 청소를 부탁했는데요, 지금 돌아오니 아직 청소되어 있지 않았습니다. 방 번호는 802입니다. 죄송합니다만, 대처해 주실 수 있습니까? 잘 부탁합니다.

A2 여보세요, 1625호실입니다. 아까 3시쯤에 외출할 때 방 청소를 전화로 부탁했는데요, 조금 전에 돌아오니 아직 청소가 되어 있지 않았습니다. 체크인 때에도 청소가 필요하다는 것을 전했기 때문에 뭔가 착오가 있었을지도 모릅니다. 이후의 예정도 있어서 오늘 꼭 청소해 주시면 감사하겠습니다만. 만약에 가능하다면 지금부터라도 와 주시면 좋겠습니다. 부디 잘 부탁드립니다.

☑ **CHECK NOTE**

호텔 방에서 프런트에 전화를 걸어 재차 청소를 요청하는 상황이다. 일단 「部屋番号は～です」(방 번호는 ～입니다), 「～号室です」(～호실입니다)처럼 본인이 투숙한 객실을 밝혀야 하는데, 전화나 객실 번호를 말할 때는 숫자를 하나씩 따로 읽는다는 점에 주의한다. 그러고 나서 전화를 건 용건, 즉, 아직 방이 청소되어 있지 않다는 상황을 설명해야 하는데, 「掃除がされていませんでした」(청소가 되어 있지 않았습니다)와 같이 말하면 된다. 이때 청소는 숙소 측에서 해 주어야 하는 것이므로 수동형을 사용하는 것이 자연스럽다. 또한 아직 완료되지 않은 상태이므로 「～ていませんでした」(～해 있지 않았습니다)처럼 말하는 것이 좋다. 부탁할 때는 「～ていただけますか」((남에게) ～해 받을 수 있습니까?, (남이) ～해 주실 수 있습니까?), 「～ていただけるとありがたいのですが」((남에게) ～해 받을 수 있으면 감사하겠습니다만, (남이) ～해 주시면 감사하겠습니다만)처럼 어느 정도 격식 차린 말투를 사용하는 것이 좋다.

266

어휘 | ホテル 호텔 泊(と)まる 묵다, 숙박하다 外出(がいしゅつ) 외출 戻(もど)る 돌아오다 まだ 아직 部屋(へや) 방
掃除(そうじ) 청소 フロント 프런트 電話(でんわ)をかける 전화를 걸다 状況(じょうきょう) 상황 説明(せつめい) 설명
問題(もんだい) 문제 解決(かいけつ) 해결 もしもし 여보세요 *전화할 때 쓰임 今日(きょう) 오늘 朝(あさ) 아침 ～頃(ごろ) ～경, ～쯤
お+동사의 ます형+する[いたす] ～하다, ～해 드리다 *겸양표현 今(いま) 지금 帰(かえ)る 돌아오다
番号(ばんごう) 번호 すみません 죄송합니다 対応(たいおう) 대응, 대처 よろしく 잘 ～号室(ごうしつ) ～호실
先程(さきほど) 아까, 조금 전 *「さっき」보다 공손한 말씨 際(さい) 때 チェックイン 체크인 伝(つた)える 전하다
何(なに)か 무엇인가 手違(てちが)い 착오 ～かもしれない ～일지도 모른다 この後(あと) 이후 予定(よてい) 예정
必(かなら)ず 반드시, 꼭 もしも 만약, 만일의 경우 *「もし」의 힘줌말 可能(かのう)だ 가능하다
～ていただけると嬉(うれ)しい (남에게) ～해 받을 수 있으면 좋겠다, (남이) ～해 주면 좋겠다
どうか 제발, 부디, 아무쪼록 *남에게 공손히 부탁하는 마음을 나타내는 말

LEVEL UP

어휘&표현 ◆ 숙박

ホテル 호텔	旅館(りょかん) (일본의 전통) 여관	ゲストハウス 게스트하우스
予約(よやく) 예약	チェックイン 체크인	チェックアウト 체크아웃
シングルルーム 싱글룸	ツインルーム 트윈룸	ダブルルーム 더블룸
スイートルーム 스위트룸	フロント 프런트	ロビー 로비
鍵(かぎ) 열쇠	朝食(ちょうしょく) 조식	夕食(ゆうしょく) 석식
Wi-Fi(ワイファイ) 와이파이	ルームサービス 룸서비스	ベッドメイキング 침대 세팅

음원 203

あなたは高校の同級生たちと年末にパーティーを開こうと思っていますが、当時の担任だった先生を招待したいです。先生のところへ行って状況を説明しパーティーに招待してください。 답변 준비 시간 : 30秒

応答例

A1 こんにちは、先生。お久しぶりです。実は、年末に同級生たちとパーティーを開く予定なんです。そこで先生にもぜひ参加していただきたくて、伺いました。日時と場所の詳細をお伝えしますので、ぜひご参加いただければと思うのですが、ご都合いかがでしょうか。

A2 岡田先生、お元気でしたか。今お時間よろしいですか。今日は一つお願いがあって伺いました。今度の年末に、3年2組の同級生たちと一緒に同窓会パーティーをすることになったんです。そこで、先生もぜひ招待させていただきたいという意見が出まして、この度招待させていただくことになりました。先生が来てくだされば、みんな本当に喜ぶと思います。一緒に思い出話もできればと思っております。お忙しいとは思うのですが、ご都合がよろしければ、ぜひいらっしゃってください。

답변 시간 : 40秒 …… 終わりです

Q 당신은 고등학교 동급생들과 연말에 파티를 열려고 생각하고 있습니다만, 당시 담임이었던 선생님을 초대하고 싶습니다. 선생님이 계신 곳에 가서 상황을 설명하고 파티에 초대하세요.

A1 안녕하세요, 선생님. 오랜만입니다. 실은 연말에 동급생들과 파티를 열 예정이거든요. 그래서 선생님께서도 꼭 참석해 주셨으면 해서 찾아뵈었습니다. 일시와 장소의 자세한 내용을 전해 드릴 테니 꼭 참석해 주셨으면 하는데 사정이 어떠실까요?

A2 오카다 선생님, 잘 지내셨어요? 지금 시간 괜찮으세요? 오늘은 한 가지 부탁이 있어서 찾아뵈었습니다. 이번 연말에 3학년 2반 동급생들과 함께 동창회 파티를 하게 됐거든요. 그래서 선생님도 꼭 초대하고 싶다는 의견이 나와서, 이번에 초대하게 되었습니다. 선생님께서 와 주시면 다들 정말 기뻐할 거라고 생각합니다. 같이 추억담도 나눌 수 있으면 합니다. 바쁘실 거라고는 생각합니다만, 사정이 괜찮으시면 꼭 와 주세요.

☑ CHECK NOTE

은사님을 찾아뵙고 파티 참석을 부탁드리는 상황이므로, 존경어와 겸양어를 적절하게 사용하는 것이 중요하다. 손윗사람에게 구체적인 날짜와 장소를 일방적으로 통보하는 것은 예의에 어긋나는 행동으로 비춰질 수 있다. 따라서 응답예처럼 일단 대략적인 시기를 말하고 나서 자세한 일정을 조정하는 식으로 권유하는 것이 좋다. 또한 원인이나 이유를 나타낼 때는 동사의 て형을 써서 「~て」로 쓰는 것이 일반적이지만, 손윗사람에게 말할 때는 「意見が出まして」(의견이 나와서)처럼 「~まして」의 형태를 쓰면 좀 더 공손한 표현을 만들 수 있다. 이 표현은 비즈니스 회화나 손윗사람에게 말할 때 자주 사용하므로 잘 익혀 두자.

어휘 | 高校(こうこう) 고등학교 *「高等学校(こうとうがっこう)」의 준말 同級生(どうきゅうせい) 동급생
~たち (사람이나 생물을 나타내는 말에 붙어) ~들 年末(ねんまつ) 연말 パーティー 파티 開(ひら)く 열다, (회의 등을) 개최하다
当時(とうじ) 당시 担任(たんにん) 담임 先生(せんせい) 선생님 招待(しょうたい) 초대 동사의 ます형+たい ~하고 싶다

ところ 장소, 곳 状況(じょうきょう) 상황 こんにちは 안녕하세요 *점심 인사 久(ひさ)しぶりだ 오랜만이다 実(じつ)は 실은
予定(よてい) 예정 そこで 그래서 ぜひ 꼭, 제발, 아무쪼록 参加(さんか) 참가 ~ていただく (남에게) ~해 받다, (남이) ~해 주시다 *「~ても
らう」((남에게) ~해 받다, (남이) ~해 주다)의 겸양표현 伺(うかが)う 찾아뵙다 *「訪(たず)ねる」(방문하다)의 겸양어 日時(にちじ) 일시
場所(ばしょ) 장소 詳細(しょうさい) 상세, 자세하고 세세한 것 お+동사의 ます형+する ~하다, ~해 드리다 *겸양표현
伝(つた)える 전하다 ご+한자 명사+いただく (남에게) ~해 받다, (남이) ~해 주시다 *겸양표현 都合(つごう) 형편, 사정
いかがでしょうか 어떠실지요? *「どうでしょうか」(어떨지요?)의 공손한 표현 元気(げんき)だ 건강하다, 잘 지내다 今(いま) 지금
時間(じかん) 시간 よろしい 좋다, 괜찮다 *「よい」(좋다)의 공손한 표현 一(ひと)つ 하나 願(ねが)い 부탁 今度(こんど) 이번
~年(ねん) ~組(くみ) ~학년 ~반 一緒(いっしょ)に 함께, 같이 同窓会(どうそうかい) 동창회 동사의 기본형+ことになる ~하게 되다
동사의 사역형+ていただく ~하다 *겸양표현 意見(いけん) 의견 出(で)る 나오다 この度(たび) 이번 来(く)る 오다
~てくださる (남이 나에게) ~해 주시다 *「~てくれる」((남이 나에게) ~해 주다)의 존경표현 みんな 모두 喜(よろこ)ぶ 기뻐하다
思(おも)い出話(でばなし) 추억담 ~ておる ~하고 있다 *「~ている」의 겸양표현 忙(いそが)しい 바쁘다 ~とは ~라고는
いらっしゃる 오시다 *「来(く)る」(오다)의 존경어

LEVEL UP

어휘&표현 ◆ 겸양어

자신의 행동을 낮춤으로써 상대방을 높이는 표현을 겸양어라고 한다. 아래 표를 참고하여 연습해 두자.

보통어	겸양어
いる (사람이) 있다	おる (사람이) 있다
行(い)く 가다	参(まい)る 가다
来(く)る 오다	参(まい)る 오다
言(い)う 말하다	申(もう)す・申(もう)し上(あ)げる 말씀드리다
する 하다	いたす 하다
食(た)べる/飲(の)む 먹다/마시다	いただく 먹다/마시다
見(み)る 보다	拝見(はいけん)する 보다
知(し)る 알다	存(ぞん)じる・存(ぞん)じ上(あ)げる 알다
聞(き)く 듣다/묻다	伺(うかが)う 듣다/여쭙다
会(あ)う 만나다	お目(め)にかかる 만나 뵙다
思(おも)う 생각하다	存(ぞん)じる 생각하다
あげる (내가 남에게) 주다	差(さ)し上(あ)げる (내가 남에게) 드리다
もらう (남에게) 받다	いただく (남에게) 받다
訪(たず)ねる 방문하다	伺(うかが)う 찾아뵙다

① ② ③ ④

음원 204

답변 준비 시간 : 30秒

応答例

A1

① 遊園地で女の子がピエロから風船をもらっています。女の子は嬉しそうにしています。女の子のお母さんもその姿を微笑ましく見ています。

② 風船を持っている女の子がソフトクリームを食べようとします。その時、風船を間違って手放してしまいます。風船は空へ飛んでいきました。

③ 持っていた風船が無くなってしまい、女の子は悲しくて泣いてしまいます。風船をあげたピエロもその様子を見ています。

④ ピエロは女の子に、新しい風船で犬の形を作ってあげました。女の子はそれをもらい、とても嬉しそうにしています。お母さんも女の子が元気を取り戻して嬉しいようです。

A2

遊園地にお母さんとその娘が遊びに来ています。女の子は遊園地の中で、ピエロが風船を売っているのを見つけました。女の子は風船が欲しいようです。そこでお母さんは女の子のために一つ風船を買ってあげることにしました。女の子は赤い風船をピエロからもらいます。片方の手で受け取りましたが、もう片方の手にはその前に買ったアイスクリームを持っていました。両手が塞がった状態で、女の子がアイスクリームを食べようとしたその時、持っていた風船を手放してしまいました。風船はみるみるうちに空高く飛んでいき、取り戻すことはできなくなってしまいました。女の子は欲しかった風船が遠くに飛んで行ったのを見て、泣き出してしまいます。お母さんも泣いている女の子を見て、どうしていいかわからない状態です。そしてその様子をピエロも

気_き付_づき、驚_{おどろ}いたような顔_{かお}で女_{おんな}の子_この方_{ほう}を見_みています。ピエロは泣_ないている女_{おんな}の子_このために、何_{なに}かをしてあげることにしました。ピエロは新_{あたら}しい棒_{ぼう}型_{がた}の風船_{ふうせん}を取_とり出_だして、それで犬_{いぬ}の形_{かたち}を作_{つく}りました。そしてその新_{あたら}しい風船_{ふうせん}を女_{おんな}の子_こにプレゼントしてあげました。女_{おんな}の子_こはそれを受_うけ取_とり、嬉_{うれ}しかったのか泣_なき止_やみました。にこにこしている女_{おんな}の子_こを見_みて、お母_{かあ}さんもピエロもほっとして、微笑_{ほほえ}ましく見_みています。

답변 시간 : 90秒 ······ 終わりです

A1

① 유원지에서 여자아이가 피에로에게서 풍선을 받고 있습니다. 여자아이는 기뻐하는 것 같습니다. 여자아이의 어머니도 그 모습을 흐뭇하게 보고 있습니다.

② 풍선을 들고 있는 여자아이가 소프트 아이스크림을 먹으려고 합니다. 그때 풍선을 잘못해서 놓쳐 버립니다. 풍선은 하늘로 날아갔습니다.

③ 들고 있던 풍선이 없어져 버려서 여자아이는 슬퍼서 울고 맙니다. 풍선을 줬던 피에로도 그 모습을 보고 있습니다.

④ 피에로는 여자아이에게 새 풍선으로 개 모양을 만들어 주었습니다. 여자아이는 그것을 받고 매우 기뻐하는 것 같습니다. 어머니도 여자아이가 활기를 되찾아서 기뻐하는 것 같습니다.

A2

유원지에 어머니와 그 딸이 놀러 와 있습니다. 여자아이는 유원지 안에서 피에로가 풍선을 팔고 있는 것을 발견했습니다. 여자아이는 풍선이 갖고 싶은 것 같습니다. 그래서 어머니는 여자아이를 위해서 풍선 하나를 사 주기로 했습니다. 여자아이는 빨간 풍선을 피에로에게 받습니다. 한 손으로 받았는데 이미 다른 손에는 그 전에 산 아이스크림을 들고 있었습니다. 두 손을 쓸 수 없는 상태에서 여자아이가 아이스크림을 먹으려고 한 그때, 들고 있던 풍선을 놓쳐 버렸습니다. 풍선은 순식간에 하늘 높이 날아갔고, 되찾을 수는 없게 되어 버렸습니다. 여자아이는 갖고 싶었던 풍선이 멀리 날아간 것을 보고 울음을 터뜨리고 맙니다. 어머니도 울고 있는 여자아이를 보고 어쩔 줄 모르는 상태입니다. 그리고 그 모습을 피에로도 알아채고, 놀란 듯한 얼굴로 여자아이 쪽을 보고 있습니다. 피에로는 울고 있는 여자아이를 위해서 뭔가를 해 주기로 했습니다. 피에로는 새로운 막대형 풍선을 꺼내 그것으로 개 모양을 만들었습니다. 그리고 그 새로운 풍선을 여자아이에게 선물해 주었습니다. 여자아이는 그것을 받고 기뻤는지 울음을 그쳤습니다. 싱글벙글하고 있는 여자아이를 보고 어머니도 피에로도 안심하고 흐뭇하게 보고 있습니다.

☑ CHECK NOTE

제7부에서 높은 점수를 받기 위해서는, 그림에서 포인트가 되는 장면을 놓치지 않고 설명해서 답변이 기승전결로 마무리되도록 해야 한다. 먼저 그림을 보고 각각 어떤 상황인지 정리한 다음 적절한 명사와 형용사, 동사 등을 연결해서 스토리를 구상하도록 하자. 응답예 1처럼 그림을 따로 설명해도 되고, 응답예 2처럼 연속된 이야기로 말해도 된다.

어휘 | 遊園地(ゆうえんち) 유원지　女(おんな)の子(こ) 여자아이　ピエロ 피에로, 어릿광대　風船(ふうせん) 풍선　もらう (남에게) 받다　嬉(うれ)しい 기쁘다　い형용사의 어간+そうにする 〜인 것 같다. 〜인 듯한 상태로 보이다　姿(すがた) 모습　微笑(ほほえ)ましい 흐뭇하다　見(み)る 보다　持(も)つ 가지다, 들다　ソフトクリーム 소프트 아이스크림　食(た)べる 먹다　동사의 의지형+とする 〜하려고 하다　その時(とき) 그때　間違(まちが)う 잘못하다　手放(てばな)す 손을 놓다　空(そら) 하늘　飛(と)ぶ 날다　無(な)くなる 없어지다　悲(かな)しい 슬프다　泣(な)く 울다　あげる (내가 남에게) 주다　様子(ようす) 모습　新(あたら)しい 새롭다　犬(いぬ) 개, 강아지　形(かたち) 모양　作(つく)る 만들다　〜てあげる (내가 남에게, 남이 남에게) 〜해 주다　元気(げんき) 활기　取(と)り戻(もど)す 되찾다, 회복하다　〜ようだ 〜인 것 같다　娘(むすめ) 딸　遊(あそ)ぶ 놀다　동사의 ます형+に 〜하러 *동작의 목적　中(なか) 안, 속　売(う)る 팔다　見(み)つける 찾(아내)다, 발견하다　欲(ほ)しい 원하다, 갖고 싶다　そこで 그래서　명사+の+ために 〜을 위해서　買(か)う 사다　동사의 보통형+ことにする 〜하기로 하다　赤(あか)い 빨갛다　片方(かたほう) 한쪽　手(て) 손　受(う)け取(と)る 받다, 수취하다　もう 이미　アイスクリーム 아이스크림　両手(りょうて) 양손　塞(ふさ)がる 다른 곳에 쓰이고 있어 쓸 수 없다　状態(じょうたい) 상태　みるみるうちに 순식간에　空高(そらたか)く 하늘 높이

271

遠(とお)くに 멀리 泣(な)き出(だ)す 울기 시작하다, 울음을 터뜨리다 どうしていいかわからない 어쩔 줄 모르다
気付(きづ)く 깨닫다, 알아차리다 驚(おどろ)く 놀라다 顔(かお) 얼굴 何(なに)か 무엇인가, 뭔가 棒型(ぼうがた) 막대형
取(と)り出(だ)す 꺼내다 プレゼント 선물 泣(な)き止(や)む 울음을 그치다 にこにこ 싱글벙글 ほっとする 안심하다

SJPT®
기출
문제집

YBM 일본어연구소 저

문제집

목차

기출문제 **01**   - 4

기출문제 **02**   - 14

기출문제 **03**   - 24

기출문제 **04**   - 34

기출문제 **05**   - 44

기출문제 **06**   - 54

기출문제

01

SJPT® 일본어 말하기 시험

Spoken Japanese Proficiency Test

口述日本語能力試験

これはYBMが開発した口述日本語能力試験です。

음원 1

この試験は口述日本語を聞き取り、その内容に適切な日本語で応答する能力を検査するものです。すべての問題にできるだけ詳しく答えてください。単語による応答ではなく、完全な文で応答するようにしてください。応答は発信音が聞こえたら始めてください。日本語能力を正しく判断するため、時間内でできるだけたくさん話してください。では、始めます。

第1部　自己紹介

음원 2 ｜ 동영상 1

ここでは、4つの質問について答えてください。発信音の後の応答時間は10秒です。

問題 1. お名前は何とおっしゃいますか。

発信音 _____ (10秒) _____ 終わりです。

問題 2. どこに住んでいますか。

発信音 _____ (10秒) _____ 終わりです。

問題 3. 誕生日はいつですか。

発信音 _____ (10秒) _____ 終わりです。

問題 4. 趣味は何ですか。

発信音 _____ (10秒) _____ 終わりです。

음원 3

ここでは、絵を見ながら、質問について答えてください。問題は4つあります。
発信音の後の応答時間は6秒です。

問題1. 　(3秒) 発信音 ＿＿＿＿＿＿＿(6秒)＿＿＿＿＿＿＿ 終わりです。

問題2. 　(3秒) 発信音 ＿＿＿＿＿＿＿(6秒)＿＿＿＿＿＿＿ 終わりです。

問題3. 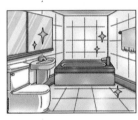　(3秒) 発信音 ＿＿＿＿＿＿＿(6秒)＿＿＿＿＿＿＿ 終わりです。

問題4. 　(3秒) 発信音 ＿＿＿＿＿＿＿(6秒)＿＿＿＿＿＿＿ 終わりです。

第3部　敏速な応答

음원 4 | 동영상 2

この問題は、短い対話形式で行われます。問題は5つあります。場面を表す絵を見ながら、相手の話を聞いてください。発信音がなったら、相手の言ったことに対して返答してください。発信音の後の応答時間は15秒です。

問題1.

（2秒）発信音　＿＿＿＿＿＿＿（15秒）＿＿＿＿＿＿　終わりです。

問題2.

（2秒）発信音　＿＿＿＿＿＿＿（15秒）＿＿＿＿＿＿　終わりです。

問題3.

（2秒）発信音　＿＿＿＿＿＿＿（15秒）＿＿＿＿＿＿　終わりです。

問題4.

（2秒）発信音　＿＿＿＿＿＿＿（15秒）＿＿＿＿＿＿　終わりです。

問題5.

（2秒）発信音　＿＿＿＿＿＿＿（15秒）＿＿＿＿＿＿　終わりです。

ここでは、身近な話題の質問について答えてください。問題は5つあります。発信音の後の応答時間は25秒です。

問題 1. あなたは買い物をする時、一人でするのと友達とするのとどちらが好きですか。簡単に説明してください。

    (15秒) 発信音 ＿＿＿＿＿＿＿＿＿＿＿＿ (25秒) ＿＿＿＿＿＿＿＿＿ 終わりです。

問題 2. あなたが一週間のうちで一番疲れを感じる時はいつですか。簡単に説明してください。

    (15秒) 発信音 ＿＿＿＿＿＿＿＿＿＿＿＿ (25秒) ＿＿＿＿＿＿＿＿＿ 終わりです。

問題 3. あなたは年末年始に必ずやっていることがありますか。簡単に説明してください。

    (15秒) 発信音 ＿＿＿＿＿＿＿＿＿＿＿＿ (25秒) ＿＿＿＿＿＿＿＿＿ 終わりです。

問題 4. あなたは服をクリーニングに出すことが多いですか。簡単に説明してください。

    (15秒) 発信音 ＿＿＿＿＿＿＿＿＿＿＿＿ (25秒) ＿＿＿＿＿＿＿＿＿ 終わりです。

問題 5. あなたは映画の試写会に行ったことがありますか。簡単に説明してください。

    (15秒) 発信音 ＿＿＿＿＿＿＿＿＿＿＿＿ (25秒) ＿＿＿＿＿＿＿＿＿ 終わりです。

第5部　長い応答

ここでは、様々な話題の質問についてあなたの意見を述べてください。
問題は4つあります。発信音の後の応答時間は50秒です。

問題1. あなたは大学の卒業が就職に有利に働くと思いますか。あなたの考えを話してください。

（30秒）発信音 ＿＿＿＿＿＿＿＿＿＿（50秒）＿＿＿＿＿＿＿＿＿ 終わりです。

問題2. 最近外見に気を使っている男性が増えていますが、あなたはこのことについてどう思いますか。あなたの考えを話してください。

（30秒）発信音 ＿＿＿＿＿＿＿＿＿＿（50秒）＿＿＿＿＿＿＿＿＿ 終わりです。

問題3. 街で外国語で書かれた看板をよく見かけますが、あなたはこのような外国語の使われ方についてどう思いますか。あなたの考えを話してください。

（30秒）発信音 ＿＿＿＿＿＿＿＿＿＿（50秒）＿＿＿＿＿＿＿＿＿ 終わりです。

問題4. 子供たちに小遣い帳を付けさせている親がいますが、小遣い帳を付けることのメリットは何だと思いますか。あなたの考えを話してください。

（30秒）発信音 ＿＿＿＿＿＿＿＿＿＿（50秒）＿＿＿＿＿＿＿＿＿ 終わりです。

第6部 場面設定

この問題は、場面設定が絵と説明文で示されます。場面の状況に応じて話してください。問題は3つあります。発信音の後の応答時間は40秒です。

音源 7 | 동영상 5

問題1.

あなたは友達にスキーに行こうと誘われましたが、風邪を引いてしまい具合がよくありません。友達に電話をかけ状況を説明しうまく断ってください。

(30秒) 発信音 ＿＿＿＿＿＿ (40秒) ＿＿＿＿＿ 終わりです。

問題2.

あなたは飲食店で食事を済ませて靴を履こうとしましたが、靴がありませんでした。店の人に状況を説明し問題を解決してください。

(30秒) 発信音 ＿＿＿＿＿ (40秒) ＿＿＿＿＿ 終わりです。

問題3.

あなたは学校の美術部の部員ですが、来月の初旬に作品の展示会を控えています。卒業した先輩に展示会の日程について説明し招待してください。

(30秒) 発信音 ＿＿＿＿＿ (40秒) ＿＿＿＿＿ 終わりです。

第7部　連続した絵

ここでは、連続した4つの絵を描写します。絵を見た後に、その絵のストーリーを説明してください。まず、次の4つの絵を見てください。(30秒)

①
②
③
④

では、今からこの連続した4つの絵にどんなことが描かれているか説明してください。発信音の後の応答時間は90秒です。

(2秒) 発信音 _____ (90秒) _____ 終わりです。

これでテストは終了です。どうもお疲れ様でした。

기출
문제

02

SJPT® 일본어 말하기 시험

Spoken Japanese Proficiency Test

口述日本語能力試験

これはYBMが開発した口述日本語能力試験です。

음원 9

この試験は口述日本語を聞き取り、その内容に適切な日本語で応答する能力を検査するものです。すべての問題にできるだけ詳しく答えてください。単語による応答ではなく、完全な文で応答するようにしてください。応答は発信音が聞こえたら始めてください。日本語能力を正しく判断するため、時間内でできるだけたくさん話してください。では、始めます。

第1部　自己紹介

ここでは、4つの質問について答えてください。発信音の後の応答時間は10秒です。

음원 10

問題1.　お名前は何とおっしゃいますか。

　　　発信音 _____(10秒)_____ 終わりです。

問題2.　どこに住んでいますか。

　　　発信音 _____(10秒)_____ 終わりです。

問題3.　誕生日はいつですか。

　　　発信音 _____(10秒)_____ 終わりです。

問題4.　趣味は何ですか。

　　　発信音 _____(10秒)_____ 終わりです。

음원 11

ここでは、絵を見ながら、質問について答えてください。問題は4つあります。
発信音の後の応答時間は6秒です。

問題1.  （3秒）発信音 _____（6秒）_____ 終わりです。

問題2.  （3秒）発信音 _____（6秒）_____ 終わりです。

問題3.  （3秒）発信音 _____（6秒）_____ 終わりです。

問題4.  （3秒）発信音 _____（6秒）_____ 終わりです。

第3部 敏速な応答

この問題は、短い対話形式で行われます。問題は5つあります。 場面を表す絵を見ながら、相手の話を聞いてください。 発信音がなったら、相手の言ったことに対して返答してください。 発信音の後の応答時間は15秒です。

問題1. 　　　(2秒) 発信音 ＿＿＿＿＿＿(15秒)＿＿＿＿＿＿ 終わりです。

問題2. 　　　(2秒) 発信音 ＿＿＿＿＿＿(15秒)＿＿＿＿＿＿ 終わりです。

問題3. 　　　(2秒) 発信音 ＿＿＿＿＿＿(15秒)＿＿＿＿＿＿ 終わりです。

問題4. 　　　(2秒) 発信音 ＿＿＿＿＿＿(15秒)＿＿＿＿＿＿ 終わりです。

問題5. 　　　(2秒) 発信音 ＿＿＿＿＿＿(15秒)＿＿＿＿＿＿ 終わりです。

第4部　短い応答

ここでは、身近な話題の質問について答えてください。問題は5つあります。
発信音の後の応答時間は25秒です。

問題 1.　あなたは美容院によく行きますか。簡単に説明してください。

　　　　　（15秒）発信音 ＿＿＿＿＿＿＿＿＿＿（25秒）＿＿＿＿＿＿＿＿＿　終わりです。

問題 2.　あなたが最近旅行に行ったのはいつですか。簡単に説明してください。

　　　　　（15秒）発信音 ＿＿＿＿＿＿＿＿＿＿（25秒）＿＿＿＿＿＿＿＿＿　終わりです。

問題 3.　あなたは休日に家で休むことと出かけることのうち、どちらの方が好きですか。簡単に
　　　　　説明してください。

　　　　　（15秒）発信音 ＿＿＿＿＿＿＿＿＿＿（25秒）＿＿＿＿＿＿＿＿＿　終わりです。

問題 4.　あなたは良いことがあったら一番に誰に知らせたいですか。簡単に説明してください。

　　　　　（15秒）発信音 ＿＿＿＿＿＿＿＿＿＿（25秒）＿＿＿＿＿＿＿＿＿　終わりです。

問題 5.　あなたは中古の本を買ったことがありますか。簡単に説明してください。

　　　　　（15秒）発信音 ＿＿＿＿＿＿＿＿＿＿（25秒）＿＿＿＿＿＿＿＿＿　終わりです。

第5部 長い応答

음원 14

ここでは、様々な話題の質問についてあなたの意見を述べてください。問題は4つあります。発信音の後の応答時間は50秒です。

問題1. あなたは結婚をする時、親から経済的に支援を受けることについてどう思いますか。あなたの考えを話してください。

（30秒）発信音 _____（50秒）_____ 終わりです。

問題2. ある国では10代の青少年が車の運転をすることが認められていますが、あなたはこのことについて賛成ですか、反対ですか。あなたの考えを話してください。

（30秒）発信音 _____（50秒）_____ 終わりです。

問題3. オリンピックのような国際イベントを開催することのメリットは何だと思いますか。あなたの考えを話してください。

（30秒）発信音 _____（50秒）_____ 終わりです。

問題4. 大学に入学する時と卒業する時、どちらの条件を難しくする方が、大学での教育において学習成果が見込まれると思いますか。あなたの考えを話してください。

（30秒）発信音 _____（50秒）_____ 終わりです。

音源 15

この問題は、場面設定が絵と説明文で示されます。場面の状況に応じて話してください。問題は3つあります。発信音の後の応答時間は40秒です。

問題1.

あなたは道に迷った子犬を見つけましたが、見ると首輪に飼い主の電話番号が書いてありました。飼い主に電話をかけ状況を説明し待ち合わせの場所と時間を決めてください。

(30秒) 発信音 ＿＿＿＿＿＿＿＿ (40秒) ＿＿＿＿＿＿＿＿ 終わりです。

問題2.

あなたは友達に今夜一緒に映画を見に行こうと誘われましたが、すでに見た映画です。友達に状況を説明し他のことをするように提案してください。

(30秒) 発信音 ＿＿＿＿＿＿＿＿ (40秒) ＿＿＿＿＿＿＿＿ 終わりです。

問題3.

あなたはアルバイトをする予定の日に面接が入りましたが、店長にスケジュールを調整してもらい無事に面接を受けることができました。店長にお礼を言ってください。

(30秒) 発信音 ＿＿＿＿＿＿＿＿ (40秒) ＿＿＿＿＿＿＿＿ 終わりです。

第7部 　連続した絵

ここでは、連続した4つの絵を描写します。絵を見た後に、その絵のストーリーを説明してください。まず、次の4つの絵を見てください。 (30秒)

① ② ③ ④

では、今からこの連続した4つの絵にどんなことが描かれているか説明してください。発信音の後の応答時間は90秒です。

(2秒) 発信音 _____ (90秒) _____ 終わりです。

これでテストは終了です。どうもお疲れ様でした。

기출
문제

03

SJPT® 일본어 말하기 시험

Spoken Japanese Proficiency Test

口述日本語能力試験

音源 17

これはYBMが開発した口述日本語能力試験です。

この試験は口述日本語を聞き取り、その内容に適切な日本語で応答する能力を検査するものです。すべての問題にできるだけ詳しく答えてください。単語による応答ではなく、完全な文で応答するようにしてください。応答は発信音が聞こえたら始めてください。日本語能力を正しく判断するため、時間内でできるだけたくさん話してください。では、始めます。

第1部　自己紹介

음원 18

ここでは、4つの質問について答えてください。発信音の後の応答時間は10秒です。

問題 1.　お名前は何とおっしゃいますか。

発信音 _____ (10秒) _____ 終わりです。

問題 2.　どこに住んでいますか。

発信音 _____ (10秒) _____ 終わりです。

問題 3.　誕生日はいつですか。

発信音 _____ (10秒) _____ 終わりです。

問題 4.　趣味は何ですか。

発信音 _____ (10秒) _____ 終わりです。

第2部　簡単な応答

ここでは、絵を見ながら、質問について答えてください。問題は4つあります。
発信音の後の応答時間は6秒です。

問題1. 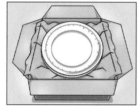 （3秒）発信音 _____（6秒）_____ 終わりです。

問題2.  （3秒）発信音 _____（6秒）_____ 終わりです。

問題3.  （3秒）発信音 _____（6秒）_____ 終わりです。

問題4.  （3秒）発信音 _____（6秒）_____ 終わりです。

第3部 敏速な応答

음원 20

この問題は、短い対話形式で行われます。問題は5つあります。 場面を表す絵を見ながら、相手の話を聞いてください。 発信音がなったら、相手の言ったことに対して返答してください。 発信音の後の応答時間は15秒です。

問題 1.

(2秒) 発信音 _____(15秒)_____ 終わりです。

問題 2.

(2秒) 発信音 _____(15秒)_____ 終わりです。

問題 3.

(2秒) 発信音 _____(15秒)_____ 終わりです。

問題 4.

(2秒) 発信音 _____(15秒)_____ 終わりです。

問題 5.

(2秒) 発信音 _____(15秒)_____ 終わりです。

음원 21

ここでは、身近な話題の質問について答えてください。問題は5つあります。
発信音の後の応答時間は25秒です。

問題 1.　あなたは最近手紙を書いたことがありますか。簡単に説明してください。

　　　　　（15秒）発信音 ＿＿＿＿＿＿＿（25秒）＿＿＿＿＿＿＿ 終わりです。

問題 2.　あなたはインターネットをする時、携帯電話とパソコンのうちどちらをよく利用します
　　　　　か。簡単に説明してください。

　　　　　（15秒）発信音 ＿＿＿＿＿＿＿（25秒）＿＿＿＿＿＿＿ 終わりです。

問題 3.　あなたが旅行に行くのに良いと思う時期はいつですか。簡単に説明してください。

　　　　　（15秒）発信音 ＿＿＿＿＿＿＿（25秒）＿＿＿＿＿＿＿ 終わりです。

問題 4.　あなたは小説をよく読む方ですか。簡単に説明してください。

　　　　　（15秒）発信音 ＿＿＿＿＿＿＿（25秒）＿＿＿＿＿＿＿ 終わりです。

問題 5.　あなたの家から最も近い公共交通機関は何ですか。簡単に説明してください。

　　　　　（15秒）発信音 ＿＿＿＿＿＿＿（25秒）＿＿＿＿＿＿＿ 終わりです。

第5部 長い応答

音源 22

ここでは、様々な話題の質問についてあなたの意見を述べてください。問題は4つあります。発信音の後の応答時間は50秒です。

問題 1. 中高生が学校の授業のほかに塾に通うなどして勉強することが学業に良い影響を与えると思いますか。あなたの考えを話してください。

(30秒) 発信音 _____ (50秒) _____ 終わりです。

問題 2. 大家族に比べて核家族の長所と短所には何があると思いますか。あなたの考えを話してください。

(30秒) 発信音 _____ (50秒) _____ 終わりです。

問題 3. 路上に設置するごみ箱の数を今より増やすべきだという意見がありますが、あなたはこの意見に同意しますか。あなたの考えを話してください。

(30秒) 発信音 _____ (50秒) _____ 終わりです。

問題 4. レストランやホテルなどで従業員にチップをあげる慣習のある国がありますが、あなたはこの慣習についてどう思いますか。あなたの考えを話してください。

(30秒) 発信音 _____ (50秒) _____ 終わりです。

第6部 場面設定

음원 23

この問題は、場面設定が絵と説明文で示されます。場面の状況に応じて話して
ください。問題は3つあります。発信音の後の応答時間は40秒です。

問題 1.

あなたは最近野球に興味が湧き試合を見てみたいと思ってい
ますが、ゲームのルールがよくわかりません。野球好きの友
達に電話をかけ一緒に行ってもらえるように誘ってください。

(30秒) 発信音 _____ (40秒) _____ 終わりです。

問題 2.

あなたは図書館で勉強をしていますが、隣の席に座っている人
のイヤホンの音が大きくて勉強に集中できません。その人に状
況を説明し問題を解決してください。

(30秒) 発信音 _____ (40秒) _____ 終わりです。

問題 3.

あなたは大学を卒業してから日本で就職をしたいです。日本
で働いたことのある先輩にアドバイスを求めてください。

(30秒) 発信音 _____ (40秒) _____ 終わりです。

第7部 連続した絵

ここでは、連続した4つの絵を描写します。絵を見た後に、その絵のストーリー を説明してください。まず、次の4つの絵を見てください。（30秒）

음원 24

① 　② 　③ 　④

では、今からこの連続した4つの絵にどんなことが描かれているか説明してください。発信音の 後の応答時間は90秒です。

(2秒) 発信音 ＿＿＿＿＿＿＿＿＿＿＿＿＿＿＿（90秒）＿＿＿＿＿＿＿＿＿＿＿＿＿＿ 終わりです。

これでテストは終了です。どうもお疲れ様でした。

기출
문제

04

SJPT® 일본어 말하기 시험

Spoken Japanese Proficiency Test

口述日本語能力試験

これはYBMが開発した口述日本語能力試験です。

この試験は口述日本語を聞き取り、その内容に適切な日本語で応答する能力を検査するものです。すべての問題にできるだけ詳しく答えてください。単語による応答ではなく、完全な文で応答するようにしてください。応答は発信音が聞こえたら始めてください。日本語能力を正しく判断するため、時間内でできるだけたくさん話してください。では、始めます。

第1部　自己紹介

ここでは、4つの質問について答えてください。発信音の後の応答時間は10秒
です。

問題1.　お名前は何とおっしゃいますか。

　　　　発信音 ＿＿＿＿＿＿＿＿＿＿＿＿(10秒)＿＿＿＿＿＿＿＿＿＿＿ 終わりです。

問題2.　どこに住んでいますか。

　　　　発信音 ＿＿＿＿＿＿＿＿＿＿＿＿(10秒)＿＿＿＿＿＿＿＿＿＿＿ 終わりです。

問題3.　誕生日はいつですか。

　　　　発信音 ＿＿＿＿＿＿＿＿＿＿＿＿(10秒)＿＿＿＿＿＿＿＿＿＿＿ 終わりです。

問題4.　趣味は何ですか。

　　　　発信音 ＿＿＿＿＿＿＿＿＿＿＿＿(10秒)＿＿＿＿＿＿＿＿＿＿＿ 終わりです。

問題1. 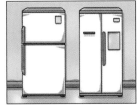 (3秒) 発信音 _____(6秒)_____ 終わりです。

問題2.  (3秒) 発信音 _____(6秒)_____ 終わりです。

問題3.  (3秒) 発信音 _____(6秒)_____ 終わりです。

問題4.  (3秒) 発信音 _____(6秒)_____ 終わりです。

第3部 敏速な応答

この問題は、短い対話形式で行われます。問題は5つあります。 場面を表す絵を見ながら、相手の話を聞いてください。 発信音がなったら、相手の言ったことに対して返答してください。 発信音の後の応答時間は15秒です。

音源 28

問題1.  （2秒）発信音 ＿＿＿＿＿＿＿（15秒）＿＿＿＿＿＿＿ 終わりです。

問題2.  （2秒）発信音 ＿＿＿＿＿＿＿（15秒）＿＿＿＿＿＿＿ 終わりです。

問題3.  （2秒）発信音 ＿＿＿＿＿＿＿（15秒）＿＿＿＿＿＿＿ 終わりです。

問題4.  （2秒）発信音 ＿＿＿＿＿＿＿（15秒）＿＿＿＿＿＿＿ 終わりです。

問題5.  （2秒）発信音 ＿＿＿＿＿＿＿（15秒）＿＿＿＿＿＿＿ 終わりです。

음원 29

ここでは、身近な話題の質問について答えてください。問題は5つあります。
発信音の後の応答時間は25秒です。

問題1. あなたはギターを習ったことがありますか。簡単に説明してください。

（15秒）発信音 ＿＿＿＿＿＿＿＿＿＿＿（25秒）＿＿＿＿＿＿＿＿＿＿＿ 終わりです。

問題2. あなたは外国の料理の中でどんな料理が好きですか。簡単に説明してください。

（15秒）発信音 ＿＿＿＿＿＿＿＿＿＿＿（25秒）＿＿＿＿＿＿＿＿＿＿＿ 終わりです。

問題3. あなたは週に何回ぐらい掃除をしますか。簡単に説明してください。

（15秒）発信音 ＿＿＿＿＿＿＿＿＿＿＿（25秒）＿＿＿＿＿＿＿＿＿＿＿ 終わりです。

問題4. あなたは宝くじが当たったらお金を何に使いたいですか。簡単に説明してください。

（15秒）発信音 ＿＿＿＿＿＿＿＿＿＿＿（25秒）＿＿＿＿＿＿＿＿＿＿＿ 終わりです。

問題5. あなたが最近、目標を達成して嬉しかったことは何ですか。簡単に説明してください。

（15秒）発信音 ＿＿＿＿＿＿＿＿＿＿＿（25秒）＿＿＿＿＿＿＿＿＿＿＿ 終わりです。

第5部 長い応答

ここでは、様々な話題の質問についてあなたの意見を述べてください。問題は
4つあります。発信音の後の応答時間は50秒です。

問題 1. 昔と比べて最近街に公衆電話が無くなっているという現象についてどう思いますか。あ
なたの考えを話してください。

　　(30秒) 発信音 ＿＿＿＿＿＿＿＿＿＿＿ (50秒) ＿＿＿＿＿＿＿＿＿＿ 終わりです。

問題 2. インターネットバンキングが普及するにつれて通帳は不要だという意見がありますが、
あなたはこれについてどう思いますか。あなたの考えを話してください。

　　(30秒) 発信音 ＿＿＿＿＿＿＿＿＿＿＿ (50秒) ＿＿＿＿＿＿＿＿＿＿ 終わりです。

問題 3. 通勤の時、数人が一つの車に乗って同じ目的地まで相乗りして移動する長所には何があ
ると思いますか。あなたの考えを話してください。

　　(30秒) 発信音 ＿＿＿＿＿＿＿＿＿＿＿ (50秒) ＿＿＿＿＿＿＿＿＿＿ 終わりです。

問題 4. 医療サービスを受ける目的で外国に行く医療観光は、受け入れる国にどのような影響を
与えると思いますか。あなたの考えを話してください。

　　(30秒) 発信音 ＿＿＿＿＿＿＿＿＿＿＿ (50秒) ＿＿＿＿＿＿＿＿＿＿ 終わりです。

第6部 場面設定

この問題は、場面設定が絵と説明文で示されます。場面の状況に応じて話してください。問題は3つあります。発信音の後の応答時間は40秒です。

問題 1.

あなたは新聞を購読していますが、最近引っ越しをして住所を変更したにもかかわらずここ数日間新聞が届いていません。新聞の販売店に電話をかけ状況を説明し問題を解決してください。

(30秒) 発信音 _____ (40秒) _____ 終わりです。

問題 2.

あなたは今週末友達に登山に誘われました。しかし、あなたは来週重要な試験を控えていて行けそうにありません。友達に事情を説明しうまく断ってください。

(30秒) 発信音 _____ (40秒) _____ 終わりです。

問題 3.

あなたは来月から人事異動のため、日本で働くことになりました。今までお世話になっていた上司に感謝の気持ちを伝えてください。

(30秒) 発信音 _____ (40秒) _____ 終わりです。

第7部　連続した絵

ここでは、連続した4つの絵を描写します。絵を見た後に、その絵のストーリーを説明してください。まず、次の4つの絵を見てください。 (30秒)

① 　② 　③ 　④

では、今からこの連続した4つの絵にどんなことが描かれているか説明してください。発信音の後の応答時間は90秒です。

(2秒) 発信音 _____ (90秒) _____ 終わりです。

これでテストは終了です。どうもお疲れ様でした。

기출
문제

05

SJPT® 일본어 말하기 시험

Spoken Japanese Proficiency Test

口述日本語能力試験

これはYBMが開発した口述日本語能力試験です。

음원 33

この試験は口述日本語を聞き取り、その内容に適切な日本語で応答する能力を検査するものです。すべての問題にできるだけ詳しく答えてください。単語による応答ではなく、完全な文で応答するようにしてください。応答は発信音が聞こえたら始めてください。日本語能力を正しく判断するため、時間内でできるだけたくさん話してください。では、始めます。

第1部　自己紹介

音源 34

ここでは、4つの質問について答えてください。発信音の後の応答時間は10秒です。

問題 1.　お名前は何とおっしゃいますか。

　　　　発信音 ＿＿＿＿＿＿＿＿＿＿（10秒）＿＿＿＿＿＿＿＿＿ 終わりです。

問題 2.　どこに住んでいますか。

　　　　発信音 ＿＿＿＿＿＿＿＿＿＿（10秒）＿＿＿＿＿＿＿＿＿ 終わりです。

問題 3.　誕生日はいつですか。

　　　　発信音 ＿＿＿＿＿＿＿＿＿＿（10秒）＿＿＿＿＿＿＿＿＿ 終わりです。

問題 4.　趣味は何ですか。

　　　　発信音 ＿＿＿＿＿＿＿＿＿＿（10秒）＿＿＿＿＿＿＿＿＿ 終わりです。

기출문제 05

ここでは、絵を見ながら、質問について答えてください。問題は4つあります。
発信音の後の応答時間は6秒です。

音源 35

問題 1.　　　　（3秒）発信音 ＿＿＿＿＿＿＿（6秒）＿＿＿＿＿＿＿ 終わりです。

問題 2.　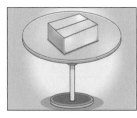　　　（3秒）発信音 ＿＿＿＿＿＿＿（6秒）＿＿＿＿＿＿＿ 終わりです。

問題 3.　　　　（3秒）発信音 ＿＿＿＿＿＿＿（6秒）＿＿＿＿＿＿＿ 終わりです。

問題 4.　　　　（3秒）発信音 ＿＿＿＿＿＿＿（6秒）＿＿＿＿＿＿＿ 終わりです。

第3部　敏速な応答

音원 36

この問題は、短い対話形式で行われます。問題は5つあります。場面を表す絵を見ながら、相手の話を聞いてください。発信音がなったら、相手の言ったことに対して返答してください。発信音の後の応答時間は15秒です。

問題 1.  （2秒）発信音 ＿＿＿＿＿＿（15秒）＿＿＿＿＿＿ 終わりです。

기출문제

05

問題 2.  （2秒）発信音 ＿＿＿＿＿＿（15秒）＿＿＿＿＿＿ 終わりです。

問題 3.  （2秒）発信音 ＿＿＿＿＿＿（15秒）＿＿＿＿＿＿ 終わりです。

問題 4.  （2秒）発信音 ＿＿＿＿＿＿（15秒）＿＿＿＿＿＿ 終わりです。

問題 5.  （2秒）発信音 ＿＿＿＿＿＿（15秒）＿＿＿＿＿＿ 終わりです。

ここでは、身近な話題の質問について答えてください。問題は5つあります。
発信音の後の応答時間は25秒です。

問題 1. あなたは最近どんなジャンルの音楽を聞いていますか。簡単に説明してください。

(15秒) 発信音 _____ (25秒) _____ 終わりです。

問題 2. あなたは写真展に行ったことがありますか。簡単に説明してください。

(15秒) 発信音 _____ (25秒) _____ 終わりです。

問題 3. あなたは普段昼食のメニューをどのように決めますか。簡単に説明してください。

(15秒) 発信音 _____ (25秒) _____ 終わりです。

問題 4. あなたは昔ながらの市場をよく利用しますか。簡単に説明してください。

(15秒) 発信音 _____ (25秒) _____ 終わりです。

問題 5. あなたは仕事や勉強をする時、午前と午後のうちどちらの方が集中できますか。簡単に
説明してください。

(15秒) 発信音 _____ (25秒) _____ 終わりです。

第5部　長い応答

音源 38

ここでは、様々な話題の質問についてあなたの意見を述べてください。問題は
4つあります。発信音の後の応答時間は50秒です。

問題 1.　中高生の髪型の規制を無くす必要があるという意見がありますが、あなたはこの意見に
同意しますか。あなたの考えを話してください。

（30秒）発信音 ＿＿＿＿＿＿＿＿＿＿＿＿＿（50秒）＿＿＿＿＿＿＿＿＿＿＿＿＿ 終わりです。

問題 2.　あなたはサプリメントを必ず取るべきだと思いますか。あなたの考えを話してください。

（30秒）発信音 ＿＿＿＿＿＿＿＿＿＿＿＿＿（50秒）＿＿＿＿＿＿＿＿＿＿＿＿＿ 終わりです。

問題 3.　昔に比べて中古品の取引が活発に行われていますが、その原因は何だと思いますか。あ
なたの考えを話してください。

（30秒）発信音 ＿＿＿＿＿＿＿＿＿＿＿＿＿（50秒）＿＿＿＿＿＿＿＿＿＿＿＿＿ 終わりです。

問題 4.　都市開発の現場で、昔の人が使っていた土器などが発見された場合、そのまま開発を続
けるべきだと思いますか。それとも中断するべきだと思いますか。あなたの考えを話し
てください。

（30秒）発信音 ＿＿＿＿＿＿＿＿＿＿＿＿＿（50秒）＿＿＿＿＿＿＿＿＿＿＿＿＿ 終わりです。

第6部 　場面設定

この問題は、場面設定が絵と説明文で示されます。場面の状況に応じて話してください。問題は3つあります。発信音の後の応答時間は40秒です。

音源 39

問題1.

あなたは今年の夏休みに友達と一緒にキャンプをしたいです。一緒に行くように友達を誘ってください。

(30秒) 発信音 ＿＿＿＿＿＿＿（40秒）＿＿＿＿＿＿＿ 終わりです。

問題2.

あなたは家具店で購入したベッドを週末に送ってもらう予定でしたが、都合があってその日に受け取ることができません。家具店に電話をかけ事情を説明し日程を変更してください。

(30秒) 発信音 ＿＿＿＿＿＿＿（40秒）＿＿＿＿＿＿＿ 終わりです。

問題3.

あなたは上司の引っ越しパーティーに行きましたが、誤ってカップを割ってしまいました。上司に謝って問題を解決してください。

(30秒) 発信音 ＿＿＿＿＿＿＿（40秒）＿＿＿＿＿＿＿ 終わりです。

第7部 連続した絵

음원 40

ここでは、連続した4つの絵を描写します。絵を見た後に、その絵のストーリーを説明してください。まず、次の4つの絵を見てください。（30秒）

①	②	③	④

では、今からこの連続した4つの絵にどんなことが描かれているか説明してください。発信音の後の応答時間は90秒です。

(2秒) 発信音 _____ (90秒) _____ 終わりです。

これでテストは終了です。どうもお疲れ様でした。

기출
문제

06

SJPT® 일본어 말하기 시험

Spoken Japanese Proficiency Test

口述日本語能力試験

これはYBMが開発した口述日本語能力試験です。

음원 41

この試験は口述日本語を聞き取り、その内容に適切な日本語で応答する能力を検査するものです。すべての問題にできるだけ詳しく答えてください。単語による応答ではなく、完全な文で応答するようにしてください。応答は発信音が聞こえたら始めてください。日本語能力を正しく判断するため、時間内でできるだけたくさん話してください。では、始めます。

第1部 自己紹介

音源 42

ここでは、4つの質問について答えてください。発信音の後の応答時間は10秒です。

問題 1. お名前は何とおっしゃいますか。

発信音 _____(10秒)_____ 終わりです。

問題 2. どこに住んでいますか。

発信音 _____(10秒)_____ 終わりです。

問題 3. 誕生日はいつですか。

発信音 _____(10秒)_____ 終わりです。

問題 4. 趣味は何ですか。

発信音 _____(10秒)_____ 終わりです。

기출문제

06

音源 43

ここでは、絵を見ながら、質問について答えてください。問題は4つあります。
発信音の後の応答時間は6秒です。

問題 1. 　(3秒) 発信音 _____ (6秒) _____ 終わりです。

問題 2. 　(3秒) 発信音 _____ (6秒) _____ 終わりです。

問題 3. 　(3秒) 発信音 _____ (6秒) _____ 終わりです。

問題 4. 　(3秒) 発信音 _____ (6秒) _____ 終わりです。

第3部　敏速な応答

この問題は、短い対話形式で行われます。問題は5つあります。 場面を表す絵を見ながら、相手の話を聞いてください。 発信音がなったら、相手の言ったことに対して返答してください。 発信音の後の応答時間は15秒です。

問題1. 　（2秒）発信音 ＿＿＿＿＿＿（15秒）＿＿＿＿＿ 終わりです。

問題2. 　（2秒）発信音 ＿＿＿＿＿＿（15秒）＿＿＿＿＿ 終わりです。

問題3. 　（2秒）発信音 ＿＿＿＿＿＿（15秒）＿＿＿＿＿ 終わりです。

問題4. 　（2秒）発信音 ＿＿＿＿＿＿（15秒）＿＿＿＿＿ 終わりです。

問題5. 　（2秒）発信音 ＿＿＿＿＿＿（15秒）＿＿＿＿＿ 終わりです。

第4部　短い応答

ここでは、身近な話題の質問について答えてください。問題は5つあります。
発信音の後の応答時間は25秒です。

問題 1. あなたは踊りが上手ですか。簡単に説明してください。

(15秒) 発信音 _____ (25秒) _____ 終わりです。

問題 2. あなたは初めて会う人とうまく話せますか。簡単に説明してください。

(15秒) 発信音 _____ (25秒) _____ 終わりです。

問題 3. あなたは約束の時間を守る方ですか。簡単に説明してください。

(15秒) 発信音 _____ (25秒) _____ 終わりです。

問題 4. あなたは定期的に歯医者に行きますか。簡単に説明してください。

(15秒) 発信音 _____ (25秒) _____ 終わりです。

問題 5. あなたはメモを取る時、紙に書きますか。それとも携帯電話などの電子製品を使いますか。簡単に説明してください。

(15秒) 発信音 _____ (25秒) _____ 終わりです。

第5部 長い応答

ここでは、様々な話題の質問についてあなたの意見を述べてください。問題は4つあります。発信音の後の応答時間は50秒です。

問題1. あなたはバス専用車線を今より増やすべきだと思いますか。あなたの考えを話してください。

(30秒) 発信音 _____ (50秒) _____ 終わりです。

問題2. あなたは公共の場に喫煙スペースを設置することに賛成ですか、反対ですか。あなたの考えを話してください。

(30秒) 発信音 _____ (50秒) _____ 終わりです。

問題3. 早期教育が子供たちの知的能力を伸ばすという意見がありますが、あなたはこの意見に同意しますか。あなたの考えを話してください。

(30秒) 発信音 _____ (50秒) _____ 終わりです。

問題4. 昔に比べて人の平均寿命が延びた背景には何があると思いますか。あなたの考えを話してください。

(30秒) 発信音 _____ (50秒) _____ 終わりです。

음원 47

この問題は、場面設定が絵と説明文で示されます。場面の状況に応じて話してください。問題は3つあります。発信音の後の応答時間は40秒です。

問題1.

あなたは景品でコーヒーメーカーをもらいましたが、あまりコーヒーが好きではありません。コーヒーが好きな友達にコーヒーメーカーを譲ってください。

(30秒) 発信音 ＿＿＿＿＿＿＿(40秒)＿＿＿＿＿＿＿ 終わりです。

問題2.

あなたはホテルに泊まっていますが、外出から戻ってきたらまだ部屋が掃除されていませんでした。フロントに電話をかけ状況を説明し問題を解決してください。

(30秒) 発信音 ＿＿＿＿＿＿＿(40秒)＿＿＿＿＿＿＿ 終わりです。

問題3.

あなたは高校の同級生たちと年末にパーティーを開こうと思っていますが、当時の担任だった先生を招待したいです。先生のところへ行って状況を説明しパーティーに招待してください。

(30秒) 発信音 ＿＿＿＿＿＿＿(40秒)＿＿＿＿＿＿＿ 終わりです。

第7部　連続した絵

音源 48

ここでは、連続した4つの絵を描写します。絵を見た後に、その絵のストーリーを説明してください。まず、次の4つの絵を見てください。(30秒)

①	②	③	④

では、今からこの連続した4つの絵にどんなことが描かれているか説明してください。発信音の後の応答時間は90秒です。

(2秒) 発信音 ＿＿＿＿＿＿＿＿＿＿＿＿＿＿ (90秒) ＿＿＿＿＿＿＿＿＿ 終わりです。

これでテストは終了です。どうもお疲れ様でした。

MEMO

MEMO